Lesen, wie, wann und wo Sie wollen!

ZU DIESEM BUCH ERHALTEN SIE DAS E-BOOK EINFACH MIT DAZU

1. Öffnen Sie die **Webseite** www.campus.de/ebookinside.

2. Geben Sie unter der Überschrift »E-Book inside« folgenden **Download-Code** in das Eingabefeld ein, um

   Ihr E-Book zu erhalten: VYRVV-J3NXK-FH2YY

3. Wählen Sie das gewünschte E-Book-**Format** (EPUB oder PDF).

4. Füllen Sie das Formular aus und mit dem Klick auf den Button am Ende des Formulars erhalten Sie Ihren persönlichen **Download-Link** für das ausgewählte E-Book-Format per E-Mail.

D1721045

MEANING IS THE NEW MARKETING

Yousef Hammoudah und *Nico Zeh* sind preisgekrönte Marketingexperten. Zuletzt haben sie gemeinsam die extrem erfolgreiche »adidas Runners Community« aufgebaut, die Sportbegeisterte aus aller Welt miteinander vernetzt. Zusammen schaffen sie nachhaltige und effektive Marketingstrategien für Unternehmen aus den unterschiedlichsten Branchen.

Yousef Hammoudah
Nico Zeh

MEANING IS THE NEW MARKETING

Ein Impulsgeber für Marken, Organisationen und
Menschen, die Sinn in ihrem Schaffen suchen

Campus Verlag
Frankfurt/New York

ISBN 978-3-593-51469-7 Print
ISBN 978-3-593-44873-2 E-Book (PDF)
ISBN 978-3-593-44872-5 E-Book (EPUB)

Illustrationen im Innenteil: Regina Fischer, Berlin
Umschlaggestaltung: total italic, Thierry Wijnberg, Amsterdam/Berlin
Layout und Satz: Oliver Schmitt, Mainz
Gesetzt aus der Sabon und Scala Sans
Druck und Bindung: Beltz Grafische Betriebe GmbH, Bad Langensalza
Beltz Grafische Betriebe ist ein klimaneutrales Unternehmen (ID 15985-2104-1001).
Printed in Germany

www.campus.de

Inhalt

TEIL 1: STATUS QUO VADIS

TEIL 2: PER ANHALTER DURCH DIE PRAXIS

TEIL 3: ONE DAY IT WILL ALL MAKE SENSE

Warum »Meaning is the new Marketing«?

Auf Basis des hier vorgestellten 7C-Modells wird anhand von sieben Faktoren das Verhältnis von Unternehmen zur Gesellschaft bestimmt und auf diese Weise die optimale Wirkungskraft eines Unternehmens definiert.

Meaning is the new Marketing ist kein Fachbuch im klassischen Sinne, sondern gedacht als Inspiration für Menschen, die sich für gutes Marketing interessieren. Gutes Marketing ist für uns gleichermaßen nachhaltig, inklusiv, ethisch verantwortungsvoll und dennoch kreativ, effektiv und erfolgreich.

Meaning is the new Marketing soll auch jene Menschen erreichen, die sich eher für gutes Storytelling als für Marketingratgeber interessieren. Und jenen, die wie wir seit Jahrzehnten im globalen Marketing tätig sind, wird es neue Perspektiven und Horizonte eröffnen.

Denn eins ist klar: Weltweit sitzen in den Marketingabteilungen, in großen Unternehmen ebenso wie bei Start-ups, Verlagen oder NGOs, Menschen, die etwas in der Welt zum Guten verändern wollen und nicht wissen, wie sich das mit ihrer Unternehmensausrichtung, ihrer Markenpositionierung, ihren Profitabilitätsanforderungen und Umsatzzielen in Einklang bringen lässt. Genau hier bieten wir mit diesem Buch eine Lösung an.

Um einen ersten Eindruck zu den Vorteilen bei der Arbeit mit dem 7C-Modell zu geben, hier eine kleine Übersicht.

Wer sollte dieses Buch lesen?

Meaning is the new Marketing ist ein Impulsgeber für alle Menschen, die sich für Marketing interessieren, ganz gleich ob im Marketingbereich professionell tätig, lehrend oder im Studium befindlich.

Warum sollte Sie das Buch interessieren?

Die beiden Autoren verfügen über keine klassische Ausbildung, jedoch – zusammen – über 50 Jahre Praxis-Erfahrung in der prägendsten Epoche des modernen Marketings (1995–2020). Als Autodidakten entwickelten sie eine völlig neue Betrachtung des Themenfelds Marketing, indem sie neurowissenschaftliche, verhaltenspsychologische und marketingtheoretische Erkenntnisse mit den Schlüsseltheorien einflussreicher Vordenker wie Peter Drucker, Stephen Covey, Otto Scharmer, Simon Sinek oder Fredmund Malik verknüpften. Im Herzen waren all diese Menschen auch spirituelle Lehrer, weswegen der Anteil an Achtsamkeitslehre, buddhistischer Prinzipien und säkularer Spiritualität in diesem Wissenskomplex nicht fehlen durfte.

Wie funktioniert dieses Buch?

Im ersten Teil führen wir an, wie sich die Welt und die Menschen verändern und welche Kräfte die Wirschaft und das Marketing prägen.

Im zweiten Teil erzählen wir unsere Geschichte und damit in gewisser Weise auch eine Geschichte des Marketings der letzten 25 Jahre – mit all den Herausforderungen, die wir dabei überwinden mussten, um irgendwann endlich im »Jetzt« zu landen.

Im dritten Teil wird »Meaningful Marketing« als Begriff definiert und mit dem 7C-Modell ein Prozess etabliert, mit dessen Hilfe die oben beschriebenen Mehrwerte erzeugt werden können.

Was wird in dem Buch konkret vermittelt?

Mit dem 7C-Modell wird ein Handlungsrahmen geschaffen, der im gegenwärtigen Marketingdiskurs einzigartig ist. Zu Beginn der Entwicklungsarbeit mit dem 7C-Modell wird der authentische Kern Ihrer Organisation im Teamwork entdeckt und zum Leben erweckt. Dann werden entlang der von uns entworfenen Marketingwertschöpfungskette mithilfe der 7Cs alle zentralen

Marketing-Faktoren der Unternehmung identifiziert und entwickelt bzw. überprüft und optimiert, bevor alle Einzelelemente der Marketing-Organisation zu einem effektiven und Wert schaffenden Ganzen zusammengeführt werden. Für folgende sieben mögliche Anwendungsbereiche eignet sich das 7C-Modell besonders:

1. Unternehmensgründung (Start-up-Foundation)

Das 7C-Modell ist für die Entwicklung von Start-ups oder Unternehmenskonzepten in der Gründungsphase ein hervorragendes Instrument, ganz gleich ob es eine Einpersonen-Gründung ist oder es sich um ein größeres Unternehmen, eine Organisation, Partei, ein Verein, eine Gruppe, Community oder Bewegung handelt. Es verschafft sowohl Individuen und Teams, die eine konkrete Idee zu einem Unternehmenskonzept entwickeln wollen, als auch Menschen, die lediglich mit der Motivation ausgestattet sind, die Fähigkeit, unternehmerische Energie zu kanalisieren und zu erspüren, welche Unternehmung die passende sein könnte, und einen ganzheitlichen Rahmen zur Entfaltung eines Konzepts zu bilden.

2. Unternehmenspositionierung & Wertschöpfungsoptimierung

Die Anwendung des 7C-Modells bei existierenden Unternehmen (bzw. Organisationen etc.) kann helfen, das Authentizitäts-Delta zu identifizieren, also die semantische Lücke zwischen dem, was das Unternehmen vorgibt zu sein (z. B. über einen Claim, eine Mission, eine Vision oder eine Kampagne), und dem, was die Herkunft und Wurzel des Unternehmens eigentlich mit sich bringt. Die Analyse dieses Deltas hilft zu erkennen, wo Dissonanzen bestehen, wo dadurch entstehende Qualitätsdefizite in der Wertschöpfung entstanden sind, und ermöglicht eine ganzheitliche Betrachtung dieser Dissonanzen, welche die gezielte Anpassung der erforderlichen Faktoren bzw. Wertschöpfungs- und Kommunikationselemente zur Optimierung der Position einfacher macht.

3. Unternehmensentwicklung & Business Development

Der Erfolg einer Unternehmung hängt in einer immer komplexer werdenden Umgebung zunehmend von der Effektivität der Wertschöpfung ab. Durch die tiefe Analyse des Wertschöpfungs-Prozesses mittels des 7C-Modells gelingt es, die entscheidenden strategischen Faktoren klar zu identifizieren und die taktische Ausrichtung der Unternehmens- und Geschäftsentwicklung auf natürliche, organische und sinnstiftende Weise zu entfalten.

4. Marken-Bewertung und Entwicklung (Brand Assessment & Development)

Das 7C-Modell hilft insbesondere bei der (Neu-)Entwicklung, Anpassung, Optimierung, Modernisierung einer Marke, insbesondere wenn eine authentische Verbindung von Unternehmer/Unternehmens-Ursprung zu einer sozial und gesellschaftlich verantwortlichen, nachhaltigen Markenpositionierung geschaffen werden soll. In einer dynamischer werdenden Welt, in der Veränderung die einzige Konstante bleibt, können traditionelle Markensteuermodelle, die in sich häufig äußerst statisch konstruiert sind, den Anforderungen oft nicht mehr gerecht werden.

5. Marketingstrategie-Entwicklung

Das 7C-Modell generiert ein semantisches Spektrum der Wertschöpfungsfaktoren ausgehend vom genetischen Kern des Unternehmens und hilft, eine präzise, effektive und zeitgemäße Marketingstrategie zu entwickeln, die bereits in der Forschung und Erkenntnisgenerierung ansetzt. Sie betrifft die Produktentwicklung ebenso wie die Ausrichtung des Vertriebs und hilft dabei, die gesamte Kommunikationsstrategie aus dem Marken-Fundament abzuleiten.

6. Produkt-/Projektentwicklung

Zur Entwicklung eines Produkts, ganz gleich ob digital oder physisch, Hardware oder Software, FMCG oder Film-/Buch-/Podcast-Format, Möbel oder Maschine – die Entwicklung eines entsprechenden Produkt-Konzepts durch das 7C-Modell ermöglicht ein rasches Prototyping unter Berücksichtigung aller für die Produktentwicklung zentralen Faktoren, ähnlich wie ein Business Model Canvas für das Design von Produktstrategien.

7. 7C als Markensteuerungsmodell

Im Vergleich zu statisch angelegten, klassischen Markensteuerungsmodellen wie dem Markensteuerrad, dem Markenprisma oder anderen Marken-Identitätsansätzen, bietet das 7C-Modell eine eigene Perspektive auf Markensteuerung, die auf dem kombinierten Ansatz statischer (die ersten drei Cs) sowie dynamischer (die vier folgenden Cs) Faktoren beruht. Die Ansätze dazu finden sie im letzten Abschnitt.

Darüber hinaus profitieren Teams, die mit dem 7C-Modell arbeiten, von folgenden zusätzlichen Effekten:

- **Persönliche Entwicklung & Teambuilding**
  Das 7C-Modell kombiniert spielerisches Teambuilding und evidenzbasiertes Persönlichkeitsentwicklungs-Coaching zu einer starken Wachstums-Arbeit, die das Team nachhaltig zusammenführt.

- **Schaffung von Safespace im Unternehmen**
  Die Arbeit mit dem 7C-Modell erlaubt die kollektive Entwicklung oder Definition eines gemeinsamen ethischen Fundaments, welches nicht nur nach außen, sondern besonders nach innen wirkt und eine Werte-basierte Unternehmenskultur sowie die Identifikation mit dem Unternehmen, dem Projekt oder der gemeinsamen Mission unterstützt.

- **Unternehmens-Purpose**
  Im 7C-Modell finden sie eine konkrete Anleitung dazu, wie sie das Thema »Purpose« richtig einordnen, aufsetzen und entwickeln, um es auf nachhaltige und glaubwürdige Weise in Ihre Wertschöpfung zu integrieren.

- **Authentizität im Inneren und Äußeren**
  Das 7C-Modell schafft Klarheit bei der Identifikation des eigenen Unternehmenskerns bzw. der eigenen Rolle in der Welt, und – richtig angewendet – sorgt es dafür, dass alle Ausdrucksformen Ihres Unternehmens kohärent aus diesem Kern entstehen. Auf diese Weise entsteht eine ganz natürliche Stringenz und Glaubwürdigkeit in allem, was Sie tun.

- **Effektivität durch Entscheidungssicherheit**
  Das 7C-Modell identifiziert und aktiviert die »innere Kraft« des Unternehmens, aus der heraus die gesamte Wertschöpfungskette überprüft, opti-

miert und weiterentwickelt wird. Es bildet das Fundament einer effektiven, ganzheitlichen Marketingstrategie.

- **Vertrauen durch Wertebasis**
Das 7C-Modell schafft Vertrauenswürdigkeit bei Teams, Kunden und Talenten, denn es vereint und motiviert Mitarbeiter, Partner und Nutzer intrinsisch in einem gemeinsamen Streben nach positivem Wandel in der Welt.

- **Die Brücke von Human Value zu Shareholder-Value**
Das 7C-Modell verbindet ethische und unternehmerische Verantwortung und erzeugt nachhaltige Profitabilität durch eine auf Menschen ausgerichtete Wertschöpfung.

Einführung in das 7C-Modell – Das »Meaningful Marketing Model«

Dieses Buch hilft Organisationen, Unternehmen, Gründer*innen, Parteien, Vereinen oder NGOs dabei, Schritt für Schritt den eigenen Kern zu entdecken und zu entfalten, um aus der schöpferischen Selbsterkenntnis ein neues Narrativ zu entwerfen, das den gewachsenen Ansprüchen unserer Zeit und den Bedürfnissen unserer Gesellschaft gerecht wird und auf das Wachstum von »Human Value« ausgerichtet ist.

Für diesen Prozess der eigenen Entfaltung von Wirkung haben wir über die Jahre unserer Tätigkeit als Strategen, Berater und Innovatoren bei führenden globalen Unternehmen mit diesem »Meaningful Marketing Model« ein eigenes System entwickelt, dass in diesem Werk erstmals einer breiten Öffentlichkeit zugänglich gemacht wird.

Es handelt sich um ein weiterentwickeltes hybrides Modell, das gleichermaßen sowohl im Marketing als auch in der Markenführung eingesetzt werden kann, um Organisationen, Unternehmen oder Einzelpersonen auf dem Weg in eine Zukunft zu unterstützen, in der die eigene Haltung und Rolle im globalen Ökosystem wichtiger sein wird als das Produkt, der Slogan oder der Influencer, mit denen geworben wird.

Das »Meaningful Marketing Model« basiert auf den sieben Cs, die in folgender Übersicht erläutert werden.

1. Das erste C, wie »**Character**«, beschreibt unseren inneren Kern, unsere Quelle der Kraft.
2. Das zweite C, wie »**Challenge**«, offenbart unsere inneren Wunden, die sich in der Welt reflektieren.
3. Das dritte C, wie »**Commitment**«, artikuliert unser Versprechen an die Welt, diese Wunden zu heilen.
4. Das vierte C, wie »**Competence**«, vereint unsere Kräfte, die unser Versprechen wirksam werden lassen.
5. Das fünfte C, wie »**Contribution**«, ist die Qualität, die wir in das Leben bringen möchten.
6. Das sechste C, wie »**Culture**«, verbindet uns in unserer Kraft und unserer Liebe.
7. Das siebte C, wie »**Change**«, offenbart die Resultate unserer Kraft, aus der sie zur Entfaltung gelangten.

1. C »Character«

Für uns liegt die zentrale Kraft eines jeden Menschen, einer jeden Unternehmung und Organisation in der Kraft der inneren Wahrheit, unserem schöpferischen Kern. Was uns als Gemeinschaft ausmacht, sind unsere gemeinsamen Werte und Glaubenssätze, aber auch das gemeinsame Verständnis von Erfolg. All das bildet das Fundament unserer Verbindung und ist der Ausgangspunkt einer jeden schöpferischen Reise, ganz gleich, ob wir ein Buch schreiben, ein Start-up gründen, CMO eines DAX-30-Unternehmens sind oder eine Haustier-Influencer-Managementagentur gründen wollen. Die Summe der gemeinsamen Werte und Glaubenssätze nennen wir in diesem Buch »Character«.

Vergleichbare Begriffe aus dem Marketingwesen lauten: #Markenkern #Markenidentität #Markenwerte

Hier beantworten wir die Frage: »Welcher Mensch möchte ich sein?«

2. C »Challenge«

Die Umkehrung des Characters bzw. des hier eingeführten Wertemodells hilft uns bei der Frage, welcher ultimativen Herausforderung wir uns in dieser Welt mit unserem Wirken stellen möchten. Sie beschreibt gleichzeitig den Antagonismus unserer Existenz und den inneren Widerstand in uns selbst. Die

Challenge ist gleichermaßen ein Abbild unserer eigenen Verletzlichkeit und Schwäche wie auch die Resonanzfläche für die Dinge in der Welt, die uns auf dem Weg zur Verwirklichung unseres Selbst und der daraus entstehenden Idee einer erfüllten Gesellschaft im Wege stehen.

Vergleichbare Begriffe aus dem Marketingwesen lauten: #Markenvision #Markenherausforderung #Schlüsselproblem

Hier beantworten wir die Frage »Welches Problem möchte ich (sowohl in mir als auch in der Welt) lösen?«

3. C »Commitment«

Unsere Mission ist das Versprechen an uns selbst und die Welt, sich dieser ultimativen Herausforderung und all seiner Konsequenzen zu stellen und unsere gesamte Wertschöpfung auf die Lösung dieses inneren und äußeren Konflikts hin auszurichten. Die Mission wird von vielen Menschen mit dem in den letzten Jahren sehr in Mode gekommenen Begriff »Purpose« verwechselt. Purpose hingegen ist in unserem Verständnis etwas anderes: Es beschreibt eine Absicht, jedoch keine unmittelbare Handlung oder Verpflichtung, in der man einen wirklichen Beitrag zur Verbesserung der Welt festmachen könnte. Erst die Verbindung aus Purpose (Absicht, Versprechen, Bedeutung) mit Power (Energie, Kraft, Antrieb) schafft Bewegung, Veränderung, Wachstum und bildet so die Grundlage für die Verpflichtung zu diesem Ergebnis unserer Veränderungsbemühung. Diese Verpflichtung, dieses Versprechen an die Welt nennen wir in diesem Buch »Commitment«. Es beschreibt eine Mission, in der sich all jene Menschen wiederfinden und engagieren können, die sich diesem Versprechen ebenfalls verpflichtet fühlen. Das Commitment bildet die Keimzelle einer jeden Community oder Bewegung und hilft uns, unser Ziel nicht aus den Augen zu verlieren, auch wenn uns unsere Reise durch unbekanntes Terrain führt. Unser Commitment schützt uns davor, uns selbst, unsere Mission oder die Menschen, die sich für uns oder unsere gemeinsame Sache einsetzen, aufzugeben, wenn wir auf unserer Reise einmal in ernstere Schwierigkeiten geraten.

Vergleichbare Begriffe aus dem Marketingwesen lauten: #Mission #Markenversprechen #Purpose #Zieldefinition

In diesem Abschnitt beantworten wir die Fragen: »Warum existiere ich?«, »Warum sollte sich jemand für mich interessieren?«

4. C »Competence«

Die Einlösung dieses Versprechens erfordert in aller Regel eine Reihe verschiedener Technologien, Fähigkeiten, Talente, Personen und Mittel, aber auch Ideen, Partnerschaften, Zugang zu Wissen und Kreativität. Um der im dritten Schritt definierten Mission treu zu bleiben, ordnen wir die Auswahl der Kompetenzen daher der Verpflichtung unter. Es geht also darum zu begreifen, welche Instrumente und Ressourcen für die Realisation dieser Verpflichtung benötigt werden und nicht darum, aus den gerade verfügbaren Ressourcen und Instrumenten eine passende Verpflichtung zu generieren. Diese Herangehensweise ist meist die einfachere und dadurch oft attraktivere, erfüllt jedoch in aller Regel nicht den Anspruch einer tief kohärenten strategischen Annäherung, die ausgehend vom Ideal herunterbricht, was wirklich für die Erreichung der im Commitment definierten Mission gebraucht wird. Während uns häufig ein Teil der benötigten Kompetenzen bereits zur Verfügung steht, müssen andere noch qualifiziert und organisiert werden. Das, was sich aus den ersten drei Arbeitsschritten ableiten lässt, ist die Summe dieser Anforderungen, die wir als »Competence« bezeichnen.

Vergleichbare Begriffe aus dem Marketingwesen lauten: #Wertschöpfungskette #Lieferkette #Ökosystem #Betrieb #Geschäftstätigkeit

Hier beantworten wir Fragen wie: »Wie bringe ich meine Mission zu einem guten Abschluss? Was brauche ich alles für die Erreichung meiner Ziele?«

5. C »Contribution«

Der konkrete Wert für Individuen, die Gesellschaft oder unseren Planeten, den unser Handeln erzeugt, ergibt sich aus der Einlösung unseres Versprechens (Commitment), das mithilfe unserer Kompetenzen (Competences) realisiert wird. Je mehr dieser Wert tatsächlich aus dem schöpferischen Kern unserer Unternehmung (Character) abgeleitet wurde, desto stärker differenziert sich dieser Beitrag im Wettbewerb, desto natürlicher und klarer kristallisieren sich die Alleinstellungsmerkmale des Angebots heraus. Diesen Wertbeitrag nennen wir in diesem Buch »Contribution«.

Vergleichbare Begriffe aus dem Marketingwesen lauten: #Wertbeitrag #Alleinstellungsmerkmal #Produkt #Dienstleistung

Hier beantworten wir Fragen wie: »Was ist mein Beitrag für die Welt?«

6. C »Culture«

Resonanz erzeugt unser Wirken vor allem bei jenen Menschen, deren Herausforderung (Challenge) sich mit ihren eigenen Ansprüchen deckt. Im Leben dieser Menschen können wir mit unserem Beitrag einen größeren und nachhaltigeren Wert schaffen als bei jenen, deren Werteverständnis eher entgegengesetzt ausgerichtet ist. Diese Bedürfnisgruppe (mit ähnlichem Herausforderungsprofil) bildet den Kern der potenziellen Nutzergruppe des eigenen Angebots, und oft lassen sich in der Auswertung dieser Nutzergruppe neben weiteren soziokulturellen Gemeinsamkeiten noch weitere inhaltliche Nenner identifizieren, welche die sinnstiftende und wertschaffende Erweiterung der Bedürfnisgruppe erlaubt. Durch die Ableitung des Angebots aus dieser gemeinsamen Herausforderung entsteht natürliche Authentizität und Relevanz, da das eigene Angebot Lösungen mitbringt, die für ähnlich herausgeforderte Interessengruppen wertvoll sind. Hier entsteht echtes Vertrauen zwischen Anbietern und Nutzern. Vertrauen ist der entscheidende Erfolgsfaktor für Marketing unserer Zeit, gerade weil das Vertrauen der Menschen in Marken und Unternehmen, in Politik und Wirtschaft, die sich als »Konsumenten« von den etablierten, manipulativen, ausbeuterischen Marketingmethoden ausgenutzt und betrogen fühlen, von Jahr zu Jahr, von Generation zu Generation sinkt. Somit gilt es, Relevanz und Vertrauen in der Beziehung dieser Menschen untereinander und zu uns zu entwickeln, um erfolgreich zu sein. So ermöglichen wir die authentische Schaffung von Identifikation bei jenen Menschen, für die unser Angebot glaubwürdig sinnstiftend und wertvoll ist, da es sich in unserer Herausforderung vereint und der gleichen Mission verpflichtet ist. Die Resonanz der Gemeinschaft auf unseren Beitrag als Ausdruck kollektiver Entfaltung bezeichnen wir in diesem Buch als »Culture«.

Vergleichbare Begriffe aus dem Marketingwesen lauten: #Zielgruppen #Interessengruppen #Bedürfnisgruppen

Hier beantworten wir die Fragen: »Für wen investiere ich?« und »Wie finde ich mein Publikum?«

7. C »Change«

Die Veränderung, die unser Beitrag in der Welt erzeugt, ist ein konstanter Prozess, der wie ein Kreislauf den Anfang und das Ende der gesamten Entwicklung miteinander verbindet. So prägt unser Narrativ das Wertesystem einer bislang unbekannten Person, die sich unserer Mission anschließt und ihrerseits Teil unseres Narrativs wird, wodurch sie wiederum neue Menschen für die Veränderung inspiriert. Diesen übergeordneten Prozess, der unser gesamtes Wirken in sich verbindet, nennen wir in diesem Buch »Change«.

Wir beschäftigen uns in dieser Sektion mit der Fragestellung: »Welches Ergebnis wünsche ich mir als Konsequenz meiner Intervention?« oder »Was möchte ich als Resultat meines Engagements einmal in der Zeitung lesen?«

Vergleichbare Begriffe aus dem Marketingwesen lauten: #Ziel #Alleinstellungsmerkmal #KPI

TEIL 1
STATUS QUO VADIS

Prolog
Gegen die Angst

In unseren Köpfen und in langen Gesprächen am Küchentisch und während unzähliger Spaziergänge, die Teil des »new normal« geworden sind, haben wir, mein Partner Nico und ich, das nun vorliegende Werk schon mehrfach ausgearbeitet, editiert und neu strukturiert. Es hat uns viel Geduld gekostet, bis heute zu warten, doch das Jahr 2020 war so unglaublich dicht an politischen, sozialen und wissenschaftlichen Geschehnissen, die unsere Welt, wie wir sie bisher kannten, grundlegend verändert und auch unser Denken und unsere Theorie nachhaltig beeinflusst haben.

Zur Erinnerung: Wir befinden uns in Deutschland im zweiten nationalen Lockdown, der große Teile der westlichen Welt zu einer monumentalen Pause zwingt. Cafés, Restaurants, Museen, Clubs, Bars, Galerien, Sportstätten, Konzerthäuser, Büros, Theater, Seminarräume – alles bleibt leer, um die weitere Ausbreitung des neuartigen Corona-Virus mit dem wohlklingenden Namen Sars-Cov-2 zu verhindern. Kinder in der Schule, Menschen auf belebten Straßen, Reisende in öffentlichen Verkehrsmitteln, Ärzte, Patienten, Fabrikarbeiter, Lebensmittelhändler, Dozenten, Journalisten, Piloten, Bankangestellte oder Superhelden: Alle sind verpflichtet, Masken zu tragen, und so füllt sich unsere Realität mit Augenpaaren, die uns über Mund-Nase-Abdeckungen hinweg zu beobachten scheinen. Wir wissen auf einmal so wenig, was um uns herum passiert. Wir können keine Gesichter mehr lesen, rümpfende Nasen interpretieren, kein Lächeln mehr teilen. Es fühlt sich kälter an als die drei Grad Celsius, die das Thermometer anzeigt. Es fühlt sich kälter an, weil es scheint, dass wir als Menschen völlig unvorbereitet sind, emotional, rational, sozial oder intellektuell angemessen auf das zu reagieren, was uns da auf die Probe stellt.

Während nahezu die Gesamtheit aller globalen Krisen der letzten 2 000 Jahre von Menschen verursacht wurden, begegneten wir im Jahr 2020 einem Gegner, über den wir so gut wie nichts wussten, der unsichtbar ist, der sich unglaublich einfach vermehrt und verbreitet und der auch nicht von Menschen verursacht wurde. Es ist der Prototyp einer Herausforderung für unsere Spezies, der uns eigentlich dazu zwingen müsste, mehr als je zuvor zu kooperieren, um diese Herausforderung gemeinsam zu bewältigen. Aber analog zum Klimawandel, zu systemimmanenter Diskriminierung von Minderheiten, zu globaler Ungerechtigkeit bei der Verteilung von Rechten, Pflichten, Privilegien, bei der Erschließung von Eigentum und Rohstoffen, analog zum Abgesang sozialer Verantwortung wird das Virus, wie jede Krise zuvor, für die Interessen, Manöver und Strategien der jeweiligen Interessengruppen ausgeschlachtet oder zur Vertuschung politischer und wirtschaftlicher Entscheidungen benutzt.

Es gibt viele Verlierer in dieser Krise – und weltweit nutzen Sprachführer die prä-apokalyptische Stimmung, um ein Lollapalooza für Verschwörungstheoretiker zu feiern. Ein Großteil der Menschheit scheint getrieben von Angst und Unsicherheit.

Teilweise scheint diese Angst berechtigt. Denn allen ist klar, dass es eine Rückkehr in alte Routinen nicht geben wird. Doch es ist ungewiss, was die Zukunft wirklich bringt.

Nico und ich haben die Entwicklungen wie der Rest der Welt mit großem Interesse und teilweise einer gewaltigen Portion Skepsis verfolgt – und natürlich auch unser Marketingmodell der 7Cs unter den neuen Gesichtspunkten auf die Probe gestellt. Dabei ist uns klar geworden, dass es keinen besseren Zeitpunkt gibt, das Bedürfnis nach ethischer Verantwortung im Marketing zu kultivieren, als jetzt – in einem Spannungsfeld aus Angst und Hoffnung, wo mehr und mehr Menschen ein neues Verständnis von Wertschöpfung entwickeln und die Rolle der Unternehmen, Marken und Dienstleister neu definieren.

Marketing wird sich vor dem Spiegel der Angst und Hoffnung nachhaltig verändern und auf den folgenden Seiten werden wir gemeinsam einen Weg entdecken, wie wir diese Entwicklung aktiv mitgestalten können.

Mit dem Ziel, Impulsgeber zu sein für Marken, Organisationen und Individuen, die etwas in der Welt zum Guten verändern wollen und nicht wissen, wie sich das mit ihrer Unternehmensausrichtung, der Markenpositionierung, ihren Profitabilitätsanforderungen und Umsatzzielen in Einklang bringen lässt.

Dieses Buch hilft dabei, Schritt für Schritt den eigenen Kern zu entdecken und zu entfalten, um aus der schöpferischen Erkenntnis neue Strategien zu entwerfen, die den gewachsenen Ansprüchen unserer Zeit und den Bedürfnissen unserer Gesellschaft gerecht werden und auf das Wachstum von »Human Value« ausgerichtet sind.

Das siebte C steht für Change

Warum es Veränderung braucht, erläuterte ich in einem Artikel, den ich als Begleitung zu meinem Vortrag zum Thema Meaningful Marketing auf dem Change Congress in Berlin im November 2019 schrieb. Das nun vorliegende Buch steht am Ende einer Reise von über 25 Jahren, in denen nicht nur wir uns, sondern die Welt und das Marketing sich so sehr verändert haben. Und da wir eine Kluft sehen zwischen der Veränderung, die es braucht, und jener, die geschieht, ist es uns ein Anliegen, die produktiven Kräfte der Veränderung, die wir uns wünschen, mit diesem Buch zu inspirieren und zu motivieren.

Und um diesen Moment als Startpunkt zu zelebrieren, aus dem heraus dieses Projekt entstanden ist, möchten wir mit dem oben genannten Artikel beginnen, der bisher nur auf meinem LinkedIn-Profil und auch nur auf Englisch veröffentlicht wurde.

Von der Ruhe nach dem Sturm
Yousef Hammoudah im August 2019

In welcher Welt wollen Sie leben? Welche Art von Leben wollen Sie führen? Haben Sie Angst vor der Zukunft? Und warum sollte sich überhaupt etwas verändern?

Fragen, die es sich zu stellen lohnt, wie ich finde. Fragen, mit denen ich mich persönlich seit vielen Jahren beschäftige. In diesen Jahren hat sich unsere Welt in ungeheuerlicher Weise verändert. Wie in einen Kohleofen, der schon längst seine vorgesehene Leistungskapazität überschritten hat, legen wir mehr und mehr Brennstoff nach – Ressourcen, die uns eben nicht unendlich zur Verfügung stehen, in ein System, das ständig droht, wegen Überhitzung zusammenzubrechen.

Wir kauften Produkte, die wir nicht brauchten, von Geld, das wir in Jobs verdienten, die uns ausbrannten, und hatten daher kaum noch Zeit für Familie und Dinge, die unsere Herzen erfüllen. Vielleicht hatten Sie mehr Glück in dieser Zeit, doch kenne ich viele Leute, mich eingeschlossen, denen es ebenso erging. Und das alles, um ein System zu füttern, das auf ständiges Wachstum ausgerichtet ist, um jene, die schon alles haben, noch wohlhabender werden zu lassen. Doch was immer nur wächst, wird irgendwann zerstörerisch. So wie Krebs.

Wie konnte es so weit kommen? Der geneigte Sozialist zitiert hier gern den entfesselten Kapitalismus, Anhänger streng konservativer Religionsformen den Verfall von Sitte und Moral. Die Alten sprechen den Jungen Disziplin ab und die Jungen werfen den Alten vor, die Welt kaputtzumachen. Schuld sind immer die anderen. Und vermutlich ist genau das die größte Herausforderung unserer Zeit, denn Verantwortung zu übernehmen bedeutet in erster Linie, an sich selbst zu arbeiten, bereit zu sein, sich selbst zu verändern.

In welcher Welt würden wir heute Leben, wenn Politiker in all diesen Jahren für eigene Überzeugungen eingetreten wären, statt ihr Programm dem geringsten gesellschaftlichen Widerstand anzupassen, nur um den eigenen Status im Politikbetrieb zu festigen? In welcher Welt würden wir heute leben, wenn die Marketingentscheider bei Anbietern von Produkten und Dienstleistungen nicht ständig in die Trickkiste manipulativer Werbepsychologie griffen, um, frei nach Edward Bernays, Bedürfnisse künstlich zu generieren, nur um durch kurzfristig angelegten Geschäftserfolg möglichst schnell die nächste Stufe auf der Karriereleiter zu erklimmen? Wenn diese Entscheider stattdessen motiviert wären, diese Welt, uns Menschen und die Natur, zu respektieren, für eine gerechtere Verteilung von Wissen und Wohlstand zu sorgen und einen Beitrag zu leisten, auf den selbst die Kinder ihrer Kinder noch stolz wären? In welcher Welt würden wir heute leben, wenn wir uns als Gesellschaft der Verantwortung für unsere heutige Realität bewusst gewesen wären, wenn wir aus Liebe heraus gehandelt und nicht ständig das Wohl der Gemeinschaft für den eigenen kleinen Vorteil verraten hätten?

Das wäre eine Welt, in der ich gerne leben würde. Und vermutlich geht es Ihnen ebenso. Zumindest ist das meine Hoffnung.

Um aus dieser Hoffnung Zuversicht erwachsen zu lassen, ist es an uns, sich zu verändern. Das gilt für jeden von uns. Für den Lehrer genauso wie für den Schüler, für den Marketingentscheider genauso wie für den Konsumenten, für den Politiker wie für den Wähler und für den Arbeitgeber genauso wie für den Arbeitnehmer. Wenn wir »etwas« in dieser Welt verändern wollen, müssen wir dazu bereit sein, uns selbst zu verändern.

Und genau diese Veränderung bewegt die Menschen heutzutage, mehr als jedes Wahl- oder Werbeversprechen. Veränderung ist kein Luxus mehr, den sich nur jene leisten müssen, die gerade mit dem Status Quo unzufrieden sind. Immer mehr Unternehmen verstehen, dass es langfristig auch für ihre Anteilseigner wertschaffender ist, in Nachhaltigkeit und soziale Verantwortung statt in teure und flüchtige Werbekampagnen zu investieren, weil genau diese Werte für uns Menschen in Zeiten einer unvorhersehbaren Zukunft immer wichtiger werden. Immer mehr Unternehmer erkennen, dass Erfolg heutzutage nicht mehr ausschließlich mit Umsatz und Profitabilität zu tun hat, sondern auch mit der Mitarbeiterzufriedenheit, mit »Equal Pay« und Diversität. Für eine wachsende Anzahl von »High Potentials« auf dem Arbeitsmarkt sind Aspekte wie Unternehmenskultur, soziales Engagement und ein Wertekodex größere Anreize, sich für ihren nächsten Arbeitgeber zu entscheiden, als Boni, Firmenwagen oder ein wohlklingender Titel auf der Visitenkarte.

Und auch wenn Sie vielleicht genau wie ich, verehrter Leser, ein Teil dieses Systems sind, heißt es nicht, dass wir machtlos sind. Das Opfersyndrom, in dem wir uns als hilfloses Zahnrad in einer gigantischen Maschinerie wähnen, muss endlich überwunden werden. Es mag sein, dass wir all diese Herausforderungen, die mit dem Wandel unserer Zeit einhergehen, nicht von heute auf morgen über Bord werfen können. Doch sich der eigenen Kraft bewusst zu werden, ist genauso wertvoll wie das Verständnis darüber, dass unsere Welt nicht schon gescheitert ist.

Denn dieses System ist in meinem Verständnis nichts anderes als der Rahmen, in dem wir alle miteinander verbunden sind. Auch wenn viele Menschen, Akteure, Organisationen, Marken und Politiker bei all dem Streben nach einer besseren Welt nicht immer erfolgreich sind, nicht immer effektiv und zielführend – der Mechanismen dieses Miteinanders gewahr zu werden, ist ein guter Anfang, der im besten Falle einen Weg bestimmt, auf den wir uns als Team begeben und nicht als Gegner.

Vielleicht klingt das alles für Sie nach Romantik, nach Utopie und Illusion. Für mich klingt es nach Auftrag, nach Mission und Verantwortung. Und während der Wandel die einzige Konstante ist, die uns in eine ungewisse Zukunft führt, sind es Werte und die Bereitschaft, konsequent nach ihnen zu handeln, die aus dieser Hoffnung Zuversicht erwachsen lässt. Wenn nicht jetzt, wann dann? Wenn nicht wir, wer sonst?

Kapitel 1
Meaning is the new Marketing

Dies ist ein Buch über Marketing in der Welt von morgen – daher möchte ich mit einem Status quo von beidem beginnen: Gedanken zur Welt und zu unserem Berufsstand Marketing.

Die Jacke ist zu klein

Seit ein paar Milliarden Jahren ist unsere Welt im Werden, doch scheint es, als böge sie nun auf ihre Zielgerade ein. Auf dieser Reise als Menschheit scheinen wir uns verlaufen zu haben, verstrickt in unsere eigene Courage. Wir streben nach so vielem, dass sich der Eindruck erhärtet, wir hätten nicht genug. Dabei haben wir alles im Überfluss. Wir haben diesen wundervollen Planeten, der uns mit allem beschenkt, was wir in unseren kühnsten Visionen überhaupt brauchen könnten. Wir haben uns Menschen, die Liebe, die uns verbindet, das Wissen, das uns erweckt, und die Weisheit, die uns führt. Und dennoch fühlt sich die Gegenwart an wie eine zu klein gewordene Jacke. Was ist passiert?

Wir erleben eine tiefgreifende Veränderung im Hier und Jetzt. Unser Denken, unser Handeln, unser Antrieb, unsere Werte, all das befindet sich in einer Phase eines tiefen, nachhaltigen Wandels. Wissenschaftliche Erkenntnisse, Zugang zu jeder erdenklichen Art von Information und Inhalt, digitale Vernetzung von Menschen, aber auch Maschinen, künstliche Intelligenz – all diese Errungenschaften erzeugen in uns eine neue Hoffnung, eine neue Motivation, uns gegen veraltete Programmierungen zu wehren, die über Jahrhunderte in unserer Spezies kodiert wurden. Wie Mammutbäume in der kalifornischen Sierra prägen sie unsere heutige Realität; so wie das Geld unseren kollektiven Charakter. Wir ernten die Früchte der Bäume, die vor Jahrhunderten gesät wurden, aber unsere Welt ist eine andere.

Diese Realität ist ambivalent und erscheint uns meist nicht besonders logisch, aber dafür grausam, ungerecht und unveränderlich. Dennoch liegt gerade in dieser Wahrnehmung und Erkenntnis die Hoffnung darauf, zu lernen, gemeinsam eine neue Realität zu schaffen.

Vom Besitzen und von Besessenen

Es gibt genug Reichtum auf dieser Welt, um buchstäblich jedem lebenden Menschen auf der Erde ein würdevolles Leben zu ermöglichen, doch in Wahrheit überlassen wir die Verantwortung für die Ressourcen unseres Planeten einer Handvoll äußerst wohlhabender Unternehmer, die wiederum ihr Handeln an wachsendem Einfluss, Reichtum und Status orientieren, egal ob dadurch ganze Kontinente, Generationen oder Spezies auf der Strecke bleiben. Dieser entgrenzte Egoismus hat seine eigentliche Funktion längst überlebt.

In der kapitalistischen Welt, in der wir leben, macht Geld ab einem bestimmten Grenzwert nicht mehr glücklicher. Der Wirtschaftsnobelpreisträger Daniel Kahnemann und der Ökonom Angus Deaton haben in einer empirischen Studie belegt, dass diese Summe bei rund 60 000 EUR Jahresgehalt liegt. Was treibt uns dann dazu, nach so viel mehr Besitz zu streben? Wir wissen doch inzwischen, dass mit wachsendem Besitz der Besitz selbst zum Besitzer des eigentlich Besitzenden wird.

»Wir träumen unbewusst von einem Leben im Reichtum und glauben, das würde uns frei und unabhängig machen. Und nur wenn wir frei und unabhängig sind, können wir uns endlich selbst verwirklichen. Dabei haben wir verlernt, dass nur die Arbeit in der Selbstverwirklichung uns wahrhaft frei und unabhängig macht. Zum Beispiel von Reichtum als Maßstab für Erfolg.« (Yousef Hammoudah)

Die Herausforderung des Status quo

Wir haben geglaubt, mit immer weiteren Innovationen kämen wir im Streben um mehr Demokratie und globale Gerechtigkeit entscheidend weiter. Das waren auch die Ideen jener Visionäre, die all diese Entdeckungen für die Menschheit übersetzten. Einstein setzte sich für Völkerverständigung und Frieden ein, wird aber heute (fälschlicherweise) mit dem Bau der Atombombe assoziiert. Edison wollte die Menschheit mittels Elektrizität und Licht in eine neue Ära führen und übersetzte schlussendlich nur die Paradigmen der alten Welt in eine neue Version der Dunkelheit, wie das Beispiel der Entwicklung des elektrischen Stuhls 1890 eindrucksvoll zeigt. Tim Berners-Lee entwickelte 1989 das World Wide Web, um es als Medium für die positive Veränderung der Welt zu nutzen – heute wird es als globales Massen-Manipulationsmedium eingesetzt: von Populisten, um Wahlen zu gewinnen (Facebook/Trump/Cambridge Analytica), von Narzissten, um Einfluss zu gewinnen (diverse Social Media Influencer), von Nachrichtendiensten, um die Deutungshoheit zu gewinnen (NSA, BND) und von Unternehmen, um neue Konsumenten zu gewinnen – um jeden (Tausendkontakt-)Preis.

Die Frage, warum das wohl so ist, erübrigt sich: Es geht um Einfluss, Besitz, Macht, Reichtum, es geht um die limbische Dauerbelohnung in Echtzeit, auf Instagram, YouTube, TikTok – ein ewiges Status-quo-Update. Und es geht nicht mehr nur darum, reich oder berühmt zu sein, nein: Zum guten Status quo gehört auch, dass man Recht hat. Dass man die verschwörerische Gemengelage der allgemeinen Öffentlichkeit genauestens untersucht und sich die Deutungshoheit mithilfe eingehender Social-Media-Studien und Facebook-Kommentarspalten-Auswertungen sowie der Lektüre politischer Medien aller Gruppierungen rechtens verdient hat. Dass man über den allgemeinen Zweifel, das wachsende, internationale Misstrauen erhaben ist.

Wir haben uns während der Evolution eine Reihe von Stereotypen, Glaubenssätzen und Denkmodellen zugelegt, die uns in gewisser Hinsicht vor uns selbst beschützt haben, unserer Spezies auf diese Weise zum Überleben verholfen hat, gegen Chaos, Anarchie und Selbstzerstörung. Aus der gesunden Angst vor dem Ungewissen und Unbekannten ist das Privileg des Etablierten und Bekannten geworden. In der Menschheitsgeschichte gilt: Je besser der eigene

Besitz mithilfe neuer Technologien oder Systeme beschützt werden konnte, desto weniger ging es ums Überleben gegen unbekannte Gefahren und umso mehr um Überlegenheit und Abgrenzung gegenüber anderen Interessengruppen. Je besser die Zäune, je stärker die Hauswände, je dicker die Mauern, je höher die Grenzen, desto tiefer etablierte sich der strukturelle Egoismus in unseren Herzen und Köpfen. Nicht nur in denen der Privilegierten, sondern auch in denen der zahlreichen Opfer dieser Entwicklungen.

Gewalt, Rassismus, Gender-Ungerechtigkeiten, die Auflösung der Privatsphäre, die Erosion des Naturschutzes, altertümliche Weltbilder oder Rollenmodelle: Nichts davon ist wirklich nötig, um als Spezies zu überleben. Es sind jedoch äußerst praktische Instrumente, um zentrale Kräfte dieses globalen Spiels in ihrem Streben nach Selbstbestätigung und Machterhalt zu schützen. Sie zu verschonen von dieser »Neuen Menschheitshaltung«, die langsam, aber zuverlässig offenbart, wie ungerechtfertigt, unnötig und wie wenig nachhaltig eine Evolution ist, die sich nicht dem Wohl der Gemeinschaft verschreibt, sondern gegen die Natur versucht, die Anpassung, Entwicklung und Neuorientierung zu vermeiden, wenn sie die eigene Position bedroht. Und jede evolutionäre Entwicklung ist nichts anders als eine Herausforderung des Status quo.

Rückkopplung der Entkopplung

Doch nun beobachten wir, wie die Menschheit dieser kontinuierlichen Entgrenzung der Gier, der Entkoppelung der Menschheit von ihrer natürlichen Evolution etwas entgegenzusetzen bereit ist. So, wie die Welt stets im Werden ist, seit so vielen Jahren, so liegt sie auch ständig im Sterben. Während lange genug Artenvielfalt, Menschenrechte und eine gerechtere Zukunft für Erhalt des Status quo geopfert wurden, endet und stirbt nun auch eine Geisteshaltung à la »supersize me«, »Ich zuerst«, »Größer ist besser«, »Geiz ist geil«, die uns in einen *Zustand organisierter Verantwortungslosigkeit sowie Überforderung* geführt hat. Wir leben nicht mehr im natürlichen Einklang miteinander und der Welt. Wir sind gefangen in einem Ego-System und erkennen nur langsam die dringend benötigten Potenziale eines Ökosystems. Wir entdecken in dem Unrat der Gegenwart eine Zukunftsidee, in der wir uns mit einer tieferen

Ebene unserer Menschlichkeit verbinden müssen: mit uns selbst. Otto Scharmer nennt diesen Punkt in seinem viel beachteten Werk *Theorie U* die Arbeit an dem blinden Fleck, »die Aktivierung der Intelligenz des Herzens«[1].

Das Erkennen und Vertrauen in unseren eigenen Wert (Selbstwertgefühl) setzt enorme Kräfte frei, unabhängig und unangepasst, aus uns selbst heraus. Diese Kräfte sind Antrieb und Selbstvertrauen, um den Prozess des Lebens mit all seinen Herausforderungen anzunehmen und zu entdecken. Wir wollen herausfinden, wer wir wirklich sind und wer wir als Gesellschaft wirklich sein wollen. Unser Marketingansatz, der in diesem Buch beschrieben und eingeführt wird, stellt eine Analogie zu diesem Prozess dar. In einer Zeit, in der Marken und Unternehmen das Menschsein als authentische Positionierung verstehen lernen, müssen bei der Entwicklung von Marken und Unternehmen ebendiese menschlichen Faktoren und Reifeprozesse zugrunde liegen. Das Erkennen und Vertrauen in den eigenen Wert der Marke setzt ebenjene Kräfte frei, die für eine authentische, schlüssige, effektive und relevante Wertschöpfung in der Komplexität unserer heutigen Zeit notwendig ist. Dass sie dabei sozial verantwortlich, nachhaltig, gerecht, inklusiv, Werte-basiert und sinnstiftend ist, ist interessanterweise ein gewünschter Nebeneffekt.

»Das Feuer teilen, statt der Asche zu huldigen«

Wie können wir die Fähigkeit entwickeln, eine Zukunft zu gestalten, die für uns als Weltgemeinschaft erstrebenswert ist? Diese Frage bildet das Fundament dieses Buches und erklärt gleichzeitig, warum sein Titel »Meaning is the new Marketing« lautet: Es geht nicht um eine grundsätzliche Kapitalismuskritik, sondern um Inspiration für einen neuen Weg. Einen Weg, den Philip Kotler »Marketing 4.0« nennt, den eine »Vertiefung und Auswertung des Menschen-orientierten Marketing« auszeichnet. Otto Scharmer nennt diesen Prozess »die Transformation von kapitalistischen Strukturen, von Demokratie, Bildung und dem eigenen Selbst«.

Wir sind der Überzeugung, dass wir uns mit unserem aufstrebenden Selbst verbinden müssen, um die Welt wirklich tiefgreifend zu verändern. Um herauszufinden, wer wir wirklich sind, müssen wir uns selbst erleben und erspüren lernen. Es beginnt mit uns selbst, unserer inneren Wahrheit, unserem inneren Kern, und diesem (und jedem anderen) Erbgut wohnt nun mal ein natürliches Streben nach »Entwicklung« inne. Es ist ein Grundbedürfnis des Menschen. Alles beginnt also mit uns selbst, unserer Einzigartigkeit, unserer Persönlichkeit, aber es bleibt nicht dort, sondern unser Selbst wird eingebettet in das soziale Feld, in dem wir in der Gemeinschaft schöpferisch an der Gestaltung einer neuen Zukunft arbeiten. Möglich ist das jedoch nur, wenn wir als Weltgemeinschaft ein gemeinsames Verständnis entwickeln, wie diese neue Zukunft denn aussehen soll. Die große Barriere in diesem Prozess sind die vielen fundamental unterschiedlichen Glaubenssätze, Identitätsfaktoren und kulturellen Prägungen, in die wir uns Menschen unterteilen. Sie machen uns zu Gegnern und Feinden, statt uns zu verbinden und uns gemeinsam an der Lösung universeller Herausforderungen unserer Zeit arbeiten zu lassen. Dabei gibt es jenseits der öffentlich priorisierten gesellschaftlichen Klammern wie »politische Orientierung« und »Einkommensklasse« andere, psychosoziale Faktoren, wie zum Beispiel eine Haltung der Werte-Orientierung, welche uns Menschen verbindet. Verbinden in dem grundsätzlichen Einverständnis, dass es einen neuen Weg braucht.

Und der Sinn, den wir in unserem Buchtitel »Meaning« nennen, liegt ultimativ für uns alle darin, gemeinsam Lösungen zu finden für die universellen Herausforderungen unserer Zeit, kooperativ, fair, inklusiv, nachhaltig und verbunden. Es sind Herausforderungen wie der Klimawandel, den wir als Weltgemeinschaft angehen müssen, das steigende soziale Gefälle auf globaler, aber auch hyperlokaler Ebene und der zunehmend besorgniserregende Zustand unserer mentalen Gesundheit als globale Gesellschaft. All diese Herausforderungen gemeinsam angehen zu können, ohne die Welt in eine große Non-Profit-Organisation umzuwandeln, bedeutet, die Wertschöpfung der existierenden Systeme zu optimieren. Den Kapitalismus nicht abschaffen, ihn jedoch nachhaltiger ausrichten.

Wir glauben, dass der bedeutendste und einschneidendste Wandel unserer Generation noch bevorsteht. Die aktuellen globalen Veränderungen zeigen nicht erst seit dem Ausbruch der Covid-19-Pandemie, wie instabil die Systeme in den verschiedensten Industrien und Kulturen sind.

Dies ist hauptsächlich darin begründet, dass diese Systeme auf immer kürzere Wertschöpfungszyklen ausgerichtet sind. Schneller Profit und in Krisenzeiten auch gerne das (Aus-)Verkaufen der bestehenden Werte, gerne mit Purpose und Sustainability im Geschäftsbericht, aber dennoch straff und exklusiv Shareholder-orientiert ausgerichtet.

Wir glauben an die Kraft der Gemeinschaft, basierend auf der intrinsischen Motivation des Einzelnen, um diese alten Systeme aufzubrechen. Margaret Wheatley hat es folgendermaßen auf den Punkt gebracht: »There is no power for change greater than a community discovering what it cares about.«[2]

Es beginnt also mit der Transformation des eigenen Selbst und geht über in die Transformation aller uns verbindenden Strukturen, Systeme und Industrien – schlussendlich in die Transformation des Kapitalismus selbst.

Dies ist unser Commitment, das wir mit der Veröffentlichung dieses Buches untermauern möchten. Wir verpflichten uns, ebenfalls auf die gesamte Lebensdauer dieses Buchprojekts, die Hälfte aller Einnahmen, die aus dieser Veröffentlichung entstehen, in den Aufbau eines Online-Bildungsangebots zur Etablierung eines neuen, alternativen Marketing-Narrativs zu investieren. Wir möchten auf diese Weise Aus- und Weiterbildungsmöglichkeiten schaffen, um die nächsten Generationen der Marketingfachleute aller Branchen mit einem nachhaltigen, inklusiven, fairen und gleichzeitig kreativen, humorvollen und inspirierenden Marketingansatz auszustatten.

Weitere Informationen zu diesem Commitment und eine aktuelle Übersicht zu den Einnahmen und dem Einsatz der Mittel für neue Online-Bildungsangebote finden sich auf unserer Blog-Plattform www.meaningisthenewmarketing. com/newschool

Wir rechnen uns aus, dass wir auf diese Weise ein positives Fundament für eine neue Haltung in den Köpfen und Herzen der Menschen schaffen können. Wenn Sie diese Idee ebenso begeistert wie uns, dann würden wir uns sehr freuen, von Ihnen zu hören: Schreiben sie uns gerne unter hello@meaningisthenewmarketing.com oder besuchen sie unsere Website und engagieren Sie sich wie wir. Es gibt viel zu tun. Packen wir es an!

Oder: »Start from where you are – not where you wish you were. The work you are doing becomes your path.« (Ram Dass)[3]

Unsere Verantwortung als Marketingmenschen

> »You never change things by fighting the existing
> reality. To change something, build a new
> model that makes the existing model obsolete.«
> *R. Buckminster Fuller*[4]

Wir erleben eine Realität, die immer mehr Menschen zu schaffen macht. Als Menschheit sind wir einer wachsenden Zahl globaler Risiken ausgesetzt. Dazu kommt die kontinuierliche Ausbeutung endlicher natürlicher Ressourcen, die industrielle Verschmutzung von Luft, Erde und Wasser und der dadurch ausgelöste Klimawandel. Ebenfalls ist die wachsende Kluft zwischen Arm und Reich zu nennen oder die zunehmende Eskalation der schleichenden globalen soziokulturellen, gesellschaftlichen Spaltung (»links« gegen »rechts«, »liberal« gegen »konservativ«, »weltoffen« gegen »nationalistisch«). Befeuert werden diese Bedrohungen durch grassierende Welthandelskonflikte (Asien gegen Europa gegen USA) oder endemische Pandemien wie Covid-19. Dies sind Konflikte, die wir in der Öffentlichkeit sehen, hören und spüren können.

Die Wissenschaft liefert darüber hinaus fortwährend Indizien für eine zunehmend korrodierende Leistungsfähigkeit der Weltgemeinschaft durch Leiden, die unbemerkt in unserem Inneren zutage treten.

So scheinen uns auf dem Weg zur gefühlten Unsterblichkeit durch medizinische Innovation, Genforschung, Bio-Engineering oder neuronale Netzwerke zunehmend mentale und seelische Probleme einen Strich durch die Rechnung zu machen.

So sehr wir uns also bemühen, den eigenen Körper wie alles in der ökonomisch getriebenen Welt zu optimieren, die Genetik des Überlebens zu entschlüsseln und die Kraft des Geistes zu entfesseln, sind es unsere Seelen, die in dieser Gewalt des ewigen Wachstums nicht mitwachsen wollen. Ein paar Fakten dazu:

- Die Zahl der Arbeitsausfälle aufgrund psychischer Erkrankungen sind in Deutschland im Zeitraum zwischen 1997 und 2019 um über 300 % angestiegen.[5]

- Rund jeder vierte EU-Bürger hat binnen eines Jahres seit 1990 an einer psychischen Störung gelitten.[6]
- Depressionen und Hyperaktivität sind in der »Gen Z« in den USA mitverantwortlich für einen Anstieg der Sterblichkeitsraten um mehr als 40 % im Vergleich zu »Gen X« in der gleichen Altersgruppe.[7]
- Depressionen allein machen 4,3 % der weltweiten Krankheitslast aus und gehören zu den weltweit größten Einzelursachen für Behinderungen (11 % aller Menschen lebten weltweit mit Behinderungen), insbesondere bei Frauen. Die wirtschaftlichen Folgen dieser Gesundheitsverluste sind ebenso groß. In einer kürzlich durchgeführten Studie wurde geschätzt, dass sich die kumulierten globalen Auswirkungen von psychischen Störungen auf den Verlust der Wirtschaftsleistung zwischen 2011 und 2030 auf 16,3 Miollionen US-Dollar belaufen werden.[8]
- Psychische Störungen nehmen in jedem Land der Welt zu und könnten die Weltwirtschaft zwischen 2010 und 2030 bis zu 16 Trillionen US-Dollar kosten, wenn ein kollektives Versäumnis nicht angegangen wird.[9]

Kurz: Menschen weltweit sehen sich mental immer weniger in der Lage, die Herausforderungen ihres Alltags zu bewältigen. Und dieses soziale Problem transformiert zunehmend auch zu einem ökonomischen.

Bei den Ursachen spielen insbesondere soziale Medien eine nicht zu unterschätzende Rolle.[10]

Marken, Medien, Unternehmen, Organisationen, Influencer und Storyteller sind zentrale Treiber, die den Diskurs der Öffentlichkeit signifikant und weltweit prägen. Egal was und wo etwas in der Welt passiert, es wird heutzutage meist zuerst auf Twitter, Facebook, Instagram, WhatsApp, YouTube, Snapchat, Clubhouse, TikTok oder Weibo geteilt, bevor es in der Öffentlichkeit (z.B. über traditionelle Medienplattformen) verhandelt wird. Die Marketingbranche hat das verstanden und prägt das gesellschaftliche Narrativ mehr denn je. Durch jene Narrative wird Generation um Generation in ihrer Haltung, ihrer Orientierung, ihrer moralischen und ethischen Perspektive nachhaltig geprägt. Es geht also nicht nur um die reine Marketingbotschaft selbst, sondern auch darum, wie durch diese Botschaften unbewusst Haltungen, Einstellungen und Lebensmodelle auf lange Sicht beeinflusst, ja sogar künstlich erzeugt werden, um Menschen in ihrer Perspektive auf das Leben zu manipulieren.

In dieser Realität und mit dem Wissen dieses Einflusses wollen wir Marketing weiterentwickeln. Zunächst nähern wir uns auf den folgenden Seiten den Anfängen des Marketings und wofür es steht, bevor wir per Anhalter durch die Praxis starten. Basierend auf unserer persönlichen Geschichte erfahren Sie, wie das Modell entstanden ist, und nach der Vorstellung der 7C-Arbeit lernen Sie anhand praktischer Beispiele und Anleitungen, wie Sie es selbst erfolgreich anwenden können.

Kapitel 2
Marketing – Eine Annäherung

Wie so oft im Leben, ist ein Blick von außen häufig der erste Schritt zu Veränderung, und wir sind davon überzeugt, mit unserem Modell der 7C eine Idee anbieten zu können, die die Welt durch »Meaningful Marketing« ein Stück weit werteorientierter macht, etwas mehr auf die Gemeinschaft als auf den Besitz ausrichtet und das allgemeine Verständnis von Marketing selbst weiterentwickelt, um zusätzliches Potenzial zu erschließen und nicht nur bloße Produkte zu verkaufen.

Stellen Sie sich Marketing als ein Instrument vor, mit dem wir neue Melodien komponieren können. Neue Musik für eine Welt, die dabei ist, das Zuhören zu verlernen, da all die Spotify-Playlisten, Audiobücher, Clubhouse Talks oder Podcasts unsere Ohren betäuben.

Stellen sie sich Marketing als eine Sprache vor, mit der wir neue Worte bilden können. Neue Texte für eine Welt, die dabei ist, das Lesen zur verlernen, da all die 160-Zeichen-Pressemitteilungen in Großbuchstaben und mit Ausrufezeichen, all die Abkürzungen und WhatsApp-Messages, all die kleinen Schriften auf noch kleineren Bildschirmen unsere Augen permanent überfordern.

Stellen sie sich Marketing als eine Farbe vor, mit der wir neue Bilder malen können. Neue Kunst für eine Welt, die verlernt, das Schöne zu erkennen, da wir uns in den Photoshops zu jederzeit mit Ästhetik versorgen, und in der Social Media Channels unsere Sinne mit immer neuen Reizen bis zur Taubheit überstimulieren.

Wir haben hier einmal ganz bewusst so getan, als wäre Marketing das Relikt einer längst vergessenen Sinnlichkeit. Denn Marketing ist nicht nur ein Instrument, eine Sprache, eine Farbe – Marketing ist all das und noch viel mehr.

Betrachtet man den Begriff Marketing und die Definition dieser Funktion über die verschiedenen Generationen, erkennt man die Evolution von einer rein Absatz steigernden, allein für das Unternehmen Gewinn fördernden Disziplin zu einer Kunst, die Unternehmen mit Werten verbindet und darüber Vertrauen und Zugehörigkeit mit den Kunden aufbaut, die mehr und mehr ethische Verantwortung einfordern.

Part 1: Aller Anfang: Die Entdeckung der Kunst der Manipulation

Edward Bernays war eine der zentralen Figuren in der Entstehung dessen, was wir heute Marketingkommunikation nennen. Er nutzte die wissenschaftlichen Erkenntnisse seines Onkels, dem weltberühmten Psychoanalytiker Sigmund Freud, und entwickelte die sogenannte »angewandte Öffentlichkeitsarbeit« (Public Relations).

Bernays übertrug diese Erkenntnisse auf die Psychologie der Masse und entwickelte ein Modell zur medialen Inszenierung von Produkten oder Themen, um so die Meinung der Öffentlichkeit manipulierbar zu machen. Dieses Modell stellte er in seinem bahnbrechenden Werk *Propaganda*[11] vor, das er 1928 veröffentliche und das bis heute ein wesentliches Fundament der psychologischen Öffentlichkeitskommunikation von Unternehmen und Organisationen darstellt. »Wenn wir den Mechanismus und die Motive des Gruppendenkens verstehen, wird es möglich sein, die Massen, ohne deren Wissen, nach unserem Willen zu kontrollieren und zu steuern.«[12]

Es ist also nicht überraschend, dass sich sowohl die Politik als auch die Wirtschaft diese Methoden im eigenen Interesse der Masseneinflussnahme bediente. Einer derjenigen, der die Weltpolitik im letzten Jahrhundert mehr prägte, als uns allen lieb war, ist Joseph Goebbels. Er gilt als glühender Anhänger der Ideen Bernays, was vermutlich einen gewissen Einfluss auf die Namensgebung seines 1933 gegründeten Reichsministeriums für Volksaufklärung und Propaganda hatte: das Propaganda-Ministerium. Bernays, genau wie sein Onkel Sigmund Freud jüdischen Glaubens, lehnte den Auftrag der NSDAP für die

Reputationsentwicklung der nationalsozialistischen Sache aus nachvollziehbaren Gründen ab, schreibt aber über seinen ungewöhnlichen deutschen Fan: »I knew that any human activity can be used for social purposes or misused for antisocial ones. Obviously the attack on the Jews of Germany was no emotional outburst of the Nazis, but a deliberate, planned campaign.«[13]

Basierend auf den Modellen Edward Bernays ist an der Schnittstelle zwischen Marketing und Psychologie mit der Werbepsychologie ein völlig neues Teilgebiet der angewandten Psychologie entstanden, das die Wirkung von Werbung auf das Erleben und Verhalten des Konsumenten erforscht. Die Möglichkeiten zur Manipulation durch die Optimierung der Wirkung von Werbung auf Kaufmotive und Entscheidungsprozesse gehört bis heute zum Standardrepertoire im Marketingcurriculum – und trägt zum häufig anzutreffenden negativen Bild von Marketing als »Augenwischerei« bei. »Propaganda« wird in der deutschen Umgangssprache heutzutage eher als Schimpfwort für Werbung und Markenkommunikation genutzt, die nicht authentisch ist und auf den Zug aktueller Trends offensichtlich nur zur Profitsteigerung aufspringt statt aus persönlicher Überzeugung.

Wir behaupten nicht, dass Werbung grundsätzlich schlecht oder unnötig ist, denn in einigen Fällen sind Fireworks tatsächlich sehr effektiv und sinnstiftend. Jedoch braucht jede Werbung eine tiefere Funktion, jenseits der reinen Präsentation von Slogans, Produktabbildungen oder überidealisierter Realität – und ohne diese Funktion bleibt Werbung nichts anderes als bedeutungslose Selbstbeweihräucherung und im schlimmeren Fall eine Manipulation der Masse, eine Sabotage des kollektiven Wohlbefindens und eine Verletzung der gesellschaftlichen Integrität.

Wer Werbung macht, übernimmt automatisch Verantwortung für die Wirkung auf die Öffentlichkeit, weswegen man gut beraten ist, Werbung grundsätzlich und gründlich prüfen zu lassen, bevor sie geschaltet wird.

Dank der exponentiellen Entwicklung der sozialen Medien erlebten die Lehren von Edward Bernays zu Beginn des 21. Jahrhunderts eine Renaissance – wenn auch zunächst im Verborgenen. Durch Algorithmen und die Analyse gigantischer Datenmengen, die von Plattformen wie Facebook in seinen Anfängen mehr oder weniger öffentlich verfügbar gemacht wurden, gelang es privaten Forschungsinstitutionen wie »Cambridge Analytica«, Methoden zu entwickeln, welche die Manipulation von Massen ermöglichen. Dabei folgten sie ähnlichen Prinzipien, wie sie Bernays für seine Kunden entwickelte. Durch gezielte Streuung von Desinformation, zugeschnitten auf die mentale Disposition der jeweiligen Nutzer, konnte Meinung gesteuert und beeinflusst werden – und zwar in nie gekannten Dimensionen. Es ist daher weder Geheimnis noch Mythos, dass der Wahlsieg eines Donald J. Trump 2016 in der Präsidentschaftswahl gegen Hillary Clinton u.a. mit solchen Methoden erreicht wurde.

Doch – auch wiederum dank sozialer Medien – werden solche Praktiken inzwischen aufgedeckt und von der Gesellschaft empört zurückgewiesen. Der Wunsch nach ethischer Verantwortung wird lauter.

Diesem Bedürfnis schließen wir uns an. Wir sind der Überzeugung, dass Marketing ein gigantisches Potenzial hat. Marketing kann so viel mehr, als sein schlechter Ruf vermittelt. Aufrichtig gelebt, kann es Mehrwert für alle Seiten schaffen und einen Anteil an der Rettung unseres Planeten und unserer Spezies haben.

Part 2: Der Weg zu Purpose

Der Klassiker und die Basis, auf der jegliches Vermarktungsgerüst beruht, ist das AIDA-Modell. Seit über 100 Jahren steht das Akronym für ein Werbewirkungs-Prinzip, das sich aus vier Phasen zusammensetzt, die ein Kunde bis zum Kauf durchlaufen muss: Attention (Aufmerksamkeit), Interest (Interesse), Desire (Verlangen) und Action (Handeln).

Auch wenn die Reihenfolge dieser ursprünglichen Betrachtungsweise einer einmaligen Consumer/Customer Journey im Zuge der Personalisierung herausgefordert wird, behalten die vier Phasen an sich bis heute ihre Bedeutung. Darauf basieren sowohl die klassischen Strategien wie die 4Ps des Marketing. Die meisten von Ihnen kennen das Modell von Jerome McCarty zu Product (Produkt), Price (Wert), Promotion (Kommunikation) und Place (Vertrieb) und seine Weiterentwicklungen. Als auch neuere Modelle wie Philip Kotlers *Neue Dimension des Marketing*,[14] wo er erstmals nicht mehr nur den Kunden als Käufer, sondern den Menschen als Ganzes im Blick hat – mit Werten und Visionen.

Im Kern geht es bei Kotler um die Lösung globaler Probleme wie Gesundheit, Armut, Klimawandel. Nur die Unternehmen überleben und sind erfolgreich, die diese Themen in ihr Geschäftsmodell einbeziehen und einen positiven Beitrag leisten, indem sie soziokulturellen Wandel bewirken, sich an der Armutsbekämpfung beteiligen und ökologische Nachhaltigkeit anstreben.

Doch wie lässt sich der Purpose-Anspruch in ein praktikables – und weiterhin profitables – Marketingmodell übertragen?

DIE ZWEI GROSSEN WIDERSPRÜCHE DES PURPOSE-MARKETING

Manche Unternehmen halten Purpose für einen Punkt auf einer Liste von Marketing-Standards, die man erfüllen muss, so wie den Sustainability Report im End-Jahres-bericht oder den Corporate Social Responsibility-Plan, der meist eine Reihe von karitativen Organisationen listet, denen in diversen Formen Zuwendungen gemacht werden. Solche Unternehmen spielen mit dem Thema wie mit Werbekampagnen und nutzen auch genau die gleichen Kanäle, um ihren Brand Purpose zu präsentieren. Dabei stellt sich unweigerlich die Frage, ob die Ambition, mit der solche Kampagnen entwickelt und durchgeführt werden, um Vertrauen zu gewinnen, wirklich zielführend ist. In solchen Fällen erkennen wir zwei entscheidende Punkte:

1. Welchem Menschen glaubt man eher: dem, der Gutes tut, oder dem, der darüber spricht, dass Gutes getan wurde oder geplant wird zu tun? Genau – das

Thema Purpose ist in seiner tiefen Verwurzelung unserer moralischen Orientierung so gelagert, dass es ausschließlich über authentisches Verhalten bzw. Handeln glaubhaft kommuniziert werden kann.

2. Jede durch Werbung gestützte Kampagne läuft dieser Intention zuwider. Die Menschen vermuten hinter bezahlter Werbung häufig, dass ein Unternehmen etwas verstecken oder ein Narrativ das Verhalten von Menschen bewusst manipulieren möchte – selbst bei einem aufrichtigem Commitment. Dies ist der erste Widerspruch.

3. Marken oder Unternehmen, die Purpose als ein Must-Have ansehen, um ein bestimmtes Image zu verkörpern, entwickeln Kampagnen (= Fireworks), die nur die Symptome behandeln und auf einen Quick Fix ausgelegt sind, statt aus der tiefen inneren Positionierung heraus authentisch und nach-

haltig Sinn zu schaffen. Das mag für die Dauer einer Kampagne oder eines Quartalsberichtes ausreichen, aber mittel- und langfristig fällt die Maske: Beim Menschen entsteht der Eindruck von Green- oder Woke-Washing. Purpose ist ihr Anschnallgurt, den sie bereits vor der Achterbahnfahrt sorgfältig prüfen und nutzen sollten, denn bei einer Achterbahnfahrt ohne geschlossenen Anschnallgurt werden sie ihre Fahrt nicht genießen und ihr Ziel nicht erreichen. Das ist der zweite Widerspruch.

Mit dem 7C-Modell möchten wir eine Einladung aussprechen, sich auf die Reise zu machen, zu dem eigenen Kern, dem eigenen »Purpose«. Denn nur, was aus dem Wertemodell der Gruppe heraus, in der Abstraktion durch die gemeinsame Herausforderung in der Welt entsteht, wird dem Konzept des eigenen »WHY«, der Unternehmung oder dem Marken-Purpose wirklich gerecht.

In unserem Verständnis ist der Purpose eines Unternehmens oft nicht stark genug, weil es einen Unterschied gibt zwischen der Absicht, etwas zu tun, und der entsprechenden Verpflichtung. Die Absicht bzw. der Sinn muss also mit Kraft in die Tat umgesetzt werden. *Der Sinn wird (erst) durch die Tat lebendig.* Für uns gilt deshalb: *Purpose + Power = Commitment* und *Absicht + Kraft = Versprechen.*

Das digitale Zeitalter hat weitere Grundfesten des traditionellen Marketing gestürzt. Communities ersetzen die klassische Kosumenten-Segmentierung. Die Zeiten, in denen man den Markt in Zielgruppen unterteilen und mit auf sie zugeschnittenen Kernaussagen in einem vertikalen Modell gezielt ansprechen kann, sind vorbei. Marken müssen Teil der Community werden, für Werte stehen und an einem Dialog teilnehmen.

Basierend auf diesen Erkenntnissen formuliert Philip Kotler die vier Cs – eine Weiterentwicklung der oben genannten vier Ps. Sie stehen für Co-Creation (kollaborative Produktentwicklung), Currency (dynamische Preisstrategien), Communal Activation (kommunale Aktivierung) und Conversation (Zwei-Wege-Kommunikation).

Die Kunden werden früher in die Produktentwicklung involviert, die Preisstrategien sind durch die Verwendung von Big Data viel dynamischer, und die dichte Vernetzung der potenziellen Kunden bietet Möglichkeiten für die sogenannte Sharing Economy, wie von Uber, DriveNow oder Airbnb erfolgreich vorgelebt. Die einseitige Sender-Empfänger-Kommunikation wird endgültig von der Zwei-Wege-Konversation abgelöst, und Kundenfeedback gewinnt an Bedeutung, sowohl in Form von Bewertungen, die anderen Kunden in ihrer Kaufentscheidung helfen, weil sie als glaubwürdiger als die Kommunikation des Anbieters selbst wahrgenommen werden, als auch bei der Weiterentwicklung der Produkte oder Services. Die Kunden erwarten, dass Marken und Unternehmen ihnen zuhören und mit Empathie auf ihre Vorschläge oder Kritik antworten.[15]

Nach wie vor geht es im Marketing immer um die Bandbreite der Wertschöpfungskette, und es reicht nicht, am Ende einen lustigen Slogan zu erfinden. Die Betrachtungsweise hat sich mit der Digitalisierung von einem linearen Modell in einen Kreislauf verwandelt, in dem Beziehungen und Dialoge auf Augenhöhe eine immer größere Rolle spielen. Marken, die langfristig Erfolg haben möchten, müssen für etwas stehen.

Nach Sinek gibt es zwei Wege, um Menschen zum Handeln zu bewegen: sie zu manipulieren oder sie zu inspirieren. Hält das Produkt einen echten Wert für den Menschen und steht das Unternehmen für echten Purpose, so kann das Marketing dies entsprechend verstärken und die Menschen inspirieren. Ist das nicht der Fall, muss ein Wert und darüber die Bedeutung für den Menschen künstlich erzeugt werden. Dann bleibt nur der Griff zu taktischen Mitteln, die die Kaufentscheidung kurzfristig anregen – das sind beispielsweise Rabattaktionen oder teure Influencer, die das Produkt in einer ihrer Stories auf IG, Snapchat oder TikTok posten.

Der wahre Wert des Meaningful Marketing liegt darin, gemeinsame Werte zu entdecken und langfristige Beziehungen aufzubauen, die am Ende organisch wie ein Baum wachsen und zu einem Wald werden können, der die Kraft hat, das Ökosystem Erde wieder etwas mehr ins Gleichgewicht zu bringen.

DIE SIEBEN HERAUSFORDERUNGEN DES MARKETING

1. Das Grundverständnis von Marketing: Eine der größten Herausforderungen des Marketing ist das einheitliche Verständnis darüber, was Marketing überhaupt ist.

2. Die wachsende Komplexität der Welt: Unsere Welt ist nicht zuletzt dank der digitalen Transformation unendlich komplex geworden. Management-Vordenker Fredmund Malik bezeichnet die Komplexität als eine der größten Herausforderungen der Menschheit überhaupt.

3. Das Ende der digitalen Transformation: Wer gehofft hat, dass wir nun, ca. 30 Jahre nach Entwicklung des World Wide Web, endlich dort angekommen sind, wo die digitale Transformation abgeschlossen ist, wird erkennen, dass eher das Gegenteil der Fall ist. Die digitale Transformation hat erst begonnen und wird viel einschneidender sein, als wir in unseren kühnsten Träumen geglaubt haben.

4. Sicherheit ist der neue Luxus: Viele der gesellschaftlichen entwicklungen und technologischen Errungenschaften fördern beides zutage: einerseits wundervolle neue Möglichkeiten des Wachstums und andererseits das Risiko, dass die von diesen Entwicklungen abgehängte Mehrheit einen Teil davon beansprucht.

5. In der Unendlichkeit verliert sich die Relevanz: Mit wachsenden Möglichkeiten für Menschen, ihre Aufmerksamkeit zu investieren, und stetig sinkender Aufmerksamkeitsspanne ist Relevanz ein wesentlicher Aspekt, der im Marketing über Erfolg entscheidet.

6. Die Kehrseite der exponentiellen Innovationskraft: Die Geschwindigkeit, mit der neue Innovationen die Märkte verändern, steigert sich gefühlt von Jahr zu Jahr. Es passen immer größere Daten auf immer kleiner werdende Datenträger. Wir fahren mit elektronischen Autos, die sich selbst steuern, fliegen immer weiter mit immer schnelleren Flugzeugen und können schon jetzt die Realität von der Virtualität kaum noch unterscheiden.

7. Das Fundament der unverfälschten Menschlichkeit: In einer Zeit, in der man genau diese Unterscheidung kaum noch schafft, ist Vertrauen umso wertvoller, aber auch umso schwieriger zu erreichen. Unsere Welt ist voller Fakes und die Wahrheit häufig das erste Opfer einer hyperopportunistischen Gesellschaft.

Gutes Marketing verkauft nicht nur Produkte. Gutes Marketing verstärkt Werte. Es aktiviert Menschen nachhaltig, in ihr grundlegendes Bedürfnis zu investieren und hierüber in Gemeinschaften (Bedürfnisgruppen) zusammenzukommen.

Feuer vs. Feuerwerk

Feuer hält warm, ist Bezugs- und Mittelpunkt und stiftet Beziehungen und Gemeinschaft. Feuer ermöglicht ein Überleben des Einzelnen und der Gemeinschaft. Feuer stellt etwas von Dauer dar. Wenn es einmal brennt, speist es sich selbst und breitet sich aus. Feuer ermöglicht ein konstantes Licht, es ist Bezugspunkt für eine beständige Orientierung und Ausrichtung (Leuchtturm).

Übertragen auf Marketing, bedeutet Feuer für uns die Entstehung von echten Beziehungen in Communities. Eine Community ist eine Gruppe von Menschen, deren Verbindung auf gemeinsamen Werten und Überzeugungen beruht und innerhalb derer man gemeinsam in konstruktiven Austausch geht. In diesem Space können sich aus ersten Kontakten langfristige Beziehungen mit Gleichgesinnten entwickeln. Eine derart belastbare Verbindung schafft die Voraussetzung für langfristige Beziehungen und Loyalität.

Feuer = Beziehungen durch Bedeutung. Loyalität.

So, wie ein Feuer nur unter bestimmten Voraussetzungen brennt, braucht es, um bedeutsame Beziehungen und Loyalität zu entfachen und zu nähren, das Zusammenspiel von vier Elementen:

1. Ein brennbarer Stoff = Werte und Glaubenssätze
2. Sauerstoff = Ressourcen und Fähigkeiten
3. Eine notwendige Mindesttemperatur = Mission
4. Das richtige Mengenverhältnis zwischen brennbarem Stoff und Sauerstoff = die richtige Verbindung aus Werten und Ressourcen.

Die Hitze, also die Mission, sorgt dabei für die optimale Verwertung von Sauerstoff, also Ressourcen und Fähigkeiten.

Ein Feuerwerk hingegen ist ein punktuell gesetztes Highlight. Es erzeugt keine Wärme. Es kann außergewöhnlich und überraschend sein, bleibt aber ein kurzer, wenn auch besonderer »Flash«.

> **Feuerwerk** = Aufmerksamkeit durch Lautstärke. Kontakte und Reichweite ohne Nachhaltigkeit.

Im Marketing stehen einem echten Feuer in der Regel oft Feuerwerke wie Aktivierungsmaßnahmen (Imagetransfers, Testimonials etc.) gegenüber.

Meist ein kurzer »Wow«-Effekt, der einen Moment lang für Aufmerksamkeit sorgt, jedoch nichts nachhaltig Bleibendes von Bedeutung hinterlässt, was der weiteren Aufmerksamkeit lohnen würde. Durch die entsprechende Marketing-Lautstärke (Intensität und Reichweite) werden Kontakte generiert (Eyeballs, Views etc.), und je nach Budget kann die Aufmerksamkeit bei den Menschen über einen gewissen Kampagnenzeitraum künstlich aufrechterhalten werden.

Wer sich für den Weg der Feuerwerk-Aktivierungen entscheidet, ist darüber im Zuge einer jeden Kampagne gefordert, diese immer wieder neu zu »aktivieren«. So ein Feuerwerk lebt von der Inszenierung und der Frequenz an Raketensalven. Das ist ein legitimer Ansatz, der allerdings hohe Kosten produziert und viel Aufwand verlangt. Dazu kommt, dass man nichts Eigenständiges entwickelt, auf dem man langfristig aufbauen und wofür man glaubwürdig wahrgenommen werden kann.

Feuerwerk alleine reicht also nicht aus und bringt die Gefahr mit sich, dass die Bedeutung der Marke zunehmend abhängig wird vom Zuspruch unbeherrschbarer, äußerer Faktoren wie dem Imagetransfer und der Effektivität von Testimonials, Multiplikatoren, eingekaufter medialer Reichweite und redaktionellem Zuspruch. In unseren Augen purer Stress, da man versucht, etwas zu kontrollieren, was nicht kontrollierbar ist.

Außerdem leben wir in einer Zeit mit extrem hoher Frequenz an Marketingkampagnen, und die Menschen sind täglich der immensen Lautstärke von all diesen Werbebotschaften verschiedenster Marken ausgesetzt. Sie erscheinen austauschbar und haben keine nachhaltige Wirkung. Für eine kraftvolle, emotionale Bindung zwischen Menschen und Marke braucht es einfach mehr. Es braucht Feuer.

In Kombination mit beziehungsstiftenden Marketingmaßnahmen haben Fireworks aber durchaus ihre Existenzberechtigung und erfüllen eine wichtige Funktion, wenn man ihre Reichweite bewusst zur Verstärkung der Kampagnenbotschaft nutzt und für die Umwandlung von Kontakt zu einem Markenerlebnis (Experience) einsetzt. Wenn man also nicht nur Lärm macht, sondern die Menschen einlädt, ein Produkt auszuprobieren und die bereits bestehende Community kennenzulernen. Das ist der erste Schritt auf dem Weg zu einer dauerhaften Beziehung.

There's no Shortcut to Loyality: Circle of Trust

Wir alle wollen schnellen Erfolg und messbare Ziele, aber auf dem Weg zur Entwicklung wahrer Markenloyalität gibt es keine Abkürzung. In unserem Circle-of-Trust-Modell bilden wir den Weg ab, um uns (und ungeduldige Kunden, CEOs und Entscheider über Budgets und Investitionen) an den Flow zu erinnern.

Der Circle of Trust basiert auf dem oben beschriebenen AIDA-Modell. Zunächst stellt man den Kontakt her (Reichweite) und gewinnt die Aufmerksamkeit (Awareness). Schafft man es, das Interesse zu wecken (Interest), folgen im klassischen Ablauf im besten Fall Begehren (Desire) und schließlich die Kaufhandlung (Transaction). Das wird in dem kleineren der beiden Kreisläufe dargestellt. Dieser Kreislauf ist eine legitime Marketingaktivierung, bedarf aber ständig neuer Investitionen und Aktionen, die immer wieder bei null starten.

Der entscheidende Unterschied beim Circle of Trust ist der Weg über die gemeinsame Erfahrung, ein gemeinsames Verständnis (mutual Understanding) und Inspiration.

Die Magie liegt darin, im gegenseitigen Austausch voneinander zu lernen. Wenn wir etwas erfahren, das uns in unserer persönlichen Entwicklung (Development) weiterbringt, führt das zu einem Gefühl der Verbundenheit und Anerkennung (Recognition). Das ist der Nährboden für die Entstehung

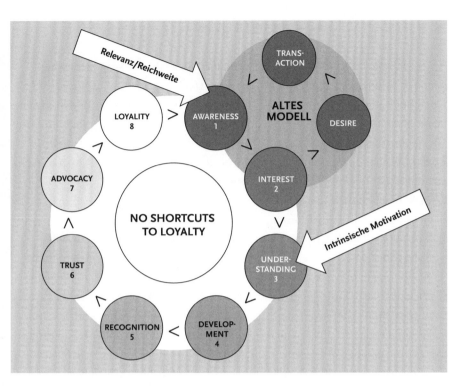

langfristiger, treuer Beziehungen, die auf einem stabilen Fundament aus Vertrauen (Trust) gebaut sind. Dazu gehört auch die sogenannte Brand Advocacy, also die Weiterempfehlung eines Produktes, des Services bzw. einer Marke. Et voilà: Brand-Loyalität!

Damit der Circle of Trust seine Kraft entfalten kann, bedarf es einer kontinuierlicher Wiederholung der gemeinsamen Erfahrungen, die intrinsische Motivation und gemeinsames Verständnis (mutual Understanding) erzeugen, bis sich Vertrauen entwickelt und aus einem Kontakt eine Beziehung mit einer festen Basis wird. Aber der Einsatz lohnt sich. Denn selbst wenn man mal einen Fehler macht, und zum Beispiel einem Shitstorm in den sozialen Medien ausgesetzt ist, kann man auf die Unterstützung und das Verständnis einer loyalen Basis zählen – vorausgesetzt natürlich, der Shitstorm war unberechtigt oder man reagiert sofort, entschuldigt sich und zeigt, dass man aus seinem Fehler gelernt hat.

DREI PHASEN JEDER NACHHALTIGEN BEZIEHUNG

Phase 1:

Spaß = Awareness, Interest & Experience

Wenn es keinen Spaß macht, mich mit jemandem oder etwas zu beschäftigen, wird es nie eine Beziehung. Nicht umsonst gibt die Mehrheit der Bevölkerung »Humor« als eines der wichtigsten Kriterien bei der Partnerwahl an. Als Marke bedeutet das, dass »Fireworks«-Marketing, zum Beispiel exklusive Fashion-Week-Hype-Partys zu einer Produkteinführung oder um einen neuen Kundenkreis zu gewinnen, oft wirksam sind, das Interesse zu erwecken. Darum geht es auch bei der »Experience«. Der gegenseitige Austausch und die Lernerfahrung fruchten nur, wenn es eine positive, erfreuliche Erfahrung ist. Geht es aber nie über das Spaßlevel hinaus, bleibt es bei Bekanntschaften ohne Tiefgang und Vertrauen, und man wird den zweiten Kreislauf nicht vollenden.

Phase 2:

Augenhöhe = Exchange & Conversation, mutual Understanding, Recognition

Begegnet man sich nicht auf Augenhöhe, respektiert man sich nicht, dann hört man sich auch nicht zu und lernt nicht voneinander. Der gegenseitige Austausch und die Inspiration sind aber in jeder Beziehung entscheidend. Wenn dies aber gelingt, erreicht man die dritte und selbstbefruchtende Phase des Wachstums, schafft man es nicht, bricht der Kontakt ab.

Phase 3:

Wachstum = Trust, Advocacy, Loyality

Bei der dritten und bedeutendsten Phase brennt das Feuer, und man kann gemeinsam zu etwas Größerem wachsen, das jeder für sich alleine nie erreicht hätte. So entstandene Beziehungen sind der Ausgangspunkt für Communities, die eine Massenbewegung und echte, positive Veränderung in der Welt bewirken können.

Das ist das sogenannte Beziehungsphasenmodell. Nun kommt es darauf an, die Bedürfnisse des Partners oder Kunden in jeder Phase zu verstehen und ein Marketingkonzept zu entwickeln, das während des vollständigen Beziehungszyklus ganzheitlich auf den entsprechenden Kanälen das bietet, was die Kunden gerade brauchen – und sie durch die drei Phasen begleitet.

Das Marketing-RaDaR von Forrester

Die meisten Marketingexperten unserer Zeit, u. a. auch das renommierte Forschungs-und-Beratungsunternehmen Forrester, haben inzwischen das typische Marketingmodell, das allein die Transaktion, also die Kaufhandlung, zum Ziel hat, durch ein Relationship-gestütztes Modell abgelöst. Wir verwenden das Marketing-RaDaR-Modell von Nate Elliott et al. In einer immer komplexeren Marketingwelt kommt es darauf an die »Art and Science« des Marketing richtig anzuwenden. »The art of marketing will help you coordinate marketing channels – and the messages you put into those channels – based on where your audience is in the customer life cycle«, betont Elliott.[16] Die »Science« liegt darin, auf Daten basiert in die jeweiligen Kanäle zu investieren, statt sich auf Schätzungen zu verlassen.

Wir betrachten also den Konsumenten durch die Linse der verschiedenen Phasen der Consumer Journey. Elliot et al. unterscheiden zwischen: entdecken (discover), erkunden (explore), kaufen (buy) und sich austauschen (engage). Je nachdem, in welcher Phase sich eine Person befindet, wendet sie sich bevorzugt verschiedenen Kanälen auf der Suche nach bestimmten Inhalten zu. Während der Entdeckungsphase sind die reichweitenstärksten Kanäle (Reach) am erfolgreichsten; während der Erkundungs- und Kauf-Phase sollte man auf Kanäle setzen, die mehr Tiefgang erlauben (Depth), und nach der Kaufentscheidung spielen die Kanäle, die einen aktiven Austausch und eine Unterhaltung fördern, die entscheidende Rolle (Relationship).[17]

Als findiger Marketer sollten Sie also Marketing-RaDaRs erstellen, die alle Hebel der drei Kanäle optimal nutzen. Das RaDaR-Modell bietet das passende Framework für die Arbeit mit dem Meaningful-Marketing-Ansatz und den 7Cs. Zum einen ermöglicht es die Funktionszuweisung (Reach, Depth, Relationship) der einzelnen Berührungspunkte mit den Konsumenten (Touchpoints), und zum anderen unterstützt es die Chronologie der Consumer Journey.

Es etabliert »Reach« – häufig erreicht durch den Einsatz von Feuerwerk-Marketing – nicht nur als legitimes Werkzeug, um Reichweiten zu erhöhen, sondern auch als Mittel, die Kunden einzuladen, zur Erfahrung (Experience) zu konvertieren.

Die Erfahrung wiederum endet nicht mit der Transaktion oder dem Erlebnis selbst, sondern funktioniert durch den Einsatz von »Depth«-Kommunikation als Dynamo in der Beziehung. Diese wird durch kontinuierliche »Relationship«-Kommunikation lebendig gehalten.

Push versus pull

Beim Push-Marketing geht es allein darum, einen Kontakt zu generieren, du drückst also einem potenziellen Kunden deine Nachricht auf, ohne dass dieser Anzeichen für Interesse signalisiert. Das Pull-Marketing versucht durch Mehrwert Kunden anzulocken – damit sie sich dann aber aktiv mit den Inhalten auseinandersetzen. Push wird häufig bei Feuerwerk-Aktivierung angewandt, während Pull stärker zum langfristigen Beziehungsaufbau eingesetzt wird. Push startet bei null, ohne Substanz, sozusagen auf gut Glück, während Pull am besten funktioniert, wenn bereits eine Grundlage für eine Beziehung gelegt wurde.

Ich rede mit denen, die sich für dieselben Werte/Ideen/Ziele interessieren und die mir bereits in der Vergangenheit Inspiration vorgelebt haben. In den entstandenen Communities suchen die potenziellen Käufer zuerst nach Information und Inspiration und sind offen für mehr Tiefgang.

Damit sind wir wieder beim Circle of Trust und sogar noch einen Schritt davor, beim berühmten Golden Circle von Simon Sinek.

Es beginnt mit dem Why: Die Intention muss klar sein – und sie muss einen echten Mehrwert bieten, Meaning für die Welt und die Gesellschaft.

In einem Interview für das Forbes Magazin betont der MIT-Forscher Otto Scharmer: »Erfolg ist für mich letztendlich Wirksamkeit dahingehend, die wachsende Kluft zu schließen in den drei universellen Spaltungen, die wir als Menschheit erleben: der ökologischen, der sozialen und der spirituellen Spaltung.«[18]

TEIL 2

PER ANHALTER DURCH DIE PRAXIS

Kapitel 3
Meine Geschichte

Bevor wir in die Entstehungsgeschichte unseres 7C-Modells einsteigen, möchten wir Ihnen die Chance geben, uns und unsere Motivation zu verstehen. Dazu möchten wir Ihnen unsere Geschichten erzählen und unser Verständnis von Kapital und Erfolg teilen – alles zusammen, unsere Lebens- und Berufserfahrungen sowie die Entwicklungen der Welt und Gesellschaft, haben zur Entwicklung des 7C-Modells geführt.

Wie alles begann

Nico und ich, wir sind beide geboren im Jahr 1976. Das Jahr, in dem Milton Friedman den Nobelpreis der Wirtschaftswissenschaft erhielt, treffenderweise »für seine Leistungen auf dem Gebiet der Analyse des Konsums, der Geschichte und der Theorie des Geldes und für seine Demonstration der Komplexität der Stabilitätspolitik«.[19]

Während Nicos und meine Geburt zeitlich nur eine Woche trennte, lagen zwischen unseren Geburtsorten einige Tausend Kilometer. Das sollte uns jedoch nicht daran hindern, zueinanderzufinden. Doch bis dahin vergingen 30 Jahre und in diesen Jahren ist einiges passiert. Aber alles der Reihe nach.

Ich kam in Jeddah zur Welt, einem der kommerziellen Zentren Saudi-Arabiens und Tor zu Mekka, der heiligsten Stadt des Islam. Meine Eltern sind palästinensischer Abstammung, beide im heutigen Westjordanland geboren und aufgewachsen im heutigen Israel. Nach beruflichen Stationen in Kuwait und Amman verschlug es meine Eltern und älteren Schwestern Mitte der 70er Jahre nach Saudi-Arabien. Als Angestellter der saudischen Regierung war mein Vater beauftragt, Starkstromleitung durch die saudische Wüste zu verlegen, um den entlegenen Norden des Landes an das nationale Stromnetz anzuschließen. Zu dieser Zeit, Mitte der 70er Jahre, war der Ausbau des Erdölsektors ein wichtiger Garant für die innere politische Stabilität des Landes. Ausländische Interessen halfen dabei, eine Vielzahl regionaler Konflikte erfolgreich zu überwinden. Saudi-Arabien entwickelte sich zu einem streng autoritär geführten Staat. Die Unterstützung der Bevölkerung in dieser dynamischen Phase der Veränderung wurde durch weitreichende gesellschaftliche und ökonomische Erneuerungen und ein verbessertes staatliches Leistungsangebot erkauft. Ein rasant steigender Ölpreis ermöglichte diese Expressmodernisierung der größten Volkswirtschaft im arabischen Raum. Und ohne Strom – keine Modernisierung, womit wir wieder bei dem Auftrag meines Vaters wären.

Als Teil der umfassendsten Infrastrukturentwicklung der Geschichte meines Geburtslandes, war er in der Wüste gezwungen, Lösungen für ganz banale Herausforderungen zu finden. Denn je tiefer sein Team bei dem Bau der Leitungen in die Wüste eindrang, desto schwieriger wurde die Arbeit. Um die Mittagszeit wird es dort unerträglich heiß, und der Weg von der Stadt zur Baustelle wurde immer länger – ein Umstand, der den Bauprozess mehr und mehr verzögerte. Es war klar, dass bald eine Lösung gefunden werden musste, um das Projekt in der vorgegebenen Zeit abzuschließen. Mein Vater kam auf eine außergewöhnliche Idee: Er wollte Wohnwagen zur Übernachtung einsetzen! Doch in der arabischen Welt Mitte der 70er Jahre gab es keine Wohnwagen.

Da eine seiner älteren Schwestern inzwischen in Deutschland lebte und er bei einem Besuch von diesen neuen mobilen Wohnmöglichkeiten erfahren hatte, packte er genügend Bargeld für zehn Wohnwagen ein und machte sich auf den Weg nach Wuppertal. Für diese 5 600 km aus Saudi-Arabien nach Wuppertal brauchte man damals ungefähr eine Woche – und in den 70er Jahren war die Strecke über die Türkei, Bulgarien, Griechenland quer durch das damalige Jugoslawien alles andere als ungefährlich. Dort kaufte er die Fahrzeuge und machte sich mit der gesamten Karawane wieder auf denselben Weg zurück.

Die darauffolgenden zwölf Monate hatten es dann in sich: Meine Eltern trennten sich, während meine Mutter mit mir schwanger war, und die Frau, die mein Vater heiratete, war jene Geschäftsfrau in Wuppertal, die ihm all diese Wohnwagen für die Baustelle verkauft hatte. Sie war 17 Jahre älter als er, 1928 in Potsdam geboren und aufgewachsen als klassisches Hitlermädchen, geprägt vom Duktus des »alten Fritz«, wie sie als Ur-Potsdamerin nie verlegen war zu betonen. Meine Stiefmutter war 50 Jahre alt, als mein Vater mich mit nach Deutschland nahm. Den Kontakt zu meiner leiblichen Mutter verlor ich im Alter von zwei Jahren. Den Kontakt zu mir selbst verlor ich einige Jahre später. Aber eins nach dem anderen.

Als wir 1980 unsere Basis in Wuppertal geschaffen hatten, holten wir meine drei Schwestern, die vorübergehend in einem Internat untergebracht waren, zu uns nach Deutschland, und ich kam in den Kindergarten Auf der Linde in Wuppertal-Ronsdorf. So wuchsen wir in der Vorstadt auf, einigermaßen behütet, aber doch augenscheinlich nicht zugehörig. Es war eine absurde Situation. Im Kindergarten war ich das einzige Kind mit einer dunkleren Hautfarbe. »Du bist schmutzig«, ließen mich die anderen Kinder wissen, und mit dem schmutzigen Kind wollte niemand spielen.

Es kann sein, dass diese frühen Zurückweisungen die Grundlage meiner Resilienz bildete. Zum Glück war ich mental gut entwickelt und durfte bereits mit fünf Jahren in die Schule gehen, auch wenn ich körperlich eher zu den Spätentwicklern gehörte, was – wie ich schmerzhaft lernen musste – eine nicht besonders praktische Kombination ist. Ich hatte die große Klappe, provozierte mit frechen Sprüchen, doch die anderen hatten Kraft und so landete ich in aller Regelmäßigkeit in den Spinden, Mülleimern und auf Schulhof-Bordsteinen. Mir war klar, dass ich irgendwo in diesem Delta zwischen intellektueller Reife und Selbstverteidigungsfähigkeit finden würde, wonach ich eigentlich suchte: Selbstbestimmung. Doch gab es auf absehbare Zeit nichts selbst zu bestimmen für mich. Das lag nicht nur an den anderen Kindern in meinem Kindergarten, sondern in erster Linie an dem Selbstverständnis meiner Eltern. Meine leibliche Mutter war schon früh aus meinem Leben verschwunden, und meine Stiefmutter war in jeder Hinsicht das exakte Gegenteil von ihr: Sie war deutlich älter als mein Vater, deutsch, hell, blond, blauäugig und eine autoritäre Person – schließlich hatte sie als Geschäftsführerin des Handelsbetriebs eine leitende Rolle eingenommen. Im Jahr 1985 waren mein Vater und meine Stiefmutter ein gutes Team, wobei sich die Verantwortlichkeiten in der Leitung des Handelsbetriebs verändert hatte. Da der Laden meiner Stiefmutter ohne finanzielle Hilfe Mitte der 80er Jahre nicht überlebt hätte, investierte mein Vater seine in Saudi-Arabien erarbeiteten Ersparnisse in das Geschäft, übernahm den Betrieb, zahlte die Schulden ab und entwickelte fortan aus einem unprofitablen Laden eines der erfolgreichsten Unternehmen der hiesigen Branche.

Im Zentrum seines Unternehmerstils stand die bedingungslose Ausrichtung auf die Qualität des Kundenerlebnisses. Er war durch und durch ein hervorragender Gastgeber und ließ das nicht nur jeden Kunden wissen, der auf den Hof kam, sondern bläute es auch dem gesamten Team ein. »Leben und leben lassen«, war eines seiner Mottos, wenn er mit Kunden über Preise verhandelte, und er hatte stets einen großen Vorrat an in goldener Folie eingefasster Sektflaschen für seine Kunden mit dem Firmenlogo im Keller. Für ihn war der Wohnwagen- und Reisemobilhandel kein Handel mit Fahrzeugen, sondern ein Handel mit Lebensqualität. Der Urlaub, die Unabhängigkeit mit eigenem Fahrzeug die Welt zu erkunden, das war sein Produkt, und er verstand es nicht nur meisterhaft, die Kundenbedürfnisse zu erkennen und zu befriedigen, sondern auch, in der Verhandlung mit Geschäftspartnern, Herstellern und Zulieferern strategisches Geschick und moralische Haltung zu vereinen. Er hinterließ keine »verbrannte Erde«, weswegen Kunden stets neue Kunden mitbrachten und ihm Partner, Hersteller und Banken immer stärkeres Vertrauen schenkten. Aus dem einen Geschäft in Wuppertal wurde eine Kette von Handelsstandorten in ganz Deutschland. Die Hammoudah Freizeit AG wurde in den 90er Jahren zum deutschen Marktführer des Freizeitfahrzeughandels, und vielleicht können Sie sich vorstellen, wie beeindruckend diese Leistung ist, wenn man bedenkt, dass es damals für einen Mann, der kaum der deutschen Sprache mächtig war, ohne betriebswirtschaftliche Ausbildung oder akademische Auszeichnung, ohne Netzwerk und Branchenkenntnis, konfrontiert mit ständiger rassistischer Herabsetzung im stolzen Deutschland der Nachwendezeit alles andere als ein Selbstläufer war, sich diesen Status zu erarbeiten. »Mein Sohn«, ermahnte mich mein Vater immer wieder, »du musst wissen, dass es auch für dich nicht leicht sein wird, in diesem Land erfolgreich zu sein.

Du musst doppelt so hart arbeiten, um auch nur ansatzweise den Respekt zu bekommen, der für Deutsche selbstverständlich ist. Hier wird dir nichts geschenkt, und Fehler werden dir viel weniger verziehen.«

Es verwundert also nicht, dass die Prägung meiner Erziehung stets war: Wenn ich nichts leiste, bin ich nichts wert. Nicht für meinen Vater, nicht für die Wirtschaft und erst Recht nicht für die Gesellschaft, in der ich aufwuchs – ein Abo auf Burn-out! In die Wiege gelegt von einem Menschen, der nur im Sinn hatte zu überleben und seinen Kindern ein Leben in Würde und Wohlstand zu ermöglichen. Solche Geschichten gibt es auch heute noch millionenfach überall auf der Welt, besonders im reichen, neoliberalen, hyperkapitalisierten »Westen«, und sie alle haben ihre Wurzel in der simplen Formel: Leistung = Geld, Geld = Wohlstand, Wohlstand = Kaufkraft und Kaufkraft = Status. Wer also viel kauft, ist mehr wert. Damit wären wir auch schon bei einer der zentralen Herausforderungen unserer Zeit. Nur wer brav seine Rolle als Konsument erfüllt, ist hier etwas wert. Eine Weltwirtschaft, die zum Wachstum verdammt ist, um die stetig wachsenden Erwartungen ihrer Anteilseigner erfüllen zu können, braucht eine ebenfalls stetig wachsende Zielgruppe, die, mit wachsendem Geldbeutel ausgestattet, auch den Konsum zum Wachstum bringt. Ohne Konsumwachstum kein Wirtschaftswachstum. Die ungeschriebene Vereinbarung der kapitalistischen Konsumgesellschaft: *Wenn ihr (Menschen = Konsumenten) brav all die Dinge (Produkte und Dienstleistungen) konsumiert, die wir (Anteilseigner = Produzenten) euch in der Werbung anpreisen, verdient ihr euch das Gefühl, etwas wert zu sein.*

Doch zurück zu meinem Vater. Bei all dem Erfolg, den er nun in diesem neuen Land hatte, machte er damit auch ziemlich früh in meinem Leben klar, dass ich zu seinem Nachfolger seines Lebenswerkes bestimmt war. So lernte ich schon früh, wie das Geschäft lief. Im Alter von zwölf half ich bei der Reinigung der Fahrzeuge, mit 14 arbeitete ich neben der Schule in der Werkstatt und lernte, wie man Gasprüfungen vollzieht oder TV-Satellitenanlagen in die Wohnwagen baute. Mit 16 verkaufte ich Zubehör und half bei der Vermietung, mit 17 begann ich, auf den Caravan-Messen als Verkäufer zu arbeiten.

Mein Vater war mein großer Lehrer und Chef – doch ich wollte nichts anderes sein als Künstler und mit Musik mein Geld verdienen! Ausgestattet mit einer Fostex-4-Spur-Bandmaschine nahm ich im Keller mit 14 meine ersten Songs auf, spielte etwas Klavier, etwas Schlagzeug und schrieb Texte, die ich einsang und legte Spur über Spur übereinander. Es gab nicht viele, die das zu hören bekamen, denn damals gab es kein Soundcloud, Spotify oder YouTube, sondern nur Tapes, die man per Post durch die Gegend schickte. Mein Geld verdiente ich im Betrieb und kannte mich so gut aus, dass ich auch entsprechend erfolgreich sein konnte. Neben dem Wissen, das mir mein Vater über die Jahre vermittelt hatte, lernte ich in speziellen Kursen und Programmen, wie man noch stärker im 1:1 verkaufen kann – wie man Menschen in nur wenigen Minuten auf einem Messestand inmitten von Hunderten Verkäufern auf kleinster Verkaufsfläche dazu bringt, eine Viertelmillion Mark für ein Reisemobil auszugeben, sich für dich zu entscheiden. Uns wurden Hypnose-Coaches zur Seite gestellt, ich durchlief autogenes Training, musste barfuß von Stühlen in Scherbenhaufen springen oder über fünf Meter auf glühenden Kohlen gehen, nur um noch besser darin zu werden, mir selbst einzureden, dass ich zu allem in der Lage sein kann. Ich war kaum 18 Jahre alt und hatte dennoch nahezu alles gelernt, was ich für meine gesamte berufliche Laufbahn benötigte. Doch es ging mir dabei überhaupt nicht gut. Ich nahm alle möglichen Substanzen, jeden Tag, vereinbarte Schule, Musik und den väterlichen Betrieb auf eine extrem ungesunde Weise. Irgendwie habe ich es geschafft, mein Abi abzuschließen, meinen Vater zu blenden und meine eigentlichen Bedürfnisse zu betäuben, ohne dass es irgendjemand mitbekam. Bis ich irgendwann zusammenbrach und mir die Kontrolle über mein Leben entglitt.

Meine Mutter pflegte uns Kinder täglich zu schlagen, zu mobben und gegeneinander auszuspielen. Meine älteste Schwester versuchte sich das Leben zu nehmen, riss von zuhause aus, und meine beiden anderen Schwestern lebten in Angst vor ihr ein Leben der totalen Selbstaufgabe. Ich wollte nur noch weg! Weg von Erwartungen an mich, weg von dem Leben im Freizeitfahrzeughandel, weg von der Schule. Ich wollte weg aus meinem Leben. Ich war depressiv, süchtig und kaputt und brachte es nur mithilfe der neuen Freundin meines Vaters (er hatte sich zwei Jahre zuvor von meiner Stiefmutter getrennt) übers Herz, ihm im Alter von 19 Jahren zu erklären, dass ich seinen Weg nicht weitergehen werde. Die Musik gab mir bei all dem einen Kanal, der es mir erlaubte, mich auszudrücken, genau wie ein paar meiner damaligen Helden Alice in Chains, Nirvana oder Temple of the Dog. Ich wollte zur Musik, als

Künstler. Als Generation X. Als gebrochener Mensch, der es als einen Ausweg sah, der Gesellschaft mittels des zum Ausdruck gebrachten Schmerzes ein Image der Selbstvernichtung gewinnbringend zu verkaufen, sodass genug Geld da sein konnte, für Unabhängigkeit, noch mehr Highs und um sich die Zeit zu kaufen, die es brauchte, bis es endlich vorbei war. Doch traute ich mich nicht.

So ging ich einen Kompromiss ein, der sich im Nachhinein als meine Rettung erwies: Um meinen Vater nicht zu enttäuschen, blieb ich der Wirtschaft treu, doch weil meine Leidenschaft der Musik gehörte, sollte es schon die Unterhaltungsindustrie sein. Ich konnte gut verkaufen, wusste, wie man richtig Werbung macht, wusste welche entscheidende Rolle Kundenzufriedenheit für den Erfolg eines Unternehmens spielte und habe die gesamte Wertschöpfung eines Unternehmens von A bis Z durchlebt. Ich war mit meinen 17 Jahren nicht nur ein recht junger Abiturient, sondern auch damals schon in gewisser Weise ein Marketingexperte – auf eine für damalige Standards sehr eigene Weise. Das wollte ich machen. Daher suchte ich mir 1995, mit der frischen Hoffnung in eine eigene, selbstbestimmte Zukunft, Hunderte von Adressen zusammen (offline, versteht sich) und begann, Bewerbungen zu schreiben. Ich bewarb mich für Praktika, Ausbildungsplätze und (Kunst-)Studienplätze. Insgesamt versendete ich 1995/1996 weit über 300 Bewerbungen und bis auf wenige Antworten mit Absagen wurde meine Existenz scheinbar und leider weitestgehend ignoriert.

Als Junge ohne Lobby oder Netzwerk und ohne einschlägige Erfahrung (solche, die in den Bewerberlebensläufen besser klangen als die »nebenschulischen Tätigkeiten im väterlichen Wohnwagenhandel«), verzweifelte ich fast an dem strukturellen Rassismus, der auch heute noch Menschen wie mich daran hindert, eine faire Chance zu bekommen. Die bekam ich dann doch, als Praktikant bei einem kleinen Kölner Jazz-Label von Alex Merck. Dort durfte ich endlich zeigen, was ich konnte, und ich gab alles für ein paar Hundert Mark im Monat. Es lief gut und ich wurde mit dieser Referenz im Gepäck sogar zu einem Vorstellungstest bei dem globalen Major-Label EMI Music in Köln eingeladen, wo sich von über 300 Bewerbern rund 30 Kandidatinnen und Kandidaten um drei Ausbildungsplätze bemühten. Bei dem Test wurden in erster Linie Künstlernamen aus den Album-Charts abgefragt und da ich mich eher der Subkultur verschrieben hatte ergatterte ich zunächst nur ein Praktikum. Doch dieses Praktikum erwies sich dann als Durchbruch. Klemens Dreesbach hieß der Mann, der mir diese entscheidende Chance gab. Damals frisch aus den USA nach Deutschland zurückgekommen mit einem internationalen Mindset, großer Kreativität und dem Gespür für die großen Geschichten, schlug er mich einem der Managing Directors vor. Dieser gab ihm meine Bewerbung mit dem Kommentar zurück, ein Bewerber mit arabischem Hintergrund wäre für diese PR- und Marketing-Praktikumsstelle »kein 100-prozentiger Fit«, doch Klemens Dreesbach bestand auf meiner Einstellung. Das Team sagte zu, und ich gab wieder einmal alles – mit den Worten meines Vaters im Ohr: Deine Chance liegt darin, zu tun, was kein anderer zu tun bereit ist. Die Extra-Meile. Die Überstunde. Das ultimative Commitment. Nach sechs Monaten hatte ich meinen ersten unbefristeten Vollzeitjob als Junio-Marketing-Manager bei dieser Agentur, seinerzeit einer der aufstrebenden Digital-Dienstleister des Landes, der ein paar Monate später von dem internationalen Flaggschiff der noch jungen deutschen Digital-Agenturszene übernommen wurde. Ich war nun ein Mitglied der internationalen Pixelpark-Familie, und mein Stolz kannte keine Grenzen. Ich war 21 und war mir sicher: Von jetzt an geht es nur noch bergauf. Alles ergab plötzlich einen Sinn.

Keine zwei Jahre später landete ich dann doch bei EMI Music in Köln, als Manager New Media. Ich leitete ein Team aus zwei Kollegen, beide Mitte 30, und bekam einen Auszubildenden zur Assistenz. Diesen jungen Mann hatte ich bereits drei Jahre zuvor bei dem Ausbildungstest kennengelernt.

Aus meiner Zeit in der Musik- und Unterhaltungsindustrie, die ich in den kommenden Jahren aus den verschiedensten Blickwinkeln kennenlernen durfte, blieben mir drei zentrale Aspekte in Erinnerung, die mein weiteres Leben und Wirken nachhaltig beeinflusst haben:

1. Das Haifischbecken

Der Mensch (als Künstler*in) ist ein Produkt. Es wird so lange betreut, gepflegt, verwöhnt und verzogen, vermarktet und ausgequetscht, solange es einen Wert für die Company bzw. ihre Shareholder bringt. Ist das nicht mehr der Fall, interessiert sich niemand mehr für diese Menschen. Sie werden fallengelassen. Nicht erst seit #metoo wurde offenbar, wie sich die meist männlichen

Chefetagen dieser Branche ihren Einfluss für persönliche Bereicherung jeglicher Art zunutze machten. Diese ausbeuterische Natur gilt übrigens für alle Kräfte, die in dieser Industrie landen. Ich arbeitete mir die Seele wund, schlief regelmäßig in meinem Büro auf dem Boden unter meinem Schreibtisch, damit ich bei 18 Stunden Arbeitspensum pro Tag nicht noch Zeit mit dem lästigen Heimweg vergeuden musste, zumal dort ohnehin niemand auf mich wartete, und ich mich auch immer ein bisschen vor dieser Leere fürchtete, die dort auf der viel zu großen Couch auf mich wartete. Dieser Leere, die mich verführen wollte, wieder zurückzufallen in alte Suchtmuster, konnte ich nur mit sehr viel Willenskraft und der bedingungslosen Liebe und Hilfe meiner Schwestern überwinden.

2. Der Kohleofen

Die Leute, die es in diese/-r Industrie geschafft haben, sind nicht selten selbst verkappte Künstler*innen, die – genau wie ich auch – irgendwann mal den Traum der eigenen Celebrity-Karriere aus welchen Gründen auch immer begraben mussten, um sich dann als Teil dieser Industrie zumindest ein bisschen im Spotlight des künstlerischen Metiers zu sonnen. Es ging immer deutlich mehr um Status, Macht und Einfluss und weniger um Inhalte, Sinn oder Liebe. Diese Industrie ist bis heute noch ein gigantischer Kohleofen, in dem Ressourcen, Seelen und Talente schneller verheizt werden, als sie nachwachsen können, was sicherlich einen nicht unerheblichen Beitrag zum Niedergang dieser Industrie in den 90er Jahren leistete.

3. Gaslighting kills trust

Diese in vielen Dekaden von unermesslichem Erfolg verwöhnte Industrie stilisierte sich selbst zum Opfer, degradierte ihre Kunden zu Tätern, ihre Fans zu Piraten und die Menschen allgemein zu hörigen Konsumenten. Man konnte mitverfolgen, wie die aufkommende Digitalisierung Ende der 90er Jahre dem Goldrausch dieser Industrie jäh ein Ende machte. Wie in Zeitlupe konnte man zusehen, wie die Titanic (Musikindustrie) an dem Eisberg (Digitalisierung) zerschellte. Die Chancen, die Digitalisierung als Opportunität zu betrachten, waren riesig, doch statt die Möglichkeit zu nutzen, die Bedürfnisse des Publikums neu zu interpretieren und zu befriedigen, versuchten die alteingesessenen Herren verzweifelt, den aktuellen Status notfalls durch Einschränkungen, Gesetze und Verbote zu bewahren. Doch die Digitalisierung – die vierte industrielle Revolution – war auch in der Musikindustrie nicht aufzuhalten. Die Player, die das früh verstanden haben, erlebten einen Boom. Zum einen Napster, die als erste Peer-to-Peer-Plattform den aufkommenden Hype um MP3s mit der Möglichkeit, Musik ganz unphysisch von a nach b zu übertragen, nutzte. Zum anderen Apple, das mit iTunes ein kundenfreundliches (und für die Industrie sogar kopiergeschütztes) Konzept zum Konsum von Musik entwickelte und ungeachtet der Einwände oder Befindlichkeiten der Musikindustrie erfolgreich in die Welt brachte. Während Apple, Microsoft und Co. die Zeichen der Zeit verstanden und ein entsprechendes Angebot entwickelten, verschwendete die Industrie, in der ich 1999 als New Media Manager bei einem Global Major-Label zu arbeiten begann, ihre Zeit damit, ihre eigenen Kunden mittels Piraterieanklagen zu verteufeln. Der Respekt der Menschen vor den gierigen Musikmanagern sank zunehmend, und das Schuldbewusstsein beim Kopieren von MP3s oder selbst gebrannten CDs nahm ab. *Copy Kills Music* hieß es auf den Aufklebern der CDs, die Gewinnmargen von mehreren Hundert Prozent ermöglichten. Doch Musik gibt es heute mehr als je zuvor – trotz sinkender CD-Verkäufe. Was tatsächlich gestorben ist? Die Arroganz der selbstverliebten Musikindustrie, die annahm, ein Recht auf ausbeuterische Geschäftsmodelle zu haben und trotzig nicht einsehen wollte, dass es auch andere Unternehmen und Modelle gibt, die im Sandkasten mitspielen dürfen. Auch damals galt schon: Meaning is the new Marketing. Jene Unternehmen, die sich darauf konzentrierten, einen Wert im Leben der Menschen zu erzeugen und nicht ausschließlich die Wertschöpfung im Sinne der Anteilseigner multinationaler Konzerne in den Vordergrund zu rücken, gibt es auch heute noch – stärker als jemals zuvor. Dazu gehören Firmen wie Apple, Microsoft, Google, Amazon oder Facebook – auch wenn deutlich wird, dass mehr dazu gehört, nämlich eine konsequente Orientierung auf Consumer-Value, um auch die nächste Steigerung des Anspruchs an die ethische Verantwortung einer entfesselten Ökonomie zu überleben.

2001. Mit dem neuen Jahrtausend sollte alles anders werden, und doch blieb vieles gleich. Mit EMI Music zogen wir in den neu gebauten Media Park in Köln, eine Hommage an den aufstrebenden Anspruch der Stadt, ihre Bedeutung in der Medienwelt zu behaupten, was aber aus heutiger Sicht nur bedingt gelang. Damals jedoch war der Media Park das, was der Name hergab. Neben dem Musiklabel EMI war es auch der Musiksender VIVA, der dem Park einen Glanz verlieh und die Stars der Welt magnetisch anzog. Auch ich war fasziniert von der Musikfernsehwelt, zumal ich aus der Major-Label-Perspektive mitbekommen und mitgestalten durfte, wie sich die Plastik des Celebrity-Narrativs zusammensetzte aus Musikvideo, Interview, Special und Themenabend. Als dann das nächste Moderatoren-Casting anstand, stellte ich mich am 21. November 2001, einem regnerischen Mittwochnachmittag, an das Ende einer fast 200 Meter langen Warteschlange. Keine acht Wochen später stand ich im Gebäude nebenan bei der ersten Fotosession und wurde als einer von zehn neuen Gesichtern vom brandneuen »CNN des Musikfernsehens« der Öffentlichkeit präsentiert. Es hatte geklappt.

Aber weder war der Sender besonders gut ausgestattet, noch bekamen wir (Redaktion, Moderation) besonders viel Unterstützung, ganz im Gegenteil. Ohne nennenswerte Vorerfahrung mussten wir Moderatoren auch unsere Einspieler komplett selbst produzieren, wobei Kamera, Sound und Begleitung im Schnitt noch die übersichtlichsten Aufgaben waren, die wir übernahmen. Desaströser war, dass wir ins eiskalte Wasser geworfen wurden: Nehmen wir einfach mal den allerersten Arbeitstag on air: Es wurde gleich eine Acht-Stunden-Live-Sendung, in der wir das Konzept des »ersten Online-Musik-TV-Senders der Welt« vorstellen sollten. Das war jedoch unmöglich, da die Website mit allen Funktionalitäten von der ersten Minute des Liveprogramms an, das wir zu viert aus dem Kölner Studio moderierten, nicht mehr erreichbar war. Und nicht nur das: Rund 50 Prozent der Bildfläche war mit Laufbändern bedeckt, die in unterschiedlichen Geschwindigkeiten in »CNN«-Manier kaum lesbare Videocliplisten und Szene-News anzeigten. In der verbliebenen Bildfläche waren nur die oberen Teile unserer Gesichter zu erkennen, was uns natürlich gleich zur Zielscheibe des Spotts machte. So erlebte ich meinen ersten richtigen Online-Shitstorm, noch bevor Plattformen wie Facebook, Twitter, YouTube, Instagram oder MySpace überhaupt existierten.

Das war jedoch nicht alles. Da die Website des Senders ausgefallen war, sollten wir statt der Erklärung der Funktionen der Website einfach drauf lossenden. So begann meine Karriere als TV-Moderator gleich in der ersten

Arbeitswoche als Fernsehwitzfigur des ganzen Landes: Ich habe das »Briefing« des Moderators etwas zu ernst genommen und von meiner Geschichte erzählt, verwendete dabei jedoch unglückliche Formulierungen wie »meine Geschwister und ich sind im arabischen Raum versprengt aufgewachsen«, was das Unglück der Diaspora des palästinensischen Volkes zum Ausdruck bringen sollte, ohne zu tief ins Politische einzusteigen. Stefan Raab nahm den Ball auf und machte sich in seiner Abend-Show »TV Total« täglich mit einem kleinen Einspieler über mich und meine Versprecher lustig. Der Humor war höchst rassistisch, unter der Gürtellinie und hatte mit mir persönlich nicht das Geringste zu tun.

Nach nur neun Monaten wurden wir Moderatoren vom Sender genommen und durch Clipstrecken ersetzt, die man auf der nun funktionierenden Website des Senders zusammenstellen konnte. Interaktives Fernsehen hatten wir uns alle etwas spannender vorgestellt, aber um interaktives Fernsehen ging es nie, genauso wenig wie um die Unterhaltung eines Publikums. Eine ganze Generation wurde aufs Korn genommen, inklusive einer der damals mächtigsten Online-Plattformen der Welt: AOL.

Zu diesem Zeitpunkt erreichte die sogenannte erste Dotcom-Blase ihren Zenit. AOL hatte an der Börse einen größeren Wert als der etablierte Medienkonzern Time Warner, woraufhin die Fusion der beiden Unternehmen im Jahr 2001 durchgeführt wurde und AOL als Leader in den Firmennamen einstieg: AOL Time Warner war geboren. Die Dotcom-Blase platzte genau in dem Jahr, als ich bei Viva Plus hoffte, als eines der Gesichter einer neuen Generation von Fernsehplattform ein bisschen Geschichte mitschreiben zu dürfen. AOL Time Warner machte 2002, im ersten vollen Geschäftsjahr seiner Existenz, einen Verlust von happigen 99 Milliarden US-Dollar. Dieter Gorny lachte sich ins Fäustchen und besiegelte keine zwei Jahre später den Verkauf seines darbenden Senders an die amerikanische Mutter des Konkurrenten MTV Networks. Während es für ihn kaum hätte besser laufen können, verloren sehr viele meiner damaligen Kollegen ihren Arbeitsplatz. Es ist nun mal Merkmal dieser Industrie, dass Kollegen, Teams oder ganze Unternehmen geopfert werden, um für einen kleinen Teil an Shareholdern einen möglichst hohen Gewinn zu erzielen. Das Ersparte von Millionen Erst- und Kleininvestoren verdampfte im Zuge dieses Börseneinbruchs wie in einem Hochofen.

Und analog zur Dotcom-Blase platzte im September 2002 auch für mich ein großer Traum. Ich fiel in ein riesiges Loch. In diesem war ich nicht allein. In diesem Loch fand sich neben der gesamten Musikindustrie, die sich nach dem Dotcom-Crash erst recht nicht mehr von den verpassten Digitalisierungschancen erholte, auch noch ein Großteil der Digitalindustrie, die durch diesen Crash mit solch einer Wucht gegen die Wand gefahren wurde, dass nur wenig mehr übrig blieb als ein Trümmerhaufen und flächendeckende Arbeitslosigkeit.

Nach drei Wochen hatte ich dann einen neuen Plan. Man möchte meinen, dass ich den Kontakt zur Realität verloren hatte, doch rückblickend war es einer der schlausten Moves meiner Karriere: Ich wollte meine erste eigene Agentur gründen: PANORAMA3000. Der Clou war, sich auf digitales Marketing für die Musikindustrie zu fokussieren. Deswegen hatte meine Agentur auch den etwas pathetischen Claim: »Weitblick für das Wesentliche«.

Auch wenn es deutlich schwerer war als gedacht, 25 000 Euro Startkapital zu organisieren, vertraute mir die Sparkasse Köln, auch wenn sich mein Geschäftsmodell auf zwei Industrien ausrichtete, die im Jahre 2003 in kaum einem schlechteren Zustand hätten sein können. Fakt war jedoch: Während ganze Abteilungen bei den Major-Labels aufgelöst wurden, blieben die Marketingbudgets für die Künstler stabil. Da es inhouse aber kaum noch Marketingressourcen gab, waren kleinere Agenturen wie meine wie geschaffen, für geringes Risiko jene Leistungen zu erbringen, die für die erfolgreiche Vermarktung der Veröffentlichungen immer wichtiger wurden: Onlineplattformen. Und so boomte mein Geschäft.

Eines unserer Schlüsselangebote, neben Content Creation und Management (die wir für Global Player wie Ericsson international umsetzen), war das sogenannte Online-Community-Marketing, mit dem wir besonders in der hiesigen Musik- und Filmbranche schnell zu einem führenden Anbieter wurden. Doch PANORAMA3000 war mir irgendwann nicht mehr genug.

Zusammen mit meinen engen Freunden Alexander Gorny und Andreas Jacobi hatten wir genug von der Art und Weise, wie in der Unterhaltungsindustrie entlang einer nicht mehr zeitgemäßen Wertschöpfungskette Talente verheizt, Kreative ausgebeutet und ein Niedergang des Programmniveaus aufgrund der Ausrichtung auf völlig falsche Erfolgsparameter unaufhaltsam schien. Wir entwickelten ein Konzept unter dem Namen Hobnox, und nach nicht mal einem Jahr konnten wir allein mit einer PowerPoint-Präsentation und einem deutschen CEO, der sich in den USA mit dem Verkauf der Lycos-Suchmaschine einen Namen gemacht hatte, genügend Geld für unsere Idee akquirieren. In der Gründungsgesellschaft waren neben uns dreien auch unser CEO, Alfred Tolle, sowie die ebenfalls sehr geschätzten Dietrich Grönemeyer samt Sohn Till Grönemeyer und David Noel, die mit ihrer Kreativität und ihrem Glauben an unsere Idee zur Neuausrichtung einer ganzen Industrie wichtige Partner beim Aufbau der Company waren.

Noch im Jahre 2006 bekamen wir die Zusage über eine Investitionssumme von 20 Millionen Euro von einem Münchner Investorenteam. Unser schönes Start-up sollte jedoch nicht in diese Kategorie gehören, wie sich später herausstellte.

Unser Business-Plan enthielt lediglich einen Investitionsbedarf von 10 Millionen Euro, doch ließen wir uns davon überzeugen, mit unserer Plattform auch gleich in den USA zu starten und dafür gleich das Doppelte aufzurufen. Dafür mussten wir auch von Beginn an die Mehrheit an unserem Start-up abgeben, was sich im weiteren Verlauf rächen sollte.

Worum ging es bei Hobnox überhaupt? Ein Artikel der geschätzten Kollegen des t3n Magazins schrieb im Juli 2009:
»Das Münchner Start-up Hobnox will nicht einfach auf der Videowelle reiten, sondern Künstler fördern, mit Qualität und Features überzeugen und international Maßstäbe setzen. Deshalb hat Hobnox mit den YouTubes dieser Welt wenig gemein und wurde bereits mehrfach ausgezeichnet. Aber gute Ideen, eine ehrenwerte Vision und kreative Mitarbeiter schützen nicht vor Rückschlägen.«[20]

Unser Ziel war es, die komplette Wertschöpfungskette der Unterhaltungsindustrie zu vereinfachen, die Mittelsmänner und Gatekeeper (Label, Vertrieb) in ihrer überdimensionierten Kontrolle zu entmachten und den Kulturschaffenden den direkten Zugang zu a) anderen Kulturschaffenden und b) dem Publikum zu ermöglichen.

Für die kreativen Produzenten unserer Generation entwickelten wir Online-Kollaborationstechnologien im Video- und Audio-Bereich (das audiotool.com ist heute übrigens noch online) sowie einen Marktplatz für originäre Audio- und Video-Inhalte zur Weiterverarbeitung in Musik-, Video- oder TV-Projekten und für das Publikum ein innovatives und hochwertiges TV-Programm, dass dem durch Klingelton-Werbung und Qualitätsverfall kaum noch zu ertragenden Musik-TV der Zeit um 2007 etwas entgegensetzen wollte. Wir waren Deutschlands erstes Online-Entertainment-TV-Programm – und Inspiration für spätere, erfolgreiche Anbieter wie tape.tv, die zeitweise auch unsere Technologie nutzten.

Als VP Program und Marketing war ich für den Aufbau der Marke, den Aufbau der Community und den Aufbau des Programms zuständig. Während uns die Fachpresse zelebrierte und wir mit Preisen wie dem Online-Grimmepreis oder dem Lead Award ausgezeichnet wurden und unsere Core-Community von unserem Angebot begeistert war, entwickelte sich der Markt für Videowerbung, der heutzutage zum Standardrepertoire in jedem Marketingplan gehört, langsamer als erhofft. Der Markt für digitale Werbung hat sich laut IAB Europe zwischen 2006 und 2020 verzehnfacht und erst im Jahre 2019 löste Online-Werbung die klassische Werbung als größten Werbemarkt ab.[21]

Wir waren zu früh, und wir haben viel zu viele Fehler gemacht. Wir haben versucht, alles gleichzeitig zu schaffen: eine ganze Suite völlig neuer Online-Technologie-Innovationen zu entwickeln und gleichzeitig diese Technologien in Europa und den USA zu vermarkten, ein reichweitenstarkes Online-Publikum zu etablieren und eine Community aus kreativen Produzenten aufzubauen. Wir hatten zwischenzeitlich Büros in London, Boston, Berlin, Köln und München mit über 80 Mitarbeitern und einer hohen sechsstelligen Burn-Rate.

Die Start-up-Szene rümpfte die Nase, die Investoren kamen nicht aus der Kreativ-Industrie, sondern erwarteten pünktlich die im Business-Plan definierten Returns on Investment, und die Teams unter uns Gründern schufteten sich die Seele aus dem Leib. Alles zerfiel in unmögliches Beharren, es allen Recht zu machen. Genau genommen haben wir für scheiternde Start-ups übliche, kapitale Fehler gemacht:

1. Wir waren das Gegenteil von agil: Unser »Minimum Viable Product« existierte nie, es musste gleich die gesamte Wertschöpfungskette abgebildet werden. So brauchten wir unglaublich viele Ressourcen bei der Entwicklung verschiedener Plattformen und Tools, die erstmal nicht wirklich miteinander korrespondierten. Aufgrund der hohen laufenden Kosten für diese Entwicklung stieg der Druck, Umsatz zu machen, und so wurde gleichzeitig eine Business Development Unit aufgebaut, die diesen Umsatz reinholen sollte, während das Produkt, mit dem das gelingen sollte, faktisch noch nicht mal fertig war. Dadurch waren wir gezwungen, für zahlende Auftraggeber technische Anpassungen vorzunehmen, während das Team eigentlich noch dabei war, das Kernprodukt zu entwickeln.
2. Wir waren zu ambitioniert. Sowohl im Hinblick auf die Zusage, gleich auch in den USA zu starten, als auch im Hinblick auf die erwarteten Umsatzerlöse durch Video-Werbung. Unsere Content-Programm-Abteilung gehörte zweifelsohne weltweit zu den stärksten und kreativsten Bewegtbild-Redaktionsteams, die sich an der Zukunft des Online-TVs versuchten, doch wir waren schlichtweg zu teuer für den Markt.
3. Wir haben uns bei all dem selbst zu wenig zugetraut. Das war einerseits der Grund, warum wir für die Geschäftsführung eine externe Person suchten, statt das zusammen selbst zu machen, und andererseits der Grund, warum wir bei der Vergabe der Anteile eher die Option für mehr Geld und eine Minderheitsbeteiligung wählten, anstatt uns treu zu bleiben und auf der Mehrheitsbeteiligung zu bestehen, dafür aber weniger Geld zu nehmen und damit auch deutlich weniger Druck auf die Entwicklung zu erzeugen.

Wir Gründer rieben uns auf, arbeiteten 80 Stunden die Woche und mehr, während wir im Jahr 2008, dem Peak unseres Start-ups, alle drei Vater wurden.

Ende des Jahres 2008 wurde mir die Kündigung in den Briefkasten geworfen. Der von uns eingesetzte CEO arbeitete längst nicht mehr im Unternehmen und der neu eingesetzte Vorstand war ein äußerst pragmatischer Anwalt, der von der Kreativindustrie so viel Ahnung hatte wie unsere Investoren: überhaupt keine.

Dass das nicht gut gehen konnte, war abzusehen. Ich war komplett ausgebrannt, depressiv und leer. Der Traum davon, dass wir in absehbarer Zeit nicht mehr arbeiten müssten, war geplatzt, und ich saß arbeitslos auf der Couch bar jeglicher Motivation, an meinem miserablen Zustand etwas zu ändern. Ich wies mich selbst in eine Burn-out-Klinik am Rande Berlins ein und hatte dort einen Monat Zeit, meine psychische Leiden in Griff zu kriegen. Es ist sicher keine Überraschung, dass dieser Monat nicht ausreichte. In der arbeitsrechtlichen Auseinandersetzung mit meinem Ex-Arbeitgeber gab es für mich nicht viel zu holen, und somit war ich gezwungen, mir wieder einen solide bezahlten Job zu suchen.

MTV Networks

Zum Glück gab es in der klassischen TV-Industrie viele Fans unseres Online-TV-Programms, und das Team von MTV Networks Germany stellte mich zum Februar 2009 als neuen Senior Manager Product Development ein. In der Zwischenzeit wurde Viva von MTV übernommen, beide Sender hatten ihre Zentrale in Berlin und ja, gemeinsam, nahmen wir einen neuen Anlauf, um die Digitalisierung des Musikfernsehens in Deutschland auf gesunde Beine zu stellen.

Ich konnte mit meinen vielschichtigen Erfahrungen und einem sehr kompetenten und vielseitigen Team in kurzer Zeit einiges bewegen, und so vertraute man mir die Leitung der Digitalabteilung an, in der ich Produktentwicklung, Business Development und Produktmarketing für Mittel-, Nord- und Osteuropa als »Director Digital« verantworteten durfte. Auch hier spielte das Thema Relationship-Marketing eine große Rolle: Mit den Sendermarken VIVA, MTV und Comedy Central war das Unternehmen das »soziale Medium« schlechthin, schließlich ging es auf den Sendern neben den Musikinhalten mehr und mehr um Lifestyle-Themen wie Dating, Freundschaft und um sogenannte Reality-Shows. Als eine der ersten großen Brands kooperierten wir im deutschsprachigen Raum eng mit Facebook und wurden nicht überraschend zu einer der führenden deutschen Social Media Brands in den Jahren 2010 und 2011. Für die Gaming-Szene entwickelten wir unter der Marke Game One eine eigene Online-Community-Plattform, die uns erneut eine Auszeichnung mit dem Online-Grimmepreis einbrachte. Und mit »MTV Under The Thumb« schufen wir in Zusammenarbeit mit der weltweit führenden Digitalagentur AKQA eine der ersten On-Demand-TV-Plattformen mit Fokus auf mobile Endgeräte – übrigens noch Jahre, bevor Industriepioniere wie Netflix in Deutschland ihre Angebote ausrollten.

Doch genau wie zehn Jahre zuvor als Teil der ersten »New Media Generation« der Musikindustrie wurde mir schnell klar, dass hier die digitale Transformation verschlafen wurde. Damals verließ ich das Majorlabel auch, weil ich mit der generellen Tendenz, das Publikum zu verteufeln, nicht einverstanden war, und weil es uns nicht gelungen ist, die Label-übergreifenden Differenzen zugunsten eines selbstgesteuerten, attraktiven Alternativangebots für die Musikfans auszuräumen.

Doch genau so schien es bei Viacom International, dem Mutterkonzern der Senderkette, für die ich nun auf digitalen Kanälen mitverantwortlich war, zu laufen. Was aus dieser wundervollen Marke MTV, die mehrere Generationen geprägt hatte und neben Coca-Cola, Apple und Mercedes Benz eine der ikonischsten Marken unserer Zeit war, nach 2011 gemacht wurde, brach mir das Herz. Mein letzter Pitch an die Geschäftsführung 2012 war es, den Sender komplett kostenfrei und 24/7 als ersten Social-Media-Live-Sender weltweit durchgehend online zu streamen, besser noch, direkt bei Facebook ins Angebot zu integrieren. Stattdessen wurden stereotype Partnerschaften mit Kabelnetzbetreibern eingegangen, die MTV als Pay-TV-Sender in der Bedeutungslosigkeit versenkten. Auch hier galt wieder: Statt auf die Bedürfnisse des Publikums zu hören, wurden Industrieseilschaften bemüht, die den eigenen Bonus und ein kurzfristiges Betriebsergebnis zugunsten der Shareholder-Perspektive begünstigten. Statt eine solch wertvolle Marke in die Neuzeit zu übertragen und somit einen wirtschaftlichen Wert zu bewahren und weiter zu entfalten.

Keine sechs Jahre später wollte Viacom diesen Fehler rückgängig machen, und mit einer sehr teuren Kampagne wurde der Sender MTV wieder zurück ins Free TV gebracht, also dahin, wo es 2012 schon schwierig wurde. Statt also direkt eine plattformübergreifende Sendermarken-Strategie zu implementieren, wurden mit dem Comeback nur alte Fehler wiederholt.

Das Online-Angebot berliner-woche.de fasst in einem Artikel aus dem Jahr 2018 zusammen:

> »Viacom verstand es nicht, mehr auf die Zuschauer des Musikfernsehens einzugehen. Gerade die tollen PayTV-Kanäle werden kaum weiter verbreitet. Der Blick lag immer weniger auf Wachstum. Bei Sendern wie ›MTV Brand New‹ wird das gut erkennbar: Statt diesen reinen 24-Stunden Musiksender präsenter zu machen, fristet der Kanal aus Friedrichshain in teuren Premiumpaketen für eine Handvoll Zuschauer von Kabelanbietern ein Nischendasein. Dass MTV nach wie vor noch für gutes Musikfernsehen in Deutschland steht, kriegt also niemand mehr mit. Das Comeback des Hauptsenders ist auch deshalb misslungen, weil mit der neuen Konkurrenz wie XITE, Trace und Deluxe Music Musikfernsehen multimedial aufgestellt wurde. Trace und Deluxe Music haben eine Radio App; XITE zahlreiche Events und eine App im Kabel, wo Zuschauer ihr eigenes Programm gestalten können. MTV hingegen fokussiert sein Programm derweil weiterhin mit Trash-Serien und bietet eine App an, die die Übertragungen auf Streaminggeräten bisher untersagt. Wundert es da noch jemand, dass die Jugend kein Bock mehr hat, sich ein paar Stunden Musikstrecken im klassischen MTV Kanal anzutun?! Das Comeback von MTV, es ist gescheitert.«[22]

Treffender hätte man das erneute Scheitern der Marke MTV in Deutschland kaum zusammenfassen können.

Burn-out 2.0

Nachdem ich also zu Beginn 2009 direkt aus der Entzugs-und-Burn-out-Klinik zu Viacom gewechselt war, ging für mich Ende 2012 ein weiteres Kapitel meines Lebens zu Ende. Wieder einmal bis in die letzte Zelle ausgebrannt, gelang es mir auch nicht mehr, die Schieflage meiner Beziehung zu meiner damaligen Frau und meinen drei Kids zu richten, und somit fuhr ich wieder einmal mein Leben mit Vollgas gegen die Wand.

Das Aus bei Viacom kam schleichend, aber irgendwann war meine Arbeitsethik nicht mehr mit diesem Job, dieser Industrie, dieser Art der Unternehmensführung vereinbar. Es ging immer nur um die Shareholder und nie wirklich um die Community, um die Kreativen, um die Kultur. Ich glaube, der Tropfen, der das Fass für mich zum Überlaufen brachte, war die Newsmeldung, dass der Viacom-CEO Philippe Dauman im Jahr 2011 inklusive Boni ungefähr so viel Gehalt ausgezahlt bekommen hatte, wie die gesamte Viacom-International-Organisation (also alle Viacom-Unternehmen außerhalb der USA) weltweit zusammen an Umsatz generierten. Da wurde mir klar, in welcher Schieflage sich diese Industrie, ja die gesamte Weltwirtschaft befindet. Dieses Missverhältnis von Reichtum und Arbeitseinsatz lässt sich mit keiner Kompetenz der Welt erklären, zumindest erscheint es mir höchst ungerecht und nicht besonders nachhaltig, wenn eine einzelne Person in einem Unternehmen mehr Gehalt bekommt, als das akkumulierte Umsatzergebnis Tausender anderer Mitarbeiter zusammengenommen.

Ein Gewinnrückgang von über 400 Prozent YoY aus dem Jahre 2020 der ViacomCBS spricht dabei seine eigene Sprache.

Dieses Mal war der Burn-out noch intensiver, noch umfassender, noch tiefer als der erste Burnout aus der Zeit um 2008/2009. Ich verkaufte die letzten Anteile meiner Agentur PANORAMA3000 an jene Freunde, die den Laden in all den Jahren weitergeführt hatten, als ich neue Wege erschloss.

Ich zog mich zurück, meldete mich arbeitslos und lebte in einem kleinen Häuschen irgendwo zwischen Schrebergärten im Prenzlauer Berg. Ich war desillusioniert, fühlte mich nicht mehr so stark, unbezwingbar und am Puls der Zeit, wie die ersten fast 20 Jahre meines Berufslebens, in der mir nie eine Vorbereitungs- oder Aufwärmphase für den harten Konzernalltag in Form einer Ausbildung oder Studienzeit vergönnt war. Ich war inzwischen 37 Jahre alt, mein Sohn ging zur Schule, und ich begann bei null.

Im ersten Halbjahr 2013 machte ich gar nichts, außer Gemüse und Obst in meinem Garten anzupflanzen, ein Baumhaus für meinen Sohn zu bauen und Chutneys und Marmeladen zu kochen. Eine heilsame Zeit der Besinnung. Ich begann wieder Musik zu machen, mich mit dem Thema Achtsamkeit,

Meditation und Lebensführung kreativ auseinanderzusetzen und Konzepte mit dem Namen »Die Sieben Säulen des Seins« zu entwerfen – ein Modell für die Entwicklung ganzheitlicher Strategien zu einem erfüllten Leben. Ich fing wieder mit dem Sport an, begann zu schreiben, zu reflektieren – und zu sparen. Schließlich blieb bei all der Wucht meiner Lebensführung nichts mehr übrig, von dem ich hätte zehren können. Ich lebte von Arbeitslosengeld.

In der zweiten Hälfte des Jahres passierten einige Dinge, mit denen ich nicht gerechnet hatte: Alte Weggefährten aus vergangenen Stationen meiner Berufslaufbahn, die inzwischen bei anderen Unternehmen untergekommen waren, erinnerten sich an mich und nahmen Kontakt auf. Innerhalb kürzester Zeit hatte ich neue Aufträge, als freier Brand Strategist, wohlgemerkt ohne den Überbau eines globalen Konzerns, mit überbordenden Selbsterhaltungsidealen.

Das Geschäft lief gut und ich spürte, wie mein reicher Erfahrungsschatz in dieser neuralgischen Zeit der endgültigen Etablierung einer digitalen Transformation besonders für traditionelle Industrien attraktiv wurde. Man buchte mich als Berater für große Branding-Projekte, wie zum Beispiel für die Transformation der Consors Bank zur Online-Bank oder der UFA vom klassischen TV-Produzenten zum Cross-Plattform-Multimedia-Unternehmen. Ich half Philipp Morris International, seine Employer Brand zu optimieren und durfte mich bei der Arbeit auch knietief in die Waffen- und Ölindustrie einarbeiten, um zu verstehen, wie sich von der heilen Medienwelt verteufelte Industrien trotz einer gigantischen Wertschöpfung erfolgreich durch die Öffentlichkeit manövrieren konnten. Ich trat als Keynote Speaker für Pharmaunternehmen auf, denen ich vermittelte, was Pharmakonzerne von dem Niedergang der Musikindustrie lernen konnten. Kurzum: Es war ein kurzer und sehr lukrativer Besuch auf der dunklen Seite der Wirtschaftswelt. Tabak, Banken, Pharma – ich ließ kaum etwas aus, denn irgendwie hatte ich den Glauben daran verloren, dass ich irgendwas verändern konnte in dieser Welt, in diesem Leben. Ich war zu einem Teil der kapitalistischen Gesellschaft ohne ethische Verantwortung und soziale Ziele geschrumpft.

Die Wiederentdeckung meines Selbst – Der Wendepunkt

Es war mein Sohn, der mich zu Beginn des Jahres 2014 daran erinnerte, wofür ich eines Tages mal angetreten war. Er war nicht mal acht Jahre alt und bekam mit, dass ich plötzlich wieder viel mehr arbeitete und durch die Weltgeschichte reiste. Er fragte mich rundheraus, was genau ich eigentlich machte. Und als ich versuchte, es ihm zu erklären, wurde mir klar, dass alles diametral entgegengesetzt zu dem ausgerichtet war, für das ich stehen wollte, für das ich meinem Sohn ein Vorbild sein wollte.

Es war ein Wake-Up-Call. Ich brachte die Projekte zu Ende und suchte wieder eine feste Stelle. Ich wollte etwas machen, das Sinn erzeugte, das mich in meinem Bestreben nach Bedeutung im Leben wieder auf die richtige Spur führte. Nach über 15 Jahren Karriere schrieb ich erstmals wieder Bewerbungen für Festanstellungen, und wieder war keine einzige dieser Bewerbungen erfolgreich. Absurderweise bekam ich aber einen Anruf von einem Headhunter, der für ein angebliches Strategieprojekt jemanden wie mich suchte. Ich stellte schnell fest, dass das gesuchte Profil kaum mit meinem Background übereinstimmte, denn es ging darum, einer weltweit führenden Sportmarke in einer Tour durch die Stadt Berlin Einblicke in die Kultur, Trends und den Einfluss der Hauptstadt zu geben. Ich wollte dennoch mehr wissen. Besonders, weil ich bisher immer nur für digitale Themen zurate gezogen wurde, reizte mich dieser analoge, hyperlokale Marketingbezug. Ich präsentierte der Agentur, die nach dieser Berlin-Expertise suchte, einige Ideen, wie man das Unternehmen bestmöglich durch die Stadt führen könnte.

Es dauerte ein paar Monate, bis der Job tatsächlich kam. Zwei Monate Vorbereitung und zwei Tage Durchführung, das war der Plan. Ich organisierte wirklich alles, von den Stationen der Tour für etwa 15 führende Mitarbeiter aus dem zentraleuropäischen Marketingteam bis hin zu Gästen, Venues, Programminhalten, Präsentationen etc. Ich referierte selbst in über zehn Vorträgen zu einer Vielzahl von Themen, die für eine solche Marke in Berlin relevant waren, und brachte darüber hinaus weitere hochkarätige Speaker, Influencer und Experten an verschiedenen Locations zusammen. Meinen letzten Vortrag schloss ich mit dem Satz: »Es spielt keine Rolle, wie oft ihr hier nach Berlin kommt, welche Keynotes ihr euch anhört oder welche Berater*innen ihr hier engagiert: Wenn ihr nicht in Berlin seid, Tag für Tag, Woche für Woche, wenn ihr nicht Teil dieser Stadt und ihrer Szene und Kultur werdet, könnt ihr hier nicht dauerhaft erfolgreich sein.«

Die zwei Tage waren ein voller Erfolg. Das teilnehmende Team fühlte sich abgeholt und inspiriert. Direkt am ersten Tag nach der Tour bekam ich das Angebot, als erster City Activation Director einer neuen Generation von Urban-Marketing-Spezialisten bei adidas anzufangen. Das war genau die Chance, die ich gebraucht hatte. So begann im September 2014 eines der schönsten und reichhaltigsten Kapitel meiner inzwischen über 20-jährigen Karriere und der Neubeginn einer Geschichte, die mit der Entstehung des 7C-Modells und dieses Buches einen Meilenstein erreicht.

Kapitel 4
Wiedersehen mit Nico

Ich traf Nico nach einigen Jahren der Funkstille an einem Freitagvormittag im September 2014 wieder. Wir waren beide recht beschäftigt mit unseren Themen und Auszeiten. Während ich also damit zu tun hatte, Marmelade zu verkochen, erholte er sich auf Bali von Jahren hoher Dichte und Spannung und verbrachte wertvolle Zeit mit seiner kleinen jungen Familie.

Wir verabredeten uns in Katie's Blue Cat, einem kleinen Cafe in Neukölln. Nicos aktuelles Projekt MADE, ein Ort für Kreativität und interdisziplinären Austausch, den er mit eigenem Team in Partnerschaft mit der schwedischen Spirituosenmarke ABSOLUT Vodka realisiert hatte, ging nach über fünf Jahren zu Ende. MADE war ein weiterer Benchmark in einer Reihe von Projekten an der Schnittstelle zwischen Marke und Kultur, für die Nico verantwortlich zeichnete (siehe Best Practice #02 MADE). Er war mittlerweile, weit über die Grenzen Berlins hinaus, weltweit eine Hausnummer auf diesem Gebiet.

Nico kannte Berlin und fand in den Möglichkeiten, die ihm diese Stadt eröffnete, den idealen Boden, Themen, die ihn lebendig fühlen lassen, nachzugehen. Sein Treibstoff war und ist die Neugierde, er verkörpert wie kaum ein anderer eine besondere Gier nach dem Neuen, dem Besonderen.

Getriggert von der Erfahrung, wie es sich anfühlt, gewohnte Pfade zu verlassen und die unterschiedlichsten Themen für sich zu erschließen, entdeckte Nico die aufgeladenen Szenen Berlins und darüber hinaus.

Die Welten, die sich ihm hier erschlossen, hatten in ihrem Kern alle eines gemeinsam: Den tonangebenden Protagonisten der vielen Subszenen war die Kultur wirklich wichtig. Es ging ihnen leidenschaftlich um die Sache, die Kultur, in der sie sich bewegten. Die wurde so kompromisslos wie sonst nirgendwo in Deutschland gelebt, und die Menschen, die für sie standen, entwickelten sie stetig weiter.

Sie sind stark von Erfindergeist geprägt und dem ihm eigentümlichen Hunger, Neues entstehen zu lassen. Wir nennen sie Creator. Sie sind, jeweils in ihrer Disziplin, angetrieben von intrinsischem Durst nach persönlicher Entwicklung. Dieses Mindset spricht für sich. Voller Kraft und Haltung strahlt es aus sich selbst heraus. So eine Energie ist nicht zu ignorieren und das macht den Einfluss aus, den ein Creator auf die Kulturbereiche ausübt: »Man kann Herz nicht ignorieren.«

Nico ist wie besessen konstant auf der Suche nach eben dieser Kraft, dieser Integrität von bedeutungsvollen Strömungen. Es geht ihm in seinem Wirken immer um Nachhaltigkeit und wie sich diese erschließen und mit Gleichgesinnten multiplizieren lässt? Nico steht für Qualität.

Connecting the Dots

Eine der Qualitäten von Nico ist es, mit Creators zu bonden, ihre Kraftpunkte zu erkennen, Synergiepotenziale zu identifizieren und die Dots dann zu connecten. Er weiß um die Kernwerte (Core-Values) aller Parteien und findet intuitiv Wege, um aus einem gemeinsamen Bedürfnis heraus passende Prozesse zu initiieren. Im Ergebnis entsteht daraus immer etwas von Bedeutung.

In Nicos Augen ist Kultur die entscheidende, wenn auch subtile Leinwand der Gesellschaft, auf der Identität, Begegnung und Austausch von Menschen ihren Ausdruck findet. Sie beruht gleichermaßen für Betrachter wie Schöpfer auf Bedürfnissen, Interessen und Traditionen. Kultur ist Nicos Projektionsfläche und Netzwerk.

An sich unsichtbar, wird Kultur über die Art und Weise, wie Menschen sich ausdrücken (Sprache, Kunst, Musik, Kleidung, Essen etc.), dann doch sichtbar. Kultur drückt sich als solche in allem aus, wo Menschen sich selbst produzieren können. Populärkultur verkürzt diese Prozesse, und gutem Marketing gelingt es – auch in der Verkürzung –, die Wirksamkeit dieser Prozesse abzubilden.

Nico stellte sich damals oft als »Cultural Translator« vor. Ich bin mir bis heute nicht ganz sicher, ob er damit meinte, Subkultur einem Publikum nahezubringen, das ohne Nicos Übersetzungsleistung wahrscheinlich keinen Zugang finden würde, oder ob es ihm um die Kompetenz ging, mit der er Marketing Professionals vermittelte, wie Subkultur nachhaltig funktioniert, und was es zu berücksichtigen gilt, wenn man an ihr partizipieren möchte.

Das, was ihn für mich so besonders macht? Nico ist es ein dringendes Anliegen, von den Prozessen, in die er sich investiert, – und nachgeordnet auch ihren Ergebnissen – selbst berührt und bewegt zu werden. Nur aus diesen können kraftvolle, emotionale Verbindungen entstehen; Beziehungen, die dauerhaft belastbar sind.

Das ist wahrscheinlich auch die Formel für Nicos weltumspannendes Netzwerk, das in die verschiedensten Disziplinen hineinreicht.

»Marken müssen wertvolle Erfahrung katalysieren«

Nico ist fest davon überzeugt, dass eine Marke bei Key Influencern – die für Marketeers vor allem interessant sind – nur dann erfolgreich ist, wenn sie in deren Leben bleibende, wertvolle Erfahrungen provozieren.

So ein nachhallender Wert entsteht nicht aus einer kurzfristigen Reaktion auf Trends oder aus künstlich erzeugten Bedürfnissen, die vornehmlich auf Konsumentenforschung fußen. Das greift zu kurz. So ein starker Wert ist in der Regel das Resultat einer gewachsenen Philosophie, die dadurch inspiriert, dass sie dauerhaft vorgelebt wird und deswegen Glaubwürdigkeit schafft und Vertrauen erweckt.

Der Beweggrund, für den die Marke antritt und sich investiert, bestimmt die Geschichte, die aus ihm entsteht. Die Bedeutsamkeit dieses (Brand-)Narrativs für das Publikum leitet sich direkt aus der Glaubwürdigkeit der Botschaft ab und spielt eine wesentliche Rolle für den wirtschaftlichen und nachhaltigen Erfolg eines Unternehmens. Besteht ein echtes gemeinsames Interesse, kann dieses zum gemeinschaftsstiftenden Kleb- und Zündstoff einer Bedürfnisgruppe werden. Man multipliziert sich und schafft im besten Fall bleibende, bedeutsame Werte. »Die kraftvollsten Ideen entwickelt man aus seinem eigenen Bedürfnis heraus«, betont Nico.

Nico hat im leistungsorientierten Basketball gelernt, im Team zu arbeiten und dabei nach konstanter Verbesserung zu streben gemäß dem Leitmotiv »Inspirieren durch Vorleben«. Gerade in diesem Kontext hat er verstanden, an echte und langfristige Beziehungen zu glauben. An den Performances seiner Basketballteams konnte er unmittelbar erleben, dass Beziehungen auf Kräfte zurückgreifen, die sich nur dann entfalten, wenn man intrinsisch motiviert handelt und damit selbstständig den Beweis für die individuelle Haltung antritt.

Machen und Vorleben ist der glaubwürdige Beweis dafür, *dass es einem selbst um die Sache geht.* Die persönliche Investition für die Sache verkörpert den Stellenwert und die Bedeutung (Meaning), die der Weg für einen selbst hat. Taten sagen mehr als Worte und sind als vertrauensstiftende Grundlage viel belastbarer.

Die dadurch erlangte Strahlkraft (Authentizität) ist selbstbestimmt, eigenständig und unabhängig. Darüber kommen und finden andere Gleichgesinnte einen Zugang zueinander, verbunden durch ein gemeinsames Bedürfnis und Wertesystem. Nico nennt es »durch das eigene Vorleben selbst zum Magnet werden« – man findet zueinander und bündelt die unterschiedlichen Kräfte für die Realisierung der gemeinsamen Idee (Vision).

> »Glaubensbekenntnisse machen menschliche
> Kooperation in großem Maßstab möglich.«
> *Yuval Noah Harari*[23]

Reality Check – »Werte, Werte und noch mal Werte!«

Es sollte nun klar geworden sein, dass *Wert* die tragende Säule von Nicos und meiner Philosophie darstellt. Auf einer der vielen Stationen in Nicos Leben hat er auch bei Universal Music Group gearbeitet. Innerhalb der Corporatestrukturen, in denen Nico wirkte, wurde ihm über die Jahre klar, wie entscheidend die Grundlage seines Handelns für die Leidenschaft bei der Arbeit ist.

Nicos Coup mit FILA Records (siehe Best Practice #01 – FILA Records) ging auf, und Tim Renner, damals Präsident der Universal Music Group, wurde auf sein besonderes Talent, Transfers zwischen Kultur und Industrie herzustellen, aufmerksam. Er machte Nico das Angebot, als Director bei der Universal Music Group einzusteigen. Man wurde sich einig und ging mit der Abteilung »Brand Partnerships« innerhalb der Universal Music Group einen zukunftsweisenden Schritt. Das Ziel war, neue Formen der Musik- und Künstlervermarktung zu etablieren und langfristige Partnerschaften mit Marken und Industrien zu gestalten. Aufgrund der rapiden Umwälzungen innerhalb der Musikindustrie Anfang der 2000er Jahre war eine solche Taskforce für Musik als wesentlicher Emotionsträger überlebenswichtig.

Nico schrieb sich auf die Fahnen, diesen Emotionsträger und seine Protagonisten in einer Art und Weise mit Marken in Verbindung zu bringen, die es so noch nicht gab und langfristig gesunde und nachhaltige Mehrwerte für alle Seiten garantierte. Sein gutes Verständnis für die Bedürfnisse und die Möglichkeiten beider Welten kam ihm dabei zugute. In der Funktion des Director Brand Partnership baute er den New-Business-Bereich für die Universal Marketing Group aus, indem er langfristige, strategische Partnerschaften zwischen Musikwirtschaft und Marken entstehen ließ.

In dieser unglaublich spannenden Zeit konnte er beim Marktführer in der Musikwirtschaft den Umbruch der Musikbranche in die digitale Ära mitgestalten.

Doch die profitgesteuerte Skrupellosigkeit, mit der die großen Player des Musikbusiness und der Marken den Quick Fixes hinterherjagten und sich ideenlos der Geiselhaft von Quartalszahlen unterwarfen, beschädigte Nicos Glauben an eine Welt, in der Menschen in hohen Positionen auch von hohen Idealen geleitet sein könnten. Er konnte nicht verstehen, warum man nicht in echte, langfristige Beziehungen mit den Kunden investierte. Zwar verstand er es immer besser, die Brücken zwischen den Interessengruppen zu identifizieren und diese dann gewinnbringend zu vernetzen, aber um echte Werte oder gar Bedeutung ging es im Ergebnis immer weniger.

Solange Unternehmen allein um des Profits willen agieren, kann Meaning nur eine Masche bleiben; ein politisch korrektes Marketinginstrument mit einem Anstrich von Spiritualität für den oberflächlichen Feel-Good-Effekt beim Kunden (und für sich selbst), während sich jedoch jede Maßnahme weiterhin der gnadenlosen Gewinnmaximierung unterordnet. Viele der mittleren Manager, mit denen wir sprechen, wissen sehr genau, was sie als KPIs, Benchmarks und Erfolgsfaktoren erreichen müssen. Es ist ihnen aber häufig unklar, was dazu beitragen kann, das nachhaltige Vertrauen ihrer Kunden zu gewinnen. Nicht selten würden diese Manager ihre eigenen Produkte nicht kaufen, weil diese Produkte für sie selbst keinen Wert und damit auch keine Bedeutung haben – womit wir bei dem dominanten Marketingdogma der heutigen Zeit sind: **Purpose** (Zweck, Bestimmung, Sinn).

Alle versuchen, sich Purpose zu eigen zu machen, um den Absatz zu erhöhen, aber kaum einer kann und will sich konsequent von den althergebrachten, ausgedienten Fliehkräften der reinen Profitgier lossagen und einen echten, ganzheitlichen Kulturwandel im Unternehmen vorantreiben. Lieber schraubt man an den Claims als an der Grundausrichtung des Unternehmens. Doch ein Mangel an Purpose bringt große Probleme bei der Beantwortung der Sinnhaftigkeit eines Produkts mit sich. Das wiederum nötigt den Produzenten im Marketing, den Schwerpunkt auf stark manipulative, künstliche Marketinginstrumente zu legen. Im schlimmsten Fall werden solche Feuerwerke kundenseitig als hohl entlarvt und verpuffen. Die beliebteste Lösung für dieses Dilemma beschränkt sich bei den meisten Wettbewerbern auf brutalen Preiskampf und den Einkauf fürsprechender Testimonials, nicht etwa in der fokussierten Identifizierung des Mangels an Purpose. Echte Veränderung funktioniert aber eben nicht wie Make-up! Das bringt mich immer wieder zu der Frage: Was macht die eigenen Wurzeln aus?

> »Die Grundwerte des Geschäftslebens verändern sich.
> Zunehmend wächst die Einsicht, dass reines Profitstreben allein keine Daseinsberechtigung darstellt. Unternehmen, die in diesem veränderten Umfeld weiterhin bestehen wollen, müssen eine langfristige Vision haben und unter Beweis stellen, dass sie zur positiven Entwicklung der Gesellschaft beitragen.«
> *Roland Berger*[24]

Nico wurde in seiner, durchaus erfolgreichen, Zeit bei Universal hart auf die Probe gestellt. Er war nun selbst vor allem von Quartalszielen getrieben und die zeitlich und inhaltlich drastisch gekürzten Entwicklungsräume für seine Abteilung machten sich nach und nach schmerzhafter spürbar. Das Klima des Profitdrucks übte einen merkbar negativen Einfluss auf das Arbeiten im Team aus und die große Sinnfrage wurde immer mehr in den Hintergrund gedrückt. Völlig desillusioniert von Corporate Culture, wusste er bald auch nicht mehr, wofür er morgens aufstand. Es war am Ende dem Frust, der Nicos Alltag jetzt konstant begleitete, zu verdanken, dass er irgendwann die Klarheit gewann, sich längst nicht mehr auf einem für seine persönliche Entwicklung fruchtbaren Boden zu befinden und wie sehr ihm ein guter Grund für sein Handeln fehlte.

Er konnte sich in seiner Funktion als Director Brand Partnership nicht weiterentwickeln, weil ihn die Projekte, die ihn vereinnahmten, nicht weiter interessierten und deshalb auch nicht stimulieren konnten. Schließlich trennte man sich.

Wiedergeburt – lebendig fühlen, und diesmal aus sich selbst

>»Die einzige Konstante im Universum ist Veränderung.«
>*Heraklit*

Veränderungen begegnet man umso souveräner, je klarer man die Frage nach den persönlichen Wurzeln und den eigenen Leitmotiven für sich beantwortet hat. Eine der drastischsten Formen von Veränderung erfährt man in Krisen. In solchen Phasen ist besonders stark die eigene Anpassungsfähigkeit gefordert. Wie geht man mit der Erschütterung des beruflichen oder privaten Fundaments um? Ergibt man sich den Fliehkräften, die – vermeintlich – gegen einen wirken, und sabotiert sich dauerhaft selbst, oder bleibt man produktiv und findet auf kreative Weise Lösungen für Herausforderungen, denen man zuvor noch nicht begegnet ist?

In Nicos Fall war es der Weg, für den er sich in Krisensituationen immer entschied: Er erfand sich und damit seine gesamte Realität jedes Mal neu. Eben noch desillusioniert und frustriert von der Kultur im Big Corporate Business bei Universal Music, befreite er sich davon im nächsten Moment mit der Idee zu MADE.

MADE befeuerte ihn. Endlich konnte er sich wieder in etwas investieren, das für ihn wirklich von Bedeutung war und über das er sich gerne und leidenschaftlich Gedanken machte, weil es ihn lebendig fühlen ließ. Wesentlich ist hier, dass sich die stärksten Ideen aus einem eigenen dringenden Bedürfnis heraus entwickeln. Sobald die Notwendigkeit für die Lösung einer Problemstellung nur stark genug ist, muss man sich um den Weg dahin gar nicht so viele Sorgen machen. Bei der Realisierung von Visionen wird man ohnehin ständig Widerständen begegnen und diese dann überwinden müssen.

Dieser eigene, intrinsische Drang, Bedürfnisse tatsächlich zum Leben zu erwecken, sorgt für den Plan, für Maßnahmen, die aus dem Plan resultieren und im Laufe des Prozesses auch immer wieder für die nötige Schubkraft. Klarheit in der Vision und Bereitschaft zur kritischen Analyse helfen bei der Orientierung.

Bei persönlich unbedeutenden Herausforderungen hingegen wird man immer auf extrinsische Motivationen wie Geld, Status und Anerkennung angewiesen sein. Bei Nico jedoch geht es nie vordergründig um Kompensation, sondern immer vor allem um Erfüllung. Niemand brauchte die »Lösungen« für die Projekte, in die er sich investiert hat, dringender als er selbst. Durch eigenverantwortliche Initiative forcierte er direkte und harte Feedbacks vom Leben. So lernte er zunehmend, auch Strategien zu adaptieren, sich besser auszurichten und an den Herausforderungen zu wachsen.

Nicos Erfahrungsschatz glänzt entsprechend über ein Arsenal an unkonventionellen Lösungswegen, die auf emotionaler Intelligenz fußen. Sein Ansatz fordert, Komfortzonen und – vermeintlich – zuverlässige, aber ausgetretene Pfade zu verlassen. Das macht die Reisen schwer planbar und das Unbekannte zu einer unangenehm großen Variable in der Gleichung. Aber genau so funktioniert das bisher nie Dagewesene, so geht das Neue:

- Ohne Werte geht es nicht.
- Ohne Bedeutung keine Identifikation.
- Ohne Identifikation keine belastbare Beziehung.
- Ohne belastbare Beziehung keine Substanz, und was keine Substanz hat, ist austauschbar.

Nicos Geschichte liest sich wie ein kreatives Best-Practice-Handbuch zur Umsetzung von erfolgreichen Culture-Marketing-Projekten.

Nicos Best Practice #01 – FILA Records

Während ich nach meinem Abitur, Mitte der 90er Jahre, die Grenzen der real gelebten Diversität in der rheinischen Medienszene auslotete, realisierte Nico als Ältester von vier Geschwistern, dass das Streben nach einer Profi-Basketball-Karriere doch nicht den Weg abbildet, den er für sich sah.

Dennoch begeistert von der Welt des Sports und der Strahlkraft von Athleten, zog es ihn in die Marketingwelt des Sports. Er heuerte als Vorbereitung auf ein Studium der Sportökonomie als Praktikant bei der Sportmarke FILA an.

In dieser Zeit hatte FILA als Marke seinen Zenit in Bekanntheit und Begehrlichkeit gerade überschritten. Die Sportmarke war aber weiterhin eine der angesagtesten Streetwear- und Lifestyle-Marken im Mainstream und ein absolutes Statussymbol.

Eine der Qualitäten von Nico ist das Aufspüren von Kraftquellen, Dots zu connecten und Synergiepotenziale zu identifizieren, die sich den meisten Betrachtern oft nicht gleich erkennbar zeigen. Darüber hinaus versteht er es, Prozesse zu initiieren, die die Gemeinsamkeiten in den Bedürfnissen von allen Beteiligten aufgreift und in einer Idee (Vision) zusammenführt.

Nico sah den Kern des Sportbrands FILA, wusste genau um seinen Ursprung, kannte den Wert innerhalb der Jugendkultur und verstand es, diese Assets mit den Potenzialen des Musik-Major-Labels BMG (Bertelsmann Music Group) in ein Kooperationsmodell zusammenzuführen. Nico entwickelte ein Joint Venture.

Das Spannende an diesem Joint Venture war, dass die unterschiedlichen

Angebote von FILA und BMG sich nicht überschnitten, sondern vielmehr ergänzten. FILA machte in Textilien und Sportartikeln, während die BMG als eine der Führenden im Markt im Kerngeschäft Musik verkaufte – Fashion und Musik, beides ein wesentlicher Teil der Jugendkultur. Hieraus ließen sich Vorteile für beide Seiten ableiten.

Allein durch ein Zusammenlegen der jeweiligen Marketingbudgets und Mediaspendings könnte man bereits profitieren und effizienter werden (z. B. Musikvideo vs. TV-Spot). Außerdem würde man Zugang zu neuen Umfeldern und Kommunikationskanälen durch Musikwerbung in FILA-Stores, durch Nutzen des Künstlers als FILA-Kampagnen-Charakter u. v. m. bekommen.

Vieles gab es in der Zeit um 2000 noch nicht in einer derart ausgeprägten Form des Cross-Marketings, geschweige denn als eine ganzheitlich aufgesetzte Marketingkampagne zweier Player aus unterschiedlichen Industrien.

Und mit dieser Klarheit und Überzeugung ging er direkt zum damaligen FILA-Deutschland-Chef Edgar Keppeler und seinem Marketingleiter Dominik Böttcher und stellte Ihnen die Idee eines FILA-eigenen Musiklabels im Joint Venture mit der Bertelsmann Music Group vor. Aus dem Bündeln der gemeinsamen Kräfte (Synergieeffekt) von Sportmarke und Musiklabel entstand 1999 das Joint-Venture-Musiklabel »F-Records« (FILA Records).

FILA war als Modelabel in den 90ern besonders für seine Resonanz in der Hip-Hop- und RnB-Szene bekannt. Nico, selbst Basketballspieler mit einer starken Affinität zur amerikanischen Hip-Hop-Kultur, suchte im Unternehmen als Praktikant einen Einstieg in die Welt einer Sportmarke.

Für Nico war es also naheliegend, die beiden Welten der Lifestyle- und Musikindustrie zu vereinen, für ein größeres, gemeinsames Ganzes.

Er präsentierte seinem Boss die Vision der »investierten Beziehung«, den seine Argumente überzeugten:

- FILA gehörte innerhalb der Hip-Hop-Kultur zu den maßgeblichen Statusmarken und hatte Bedeutung als hochwertige Streetcouture-Marke. Dort saß für den Lifestyle-Arm der Marke FILA das Kernpublikum. Die Haltung, für die FILA wahrgenommen wurde, repräsentierte einen essenziellen Teil der Identität dieser Subkultur.

- FILA als Symbol für Status und Identität: Es gab viel Potenzial, diese Rolle langfristig auszubauen, indem FILA selbst in die Szene reinging und einen echten Beitrag *für* die Kultur leistete, statt lediglich Hypes von führenden Personen und Künstlern aus der Szene abzuschöpfen.
- Verantwortung übernehmen: Darüber bildet die Marke FILA Vertrauen und gewinnt an echter Bedeutung und Akzeptanz innerhalb der Kultur. Diese kann sich dann auf FILA verlassen, weil das Brand sich (zumindest teilweise) ernsthaft in die Kultur investiert.
- Wenn FILA nicht mehr da sein sollte, würde ein kulturstiftender Impulsgeber fehlen: So kann man als Marke ein glaubwürdiger Partner werden. Man generiert eine echte Relevanz und schafft Vertrauen für belastbare Beziehungen. Hierüber bilden sich eigene Wurzeln, die der Austauschbarkeit der Marke innerhalb einer äußert kurzlebigen, Hype-getriebenen Lifestyle-Kultur widersteht.

> »Work for a cause (…), not for applause. Remember to live your life to express, not to impress, don't strive to make your presence noticed, just make your absence felt.«
> *Grace Lichtenstein*[25]

Wenn FILA also Künstlern aus diesem Bereich eine Plattform geben und sich als Musiklabel in die Entwicklung, die Produktion, den Aufbau und die Vermarktung von szenerelevanten Talenten investieren würde, wäre das die authentischste Form eines Commitments. Es käme einem glaubwürdigen Versprechen an die Szene gleich, sich aktiv um das identitätsstiftende Fundament der Kultur zu bemühen. Bis heute investieren die meisten Unternehmen aber weiterhin – als zentrale Handlungsoption im Kulturmarketing – hauptsächlich in das Abschöpfen der oberflächlichen Referenzen einer Szene, anstatt in Eigenverantwortung einen Beitrag für den Fortbestand der Kultur zu leisten.

Nico ließ für die FILA-Records-Künstler aufwendige Musicclips produzieren und verzichtete zunächst auf klassische TV-Werbung. Das Musikvideo ist ein integraler Teil einer Musik-Marketing-Kampagne. Es ist ein wesentliches Marketinginstrument für die Künstlerentwicklung, steigert die Reichweite und verstärkt Inhalte, die den Künstler ausmachen (Image/Werte).

Diese Musikvideos fanden im Herzen der Schnittmengen der Zielgruppen von FILA und BMG statt. Die Sportsfashion von FILA wurde in den Kommunikationen seiner Künstler*innen, und nicht etwa über möglichst breit angelegte kommerzielle Werbespots, authentisch an die Zielgruppe herangetragen. Nicos Strategie steht bis heute für den gelungenen Case einer glaubwürdigen Markenintegration. Aber passte das alles zu FILA? Woher kommt denn der innere Anspruch, die Verbindung zu der Hip-Hop-Kultur?

Wie kommt FILA, eine italienische Traditionsmarke aus dem Jahre 1911, in den südlichen Alpen entwickelt, denn zu dieser Ehre? Fakt ist, FILA entwickelt sich recht erfolgreich seit den 40er Jahren zu einer Sportswear Brand. Den ersten Coup landet FILA Anfang der 70er Jahre, als der globale Hype um den Tennissport an Fahrt aufnimmt und die Marke genau zum richtigen Zeitpunkt einen Athleten unter Vertrag nimmt, der später fünf Jahre hintereinander das prestigeträchtigste Tennisturnier der Welt, »Wimbeldon«, gewinnen und den Tennissport für immer verändern sollte: Björn Borg. FILA ist im internationalen Sportmarkt von nun an eine Größe.

Keine 20 Jahre später besticht die Marke wieder mit einem Gespür für prägende Trends im Sport und investiert sich in eine Sportart, die seit Beginn der 90er Jahre bis heute als zentrale Schnittstelle für Hip-Hop-Kultur und Sport steht: Basketball. Mit Grant Hill und Chris Webber werden zwei der erfolgreichsten Basketballspieler der NBA unter Vertrag genommen, und FILA wird über Nacht zu einer der angesagtesten Brands der amerikanischen Basketball-Szene, die kulturell wiederum untrennbar verknüpft ist mit den Inkubationszeiten der Hip-Hop-Kultur.

Es war Grant Hill selbst, einer der erfolgreichsten NBA-Spieler aller Zeiten, der seine FILA-Basketball-Schuhe an seine Lieblings-Hip-Hop-Künstler versendete, u. a. an Szenegrößen wie Method Man oder Tupac Shakur. Tupac trug die »Hill II«, wie die FILA-Basketball-Sneaker von Grant Hill in der zweiten Generation genannt wurden, auf dem legendären »All Eyez On Me«-Album-Cover. Noch heute ist das Modell in einer Neuauflage ein All Time Classic.

Ein Classic des deutschen Hip-Hop wurde auch die erste Single, die auf »F-Records« im Jahr 1999 veröffentlicht wurde. DJ Tomekk war der erste Künstler des Joint-Venture-Musiklabels, und mit dem Song »1, 2, 3 Rhymes Galore« entstand sein erster Hit. Der Song vereinte den US-amerikanischen

Old-School- mit dem deutschen New-School-Hip-Hop und war eine bemerkenswerte internationale Kollaboration. Führende Künstler, wie die US-amerikanischen Hip-Hop-Legenden DJ Grandmaster Flash und Flavor Flav (Public Enemy) sowie die deutschen Rapper Afrob und MC Rene, waren an diesem außergewöhnlichen Projekt beteiligt.

DJ Tomekk wurde vom JUICE Magazin mit dem »Best Producer 1999« Award ausgezeichnet und erhielt 2000 den Musikpreis »Comet Award« des Musiksenders VIVA als »Best Newcomer«. Mit DJ Tomekk wurde ein Künstler aufgebaut, der auf den deutschen Hip-Hop Einfluss nahm und durch die Möglichkeiten von FILA Records die Popmusik in Deutschland maßgeblich veränderte.

US-amerikanische Rap-Ikonen wie Lil' Kim, GZA (Wu-Tang-Clan) und KRS1 investierten sich in ihren Featurebeiträgen sogar in die deutsche Sprache und trugen maßgeblich dazu bei, dass deutschsein durch Rap-Musik wieder mit Coolness in Verbindung gebracht wurde. Die Wahrnehmung von deutscher Hip-Hop-Kultur erfuhr auf internationaler Ebene eine enorme Aufwertung. FILA löste sein Versprechen, die Kultur von innen heraus zu stärken, vollumfänglich ein, und natürlich zahlte diese Entwicklung auch auf die Performance der Marke ein. Markenimage und Produktverkauf zogen signifikant an. Die Geschäftsführung von FILA fand sich in der seltsamen Situation wieder, dass das Marketingbudget, mit dem »F-Records« finanziert wurde, sogar eigene Gewinne und damit unmittelbar einen Return on Investment erwirtschaftete, der die Company fiskalisch in Erklärungsnot brachte. Das Musikbusiness eröffnete einen völlig neuen Income Stream für FILA Deutschland, und die Marke erfreute sich innerhalb der Jugendkultur wiedergewonnener Popularität.

Nicos Best Practice #02 – MADE

Berlin war bereits Ende der 2000er Jahre unangefochten die polarisierende Stadt der Veränderung. Keine andere Stadt in Deutschland verkörperte Innovation, Eigensinn und Sexyness stärker und authentischer als Berlin. Das schlug sich nicht unbedingt in der Menge an neuen Patentanmeldungen nieder, bestimmt aber in der Wahrnehmung der Stadt als Bühne für bahnbrechenden

Stilbruch und innovative Exzessivität. Berlins Kreativität kommt aus der Not, macht aus der aber immer eine Tugend: #armabersexy. So entstehen oft ungewöhnliche Lösungen für vermeintlich unlösbare Herausforderungen.

Nico war genau am richtigen Ort zur richtigen Zeit. Er hatte sich gerade desillusioniert von Universal getrennt und drängte zurück in die »Bedeutung« (siehe »Wiedergeburt«). Inspiriert von seiner damaligen Partnerin, der Künstlerin tadiROCK, und Andy Warhols »Silver Factory (NYC)«, erwuchs sein Wunsch, dieses kreative Potenzial Berlins aufzugreifen und an einem physischen Ort allein für künstlerischen Ausdruck zu bündeln.

Er erkannte die Potenziale der Stadt, wusste um sein Netzwerk und war entschlossen, einen Rahmen zu formulieren – und dessen Integrität zu schützen –, in dem er gemeinsam mit der Avantgarde um ihn herum offen und frei von disziplinären Dogmen oder Restriktionen zusammenkommen konnte.

»Wenn alle Beteiligten verstehen, sich mit vollster Leidenschaft und Herzblut in einen Prozess zu investieren, dann muss man sich um das Ergebnis keine Sorgen machen. Es wird wunderschön werden, und bisher übertrafen die Ergebnisse immer meine Vorstellungen«, war Nico überzeugt.

MADE – eine glaubwürdige Partnerschaft/ein echter Beitrag

In ABSOLUT Vodka fand Nico einen Partner, der die Vision von MADE teilte. ABSOLUT verstand sich in der Rolle des »Möglichmachers«, der für den gewünschten Freiraum und die erforderlichen Ressourcen sorgte. ABSOLUT brachte die Stärken der Marke für die gemeinsame Sache, einen glaubwürdigen und weiterführenden Beitrag für die Kreativ- und Kunstszene Berlins zu leisten, ein. Gemeinsam trat man an, um bleibende Werte für Mensch und Gesellschaft zu schaffen.

Alain Dufosse, der damalige CEO von Pernod Ricard (ABSOLUT, Ramazzotti, Havana Club, Lillet u. v. m.), investierte sich mit Verständnis und Souveränität persönlich dafür, dass die Rolle ABSOLUTs als Mäzen ein langfristig fruchtvolles Zusammenwirken ermöglichte.

»Man kann MADE nur verstehen, wenn man es versteht« – Alain Dufosses Interesse lag vor allem darin, die Verbindungen zwischen kreativer Avantgarde und der Marke zu stärken und die Markenpositionierung als Visionary Brand zu festigen. Über ganze 25 Jahre lang, beginnend 1985 mit keinem anderen als

Andy Warhol, nutzte die Marke die Apothekerflaschenform als Hauptakteur ihrer Werbekampagnen und arbeitete mit den weltweit außergewöhnlichsten kreativen Köpfen zusammen.

Dufosse erwartete über die Authentizität von MADE die Relevanz und Reichweite von ABSOLUT innerhalb einer Most Influential Group of Creatives positiv zu verstärken und signifikant auszubauen. Das wiederum sollte sich in einem organischen Wachstum der Marke innerhalb dieser Zielgruppe und vor allem ihrer Follower niederschlagen. *Im Ergebnis muss dabei alles ehrlich und verdient durch den eigenen glaubwürdigen Beitrag sein, der einen wirklichen Mehrwert für die Kunst- und Kreativwelt leistet.*

Anfang 2000 wurde Kunstsponsoring immer mehr zum »New Black« und damit auch ein Teil der klassischen Marketing-Toolbox von Mainstream-Marken. Unzählige Brands versuchten, »kreative Zusammenarbeit mit Künstlern« als bloßen Marketinghebel für den eigenen Imagetransfer auszubeuten.

Künstlerische Communities in Deutschland fühlten sich von den Maßnahmen dieser selbst ernannten »Kunstmarken« betrogen, denn die Marken missbrauchten für ihre eigenen Kommunikationszwecke, was den Künstlern am Herzen lag und über das sie ihre Identität generierten.

Die Invasion unzähliger Marken in ABSOLUTs traditionellem Home Ground wurde zu einer echten Herausforderung für die Marke, umso mehr, als ihre über die Jahre gewachsenen Verbindungen zu den Meinungsführern der Kreativwelt aufgrund mangelnder Pflege zunehmend geschwächt waren.

Um der glaubwürdigen Wahrnehmung von ABSOLUT als visionärer Marke in Sachen Kreativität gerecht zu werden, musste man seine Beziehung zur kreativen Elite wieder reaktivieren. Um dies zu erreichen, musste ABSOLUT beweisen, dass es der Marke tatsächlich um die Kunst ging. Deshalb wurde, buchstäblich, ein Raum geschaffen, ein Raum, in dem Kunst nicht nur gezeigt, sondern produziert wurde, ein Raum, der vollends der Kreativität gewidmet war, ein Raum ohne Logos, aber nicht ohne Marke.

Der Name des Raums war MADE und sein Konzept war einfach: Verschiedene Künstler und kreative Köpfe kamen zusammen, um Dinge zu erschaffen, die sie zuvor nie verwirklichen konnten. MADE war eine kreative Plattform für Künstler aus verschiedenen Bereichen im Herzen Berlins. Es konnte eine Galerie, ein Studio, eine Bühne, ein Labor oder ein Aufführungsraum sein –

aber vor allem war es ein Ort für interdisziplinäre Projekte, die Künstler dazu einlud, aus ihren künstlerischen Routinen auszusteigen. MADE wurde Anfang 2010 von der deutschen zeitgenössischen Künstlerin tadiROCK, Nico Zeh und ihrem Team (Luise Biesalski, Philip Gaedicke, Alexis Dornier, Nadav Mor) gegründet. Seitdem hat MADE eine Vielzahl einzigartiger interdisziplinärer Projekte realisiert.

Anhand dieses Konzepts haben zwölf verschiedene Kreative den MADE-Raum unter der Führung des Design-Architekten Alexis Dornier entworfen. Der MADE-Raum war ein vielseitiger Raum mit flexiblen Wänden, der mit seinem einzigartigen Beleuchtungssystem, das jede erdenkliche Farbe, Intensität und Stimmung erzeugen konnte, unbegrenzt Ausdrucksmöglichkeiten bot.

Genau wie der Raum selbst wurden auch die MADE-Projekte, auf der Basis eines »kreativen Zusammenstoßes« interdisziplinär gestaltet. Im Projekt »Valse-Automatique« brachten der Produktdesigner Hermann August Weizenegger und der Komponist Mihalj Kekenj einem Industrieroboter bei, wie man sich von Musik inspirieren lässt und Skulpturen gestaltet, welche die Stimmung der verschiedenen Kompositionen widerspiegelt. Neben der Idee der »kreativen Zusammenstöße« war das Schlüsselelement der Kommunikation der MADE-Blog, in dem nicht nur die Veranstaltungen und Projekte vorgestellt wurden. Eine fortlaufende Interviewserie »Visions of Visionaries« verwandelte den Blog in eine Inspirationsquelle für die kreative Community weltweit.

Die Reaktion auf MADE übertraf alle Erwartungen. Das Wallpaper-Magazin nahm Made in die Top 20 der sehenswertesten Orte in Deutschland auf, obwohl die kommerzielle Marke ABSOLUT dahintersteckte und keinerlei Mediabudget investierte.

Noch bedeutender waren die Reaktionen der Künstler, die sich bei MADE einbringen wollten, um Ihre künstlerische Routine in einer inspirierenden und freien Umgebung zu verlassen und gemeinsam etwas Außergewöhnliches entstehen zu lassen.

Nach bereits nur einem Jahr wurde MADE weit über Deutschland hinaus zu einem Leuchtturm für Kunst und Kreativität; MADE wurde international gesehen und war ein relevanter Player von Bedeutung. Dies veränderte maßgeblich die Wahrnehmung der Marke ABSOLUT. Die Marke wurde als Kunstschöpfer gesehen, nicht als Kunstsponsor.

Kapitel 5
Die Drei Streifen und wir

Am Montag, dem ersten September 2014, trat ich meinen neuen Job bei adidas an, etwas mehr als ein halbes Jahr, bevor das Unternehmen seine neue Strategie vorstellen sollte. »Creating the New« war der große Wurf, den man von adidas weltweit erwartete. Den »Drei Streifen« war es in den Jahren 2013 und 2014 nicht gelungen, den Nettoumsatz von 2012 zu übertreffen. Der Wert einer adidas-Aktie bewegte sich seit dem Börsengang 1995 stets im Bereich 20 bis 50 Euro (damals noch in D-Mark versteht sich), kletterte 2013 erstmal nah an die 100-Euro-Marke, fiel aber im Spätsommer 2014 wieder auf etwas mehr als die Hälfte ab. Warum dieser Zeitpunkt besonders verwunderlich ist, werden wir noch sehen. Das Unternehmen hatte Schwierigkeiten, den nächsten großen Schritt zu machen. Es sah so aus, als bliebe man die ewige Challenger Brand, da es unmöglich schien, die große Distanz in Umsatz, Markenbeliebtheit und Marktanteil zum großen Konkurrenten zu verringern.

Als ich bei adidas anfing, gab es einige Dinge, die bei dem Unternehmen nicht so liefen, wie man sich das wünschte. So identifizierte adidas 2015 folgende Schlüsselherausforderungen, die es in der nächsten großen fünfjährigen Strategiephase zu bewältigen galt:

1. Diluted Brand Desirability
2. Loss Of Agility And Speed
3. Underperformed In North America
4. Reebok Transformation Took Too Long
5. Profitability Shortfall

All diese Dinge waren auch schon im September zuvor klar, jedoch gab es in Berlin noch ein paar besondere Herausforderungen, die wir zum Start in diese neue Ära erst mal verstehen wollten. Wir, das waren neben Daniela Tomac auch Marc Oltmann, seinerzeit Fußball-Marketing-Leiter der deutschsprachigen Region.

Besonders der erste der hier genannten Punkte, die schwache Markenattraktivität, war in Berlin ein großes Thema. Woran sollte es liegen? Es gab jede Menge »Consumer Research« zu Berlin, zu den Konsumenten in Berlin, zu den Trends, Kiezen, Szenegrößen, Erwartungen der Leute in Berlin – doch man hatte keine konkrete Vorstellung davon, welche Rolle adidas bei all dem spielen sollte.

Von adidas gab es in Berlin zu diesem Zeitpunkt lediglich die Stores. Besonders der Berliner adidas Originals Flagshipstore in der Münzstraße war der zentrale »Konsumenten-Touchpoint«. Zu dieser Zeit war das Areal rund um Torstraße/Hackescher Markt jedoch noch weit entfernt davon, das hochpreisige Szene-Shopping-Areal für Luxusmarken zu sein, zu dem es sich inzwischen entwickelt hat. Hier hatte die Marke einen sehr guten Real-Estate-Berater – der Store gilt bis heute weltweit als Inventar in Berlins hippem Szeneviertel, doch 2014 reichte ein guter Store nicht mehr für eine Weltmarke und erst recht nicht für Berlin.

Dann gab es als erstes in Berlin lokal ansässiges Marketingpersonal das sogenannte EIM-Team, das Entertainment- und Influencer-Marketing-Team in Berlin, das jedoch erst 2013 tatsächlich auch aus Berlin heraus arbeiten durfte und seine Zeit brauchte, um in eine der in sich geschlossensten Szenemetropolen Europas Fuß fassen zu können, da niemand aus dem Team aus Berlin kam und sich das Netzwerk erst mühsam aufbauen musste.

Vorher wurde EIM, wie alle anderen Marketingaktivitäten auch, komplett aus dem Headquarters in Herzogenaurach heraus orchestriert. Partnerschaften mit dem SCC Berlin wurden geschlossen und Veranstaltungen gesponsert, dazu gehörten u. a. die großen Laufwettbewerbe in Berlin, der Halbmarathon, der Marathon und die dazugehörigen Messeveranstaltungen, auf denen adidas meist einen der größten Messe-Stände für das internationale Publikum aufstellte.

»Ich sehe euch, ja, aber ich kann euch nicht fühlen.«
(Interview zur Position von adidas in der Stadt mit Leuten in Berlin)

Die Marke war in Berlin zwar sichtbar, aber sie war kein Teil der Stadt, der Szene, der Kultur. Aber das war noch nicht alles. Denn die allergrößte Herausforderung war, dass die Marke in Berlin für nichts Einheitliches stand.

2014 – dem Jahr, in dem die deutsche Nationalmannschaft in adidas-Trikots die vierte Fußballweltmeisterschaft gewann, stand adidas Fußball für Schweini und Poldi, für Predator und Messi – der damalige Claim hieß »all in or nothing«. Manch nicht so freundliche Zunge übersetzte dies allerdings mit »irgendwie alles und nichts«. Auch die Marktanteilsverhältnisse im Heimatland der Drei Streifen, im Kernsegment der Marke (und dann als frisch gebackener Weltmeister) sahen Ende 2014 erstaunlich trübe aus, während die Konkurrenz – eben nicht der Hauptausstatter des Weltmeisterteams, des DFB, der UEFA und der FIFA –, offenbar größeren Nutzen aus dem exponiertesten Sportevent der Welt ziehen konnte. Während also Nike im Jahr der Fußballweltmeisterschaft, in dem sich übrigens mit Deutschland und Argentinien zwei von adidas ausgestattete Nationalteams im Finale gegenüberstanden, einen satten Kursgewinn von fast 40 % erzielen konnte, büßte der Aktienkurs von adidas im gleichen Zeitraum nahezu den gleichen Prozentsatz ein (–38 %).

Im Running-Segment gab es nach Jahren ohne nennenswerte Innovation mit der neuen »Boost«-Sohle zwar eine neue Technologie für das technische Segment, doch wusste das Lauf-interessierte Publikum 2014 noch kaum etwas davon. In Marken-Rankings bei Läufern rutschte adidas oft hinter Running-Platzhirsche wie Asics und Brooks sowie Marktführer Nike auf die hinteren Ränge ab. Stellenweise belegte adidas in Umfragen 2016 in dem Schlüsselmarkt USA noch hinter Nischenbrands wie Mizuno, Hoka One oder Saucony Rang 8 – für die damalige Marathon-Weltrekord-Brand eine große Enttäuschung.[26]

Originals, die Lifestyle-Sparte des Konzerns, die auch bis heute noch ihr eigenes Logo hat, wirkte wie eine völlig andere Marke – sie hatte nur noch wenig mit dem Sportangebot der Drei Streifen zu tun und seitens der Marketingführung wurde besonders viel Wert darauf gelegt, dass das so bleibt. Diese Entscheidung ist sicher nicht ganz unverständlich, denn schließlich geht es auch immer darum, in beiden Segmenten das Maximale an Glaubwürdigkeit zu erzielen.

Während adidas in Berlin im Originals-Segment durch seinen legendären Ori-Store, gepaart mit cleveren Seeding- und Sponsoringaktivitäten diese Glaubwürdigkeit entwickeln konnte, war es im Performance-Segment bei den Schlüsselkategorien Laufen und Fußball weitaus schwieriger, das Vertrauen des Kernpublikums in den rationalen und emotionalen Wert der Marke zu gewinnen.

Glaubwürdigkeit – der heilige Gral des modernen Marketings – wurde stets bemüht, um Entscheidungen zugunsten der Silo-Trennung zu rechtfertigen. Mangelnde Glaubwürdig wurde jedoch zu einer entscheidenden Hürde für den Erfolg des Unternehmens. Denn im Marketing hat sich das Verständnis von Authentizität besonders im Kontext der kulturellen Relevanz verändert. Authentisch ist eine Marke heute besonders dann, wenn sie ein (glaubwürdiger) Teil der Kultur sind, besonders in einer Zeit, in der Sport- und Popkultur immer mehr zusammenwachsen. Mit David Beckham hatte man nicht zuletzt in den eigenen Reihen einen Markenbotschafter, der das mehr als die meisten anderen Fußballer seiner Generation verkörperte: Viele der größten Sportler der letzten 25 Jahre waren Stilikonen. Das war bei Michael Jordan so, bei David Beckham, bei Tiger Woods, LeBron James, Christiano Ronaldo und auch heute bei Athleten wie Noah Lyles, dem größten 100-m-/200-m-Sprintertalent der Welt. Er macht Musik, designt seine eigenen Klamotten, ist begeisterter Instagrammer, Video-Gamer und steht dennoch für jene ganzheitliche, innovative Trainingslehre, die dem Leistungssport seine Glaubwürdigkeit gibt. Es gibt einige wirklich gute Talente in der Welt, die sich als Markenbotschafter hervorragend eignen, und zwar unabhängig von der Industrie. Als Marke sollte man sich jedoch besonders an jenen Talenten orientieren, die nicht nur extrem leistungsfähig sind, sondern auch ein ethisches, kulturelles und soziales Profil haben – die für etwas stehen, das größer ist als die Leistung. Siehe Björn Borg. Siehe Muhammad Ali. Siehe Colin Kaepernick.

In meinen ersten Wochen bei adidas versuchten wir nun, dieses Berliner Bauchgefühl, also was die Stadt nun wirklich über adidas dachte, zu entschlüsseln, da wir mit dem Input der Daten des global organisierten und sehr standardisierten Consumer Research nicht weiterkamen und uns die Ergebnisse der kleinen Umfragen, die im April 2014 für den Workshop mit dem Marketing-Leadership-Team entstanden, nicht tief genug gingen. Wir wollten den Kern verstehen. Also fingen wir an, unsere eigene Marktforschung zu machen.

Open Source Part 1: Football Culture and the Club of 35

Im Fußball half uns dabei ein Mensch, der im Laufe der nächsten Jahre einer meiner engsten Freunde und Verbündeten werden sollte, Malte Schruth. Er war nicht nur erfahrener Jugend-Fußballtrainer in Berlin, aufgewachsen in Kreuzberg, Geschäftsführer der Jugendabteilung des FC Internationale Berlin, dem führenden antirassistischen Amateurverein Deutschlands, sondern auch angehender Master der Sozialwissenschaft mit Schwerpunkt auf den Erfolgschancen von Jugendlichen mit Migrationshintergrund am deutschen Arbeitsmarkt. Einen besseren Spezialisten für die Kundenforschung hätte es nicht geben können.

Mal abgesehen von unserer persönlichen Bindung konnten wir zusammen einige entscheidende Erkenntnisse generieren, jedoch nicht alleine, sondern gemeinsam mit den Jugendlichen, von denen wir nur eins wussten: Sie hatten durchgehend keine gute Meinung von adidas, spürten, lobten jedoch den Konkurrenten Nike über den Klee.

Wir trafen uns also im September 2014 mit einigen »seiner« Jugendlichen aus den Kreisen, die er in der Kreuzberger/Schöneberger Szene für meinungsbildende Jugendliche in der leistungsorientierten Fußballszene hielt. Die wichtigsten Erkenntnisse haben uns überrascht:

- Aktuelle adidas-Produkte wurden als wenig innovativ und uninspiriert betrachtet (insbesondere im Vergleich mit dem direkten Konkurrenten).
- adidas wurde als Marktgröße im Fußball überhaupt nicht wahr- oder ernstgenommen, wohingegen Konkurrent Nike mit einer Zustimmungsrate von 90 Prozent im Vergleich zu adidas (10 Prozent) überzeugte.
- adidas fand als jugendkulturell relevante Marke in Berlin schlichtweg überhaupt nicht statt: »adidas tragen Lehrer, Väter und Trainer – alles,

wofür wir stehen, dafür steht jedoch nur Nike«, war das Feedback, das uns diese Jugendlichen mitgaben.

Die zentrale Erkenntnis versteckte sich hier im Detail: Es gab eine klare Verbindung zwischen Präsenz (menschliche Präsenz von Mitarbeitern, Markenbotschaftern und Sportspezialisten, jenseits der Leute, die im Handel für oder mit der Marke arbeiten) und der Glaubwürdigkeit einer Marke. Je größer das Delta zwischen subjektiv wahrgenommener Werbepräsenz und tatsächlicher menschlicher Präsenz, desto geringer war die Glaubwürdigkeit einer Marke, wenn sie sich auf die Fahne schreibt: »Through sport, we have the power to change lives.«

Unser erster, großer Rückschluss war: Wir müssen die Distanz überwinden, bevor wir an die große Glocke hängen, dass jetzt auch von adidas ein, zwei Marketing-Pappnasen in Berlin unterwegs sind. Bei Nike waren es deutlich mehr und seit zehn Jahren, als wir 2014 überhaupt angefangen haben.

Wir wollten mehr wissen, denn keiner konnte uns so inhaltlich wertvolles Expertenfeedback geben wie diese Jugendlichen. Sie kannten die Produkte, die Kampagnen, die Slogans, die Testimonials; sie wussten nicht nur deutlich mehr als wir selbst – sie wussten auch, was richtig und was falsch war, aus der Perspektive der sogenannten Zielgruppe. Sie halfen uns dabei zu entziffern, dass wir nur dann Erfolg hatten, wenn es uns gelang, zu verstehen, welchen Wert wir im Leben dieser Jugendlichen erzeugen konnten. Das zu erreichen und das auf eine Weise zu tun, die aus dem Kern unserer Marke stammt, war unsere einzige Chance, diese gigantische Kluft zum Hauptwettbewerber aufzuholen. Gemeinsam mit diesen Jugendlichen haben wir die Kultur der aufrichtigen Augenhöhe zu einem eigenen Marketingformat befördert.

Wir nahmen ein paar Audioaufnahmen der Interviews, die Malte in unserem Auftrag mit diesen Jugendlichen aufgezeichnet hatte, mit nach Herzogenaurach zu einem der wichtigsten Marketingmeetings der Region. Martin Schindler war seinerzeit Marketingchef der zentraleuropäischen Organisation und derjenige, mit dem ich für meine Rolle bei adidas eines der spannendsten und intensivsten Vorstellungsgespräche meiner Karriere hatte.

Gemeinsam hörten wir uns die zentralen Stellen der Interviews an. Sie waren alles andere als ein Kompliment an die Marketingarbeit der Marke, weswegen es für den Marketingverantwortlichen Martin Schindler ein Moment der Wahrheit war, sich das alles anzuhören. Die Reaktion des für das Marketing Verantwortlichen hat uns überrascht: Er bat mich, bis zum nächsten Tag eines der Interviews zu kürzen und das Soundfile bereitzustellen. Zu unserer Marketingkonferenz kamen sämtliche Marketingmitarbeiter der Region (es müssen ca. 200 Leute gewesen sein). Als alle ihren Platz fanden, erklang die Stimme von Tolga Herdem.

Tolga & Qualitative Insights

Er war einer dieser Jugendlichen, die Malte interviewt hatte. Er verfügte über ein überraschend umfangreiches Wissen zu Marken, Produkten und Kampagnen im Profi-Fußballmarkt, und er hatte auch eine sehr klare und fundierte Meinung zu jedem einzelnen dieser Faktoren. Er konnte uns genau sagen, welche Kampagne zu welchem Produkt aus welchem Grund erfolgreich oder nicht erfolgreich war, was bei uns natürlich gleich die Neugier weckte, ob er das wohl auch vorausschauend für kommende Produktentwicklungen artikulieren konnte. Tolga sollte in den kommenden Jahren einer der wichtigsten Berater für uns sein und nicht nur für uns: auch für das globale Produktdesign-Team in der Fußballsparte, das recht schnell die Qualität dieser neuen, authentische Form des Produkt-Feedbacks aus dem Kernpublikum zu schätzen lernte. Schließlich gab es einen großen Unterschied, ob man eine anonym zusammengestellte Gruppe jugendlicher Spieler in einen Raum bittet und dort Produkte zeigt, um zu erfahren, ob das Design gefällt oder nicht, oder ob man eine Beziehung aufbaut, die tiefer gehendes Feedback ermöglicht, auch im Hinblick auf funktionelle Elemente oder auf kulturelle Faktoren, die relevante Designkonzepte bereits in der Entwicklungsphase begünstigen.

Da saßen wir nun, die gesamte adidas-Marketingleitung für den deutschsprachigen Raum, und lauschten in diesem riesigen, abgedunkelten Saal irgendwo auf dem hochmodernen und weitläufigen (und übrigens auch wunderschönen) Konzern-Campus-HQ in Herzogenaurach Tolgas Stimme. Er fasste zusammen, welche Reputation die Marke adidas in der Berliner Fußballszene habe. Er differenzierte zwischen Produktgruppen, Marketingkampagnen und stellte sie immer wieder der entsprechenden Arbeit der Konkurrenz gegenüber.

Denn eines der Dinge, die ich recht schnell gelernt hatte: Lobhudelei zog nicht. Zwar lässt sich aus dem entsprechenden Blickwinkel jede noch so schwache Leistung als Erfolg verpacken, nachhaltig ist das nicht. Schließlich liegt genau in der ehrlichen Auseinandersetzung mit den eigenen Fehlern das größte Potenzial für kollektives Wachstum und Erfolg. Doch ist es nicht der einfachere Weg. Dieser Weg erfordert einen unternehmenskulturellen Rahmen, der Fehler zulässt, und noch mehr: die Auseinandersetzung mit Fehlern belohnt.

Bei adidas habe ich gelernt, dass Ehrlichkeit und Selbstkritik in der Führung als selbstverständlich betrachtet werden. Die Reaktion auf unsere Veranstaltung war, dass alle mehr wissen wollten und uns um das vollständige Interview baten. Wir waren also auf dem richtigen Weg.

Zurück in Berlin, war klar, was zu tun war: Wir wollten diese neue Form der Zusammenarbeit mit dem Kernpublikum vertiefen. Wir überlegten uns, welche Jugendlichen zur vollständigeren Repräsentation unseres Markenpublikums fehlten, und identifizierten nach einigen Wochen 35 Profile, die wir einluden. Es waren ausnahmslos männliche Teilnehmer, was rückblickend betrachtet ein entscheidender Fehler war. In der Zusammenarbeit mit weiblichen Fußball spielenden Jugendlichen, die wir in den letzten Jahren vertieften, haben wir so viele zusätzliche Erkenntnisse gewonnen, die wir zu Beginn unserer Arbeit wirklich benötigt hätten.

Unter diesen 35 Teilnehmern unseres neuen Berliner Fußball-Panels waren außer den 31 Jugendlichen auch noch zwei Trainer, ein Schiedsrichter und ein Streetworker. Aus dieser Gruppe hoben wir den »Club of 35« aus der Taufe. In den nächsten 18 Monaten sollten allein durch Word-of-Mouth-Empfehlungen für die (unbezahlte) Kultivierung der Mitbestimmung von Marketingaktivitäten, ohne einen Cent in Paid Media zu investieren, eine über Deutschland verteilte Community von über 10 000 Jugendlichen, organisiert in Facebook-Gruppen, entstehen. Es gab pro Stadt den lokalen Club of 35 und in jeder Stadt aufgrund des großen Interesses von Bekannten und Freunden dieser Jugendlichen auch eine erweiterte Gruppe von »Friends of 35«, die durch die Mitglieder des Co35 eingeladen wurden. Der Status – Mitglied des Club of 35 in Hamburg, Frankfurt, München oder Berlin (später auch Wien und Zürich) – galt in der Szene als Ritterschlag. Und ohne auch nur eine einzige Kampagne mit diesem unkonventionellen Beraterstab entworfen zu haben, änderte sich die Stimmung zur Marke adidas im Kernpublikum spürbar von Woche zu Woche.

Bevor wir im täglichen Alltag mit dem Club of 35 viele zentrale Entscheidungen unseres Marketings abstimmen lernten, entwickelten wir zunächst die übergeordnete adidas-Key-City-Fußballstrategie gemeinsam mit ihnen. Wir brachten unsere Ideen (und notwendigen Grundlagen) ein, sie brachten ihre Ideen ein, und gemeinsam stimmten wir Thema für Thema die Punkte ab. Heraus kam eine Strategie, die wir ohne diesen Beraterstab niemals alleine so entwickelt hätten. Die Kernelemente waren folgende:

- Der Bau der adidas Football Base in Wedding als zentrale Plattform, Bühne und Community-Treffpunkt. Hier sollten sowohl Turniere und Contests stattfinden, Contents produziert, Wissen vermittelt und an zukünftigen Technologien im Fußballbereich gearbeitet werden
- Der weitere Aufbau und das Wachstum der Streetfootball-Community mit unkonventionellen Mitternachts-Guerilla-Turnieren und geheimen Whats-App-Gruppen
- Eine stärkere Verzahnung des Club of 35 mit internen Forschungs- und Entwicklungsteams, um somit Innovationsgeschwindigkeit im Entwicklungsprozess zu reduzieren
- Dezentrale Aktivierungen mit stärkerer Einbeziehung der relevanten kulturellen Hip-Hop-Szene und adidas-Profispielern wie Champions-League-Sieger und Hertha-Spieler Salomon Kalou
- Stärkere Mitbestimmung und Teilnahme unserer Local Heroes bei Aktivitäten im Handel

DER AUFBAU DES CLUB OF 35

Eine Außenbetrachtung von Malte Schruth, Sozialwissenschaftler, damaliger Jugendgeschäftsführer des FC Internationale Berlin und sozialer Aktivist

Für mich ist erfolgreiches Marketing eine Mischung aus Empathie, strategischem Geschick und reflektierten sozialkulturellen »Insights«, verschmolzen zu brillanter Kreation. Das alles sollte meiner Meinung nach dann immer noch einen gesellschaftlichen Impact erzeugen, dann wird aus Marketing erfolgreiches und bedeutungsvolles Marketing – zumindest wenn die jeweilige Erfolgsdefinition auch sozialen Impact umschließt, was sie für mich zwingend muss. All das ist Yousef und mir gemeinsam mit adidas beim Club of 35 gelungen, und ich muss bis heute stolz schmunzeln, wenn ich an dieses großartige Projekt zurückdenke.

Der Club of 35 war die erste Fußball-Community von adidas und hat einen kulturellen Wandel bei der Marke eingeleitet. Im Kontext einer fundamentalen strategischen Neuausrichtung und als Reaktion auf die Erkenntnis, dass Nike für »Swag mit kultureller Relevanz«, Adidas hingegen eher für Philipp Lahm stand, hat sich der fränkische Sportartikelkonzern im Rahmen einer Key-City-Strategie 2014 erstmals Berlin zugewandt. Bis dato sah man München als Fußballhauptstadt, für mich als Berliner natürlich eine eklatante und despektierliche Fehleinschätzung – Berlin war und ist das Mekka urbaner Fußballkultur. Ich arbeitete damals als Fußballtrainer und Sozialwissenschaftler in Berlin-Schöneberg und hatte die Ehre, vor dem zentraleuropäischen Board Impulse und Ideen für eine strategische Neuausrichtung vorstellen zu dürfen. Eine Idee war, im ersten Schritt Jugendkulturen zu verstehen, ihre Lebenswelten kennenzulernen und sie bei der Entwicklung der Key-City-Fußball-Strategie konsequent kollaborativ zu involvieren. In einer Mischung aus Verzweiflung und Wohlwollen vertraute man mir dieses Projekt an und stellte mir den besten Mentor und spannendsten Strategen der Stadt zur Seite: Yousef. Das war nicht nur der Beginn des wohl aufregendsten und lehrreichsten Abenteuers meines Lebens, sondern auch der Startschuss einer einzigartigen Freundschaft. Yousef wurde ein großer Bruder, und wir können mittlerweile mit einem Funken Arroganz behaupten, dass wir die Marke adidas in Berlin (u. a. dank des Club of 35) wieder cool gemacht haben. Nicht zuletzt auch, weil wir auf extrem offene, neugierige und total leidenschaftliche Marketeers bei adidas getroffen sind, dafür bin ich der Marke, vor allem den handelnden Personen, bis heute dankbar. Einige unserer als »Brand

Activations« getarnten, anarchistischen Guerilla-Aktionen wäre heutzutage wahrscheinlich undenkbar. Unsere Leidenschaft in Kombination mit der Offenheit, einer radikalen Neugierde und viel Vertrauen in uns, ergab eine konstruktiv-explosive Reaktion, die uns alle sehr lange getragen hat.

Wir starteten in Berlin mit einer Gruppe von Fußballern, uns war egal, ob sie besonders gute oder schlechte Fußballer waren, sie sollten meinungsstark sein, ein Anliegen haben. Anfangs trafen wir uns monatlich, irgendwann wöchentlich, und sehr bald verging kein Tag mehr ohne Austausch mit der Crew. Wir nannten diese Crew den Club of 35. Nach nicht mal einem Jahr gab es in jeder der sieben »Key Cities« von adidas in Zentraleuropa eine solche Gruppe, der Club of 35 wurde eine Art Streetwear-Marke, eine Institution bei adidas und bedeutungsvolles Sprachrohr der Jugendkulturen in den Städten. Was mit ein paar Jungs begann, wurde zu einer Bewegung von fast 150 hungrigen Fußballern, die mitreden und gestalten wollten – wir hatten eine Bewegung erschaffen. In jeder Stadt gab es noch Facebook-Gruppen der Clubof35-Crew, die sich »Friends of 35« nannten und jeweils zwischen drei- bis viertausend Mitglieder hatten. Über diese Gruppen organisierten wir Turniere und tauschten Meinungen, Stories und die neuesten News aus der jeweiligen Fußballszene in den Städten aus. Die Friends-of-35-Facebookgruppen wurden

mehr und mehr zu einer veritablen Plattform für urbane Fußballkultur in den Key Cities von adidas. Sehr schnell hatten wir ein Netzwerk von jungen Fußballer*innen aufgebaut, das bis heute im Fußball seinesgleichen sucht.

Der Club of 35 war auch eine Chance für Jungs, die sonst wenig Gehör fanden, denen die Türen zu adidas versperrt schienen, die es bereits als außergewöhnliche Anerkennung erlebten, dass sie von einem Weltkonzern angehört werden. Ali, Nadiem, Tolga und Tugay waren bis dato nicht unbedingt geläufige Namen in Herzogenaurach, und wenn wir mit den Jungs einen Ausflug zu adidas machten, gingen mitunter vorauseilende Entschuldigungsschreiben an die mittelfränkischen Pensionen raus.

Die Konstellation der Gruppe war einzigartig. Als Diversity noch kein Hype-Thema war, haben wir Diversity gelebt: Wir schufen einen Raum, in dem sich Sabine und Ufuk, Tolga und Björn, Sascha und Amir begegnen und austauschen und voneinander lernen konnten.

Der Club of 35 wurde zu einer Gang aus Freunden, die eine Liebe zum Fußball teilen. Es sind echte Freundschaften und großartige Persönlichkeiten entstanden. Eine zentrale Figur war Tolga: Strippenzieher, Stratege, Kommunikationswunder, kreativer Impulsgeber und »Ghettopapst« in einem; Tolga war der entscheidende Erfolgsfaktor, weil er die Stimmen der

Straße in Ideen und Strategien übersetzte und dabei stets allen das Gefühl gab, gehört zu werden. Tolgas Stimme wurde auf Konferenzen und in Strategiepräsentationen aufmerksam gelauscht. Er wurde mehr und mehr zur Stimme des kulturellen Wandels bei adidas.

Football Base & Tolga

Der Grund, warum die 35 Jungs – heutzutage würden wir definitiv auch Frauen dabei haben – uns so vertrauten und sich so für adidas-Football in Berlin ins Zeug legten, war simpel: Wir haben sie als ganze Menschen aufrichtig ernstgenommen. Wir haben Marktforschung immer auch als Streetwork verstanden, wir haben versteckte Talente und den einzigartigen Wert jedes einzelnen Menschen gesehen. Es ging uns zuvorderst darum, dass sowohl adidas als auch die Jungs gemeinsam wachsen: Die Jungs zu empowern, ihnen zuzuhören, sie bei der Ideenentwicklung und strategischen Überlegungen zu involvieren, stellte sich mehr und mehr als Inspirationsquelle und riesiger Spaßfaktor heraus. Für alle Beteiligten. Doch nicht ohne Reibung: Die kulturellen Unterschiede zwischen einem Kreuzberger Fußballer und dem fränkischen Weltkonzern waren mitunter bizarr, es prallten Welten aufeinander, nicht immer konfliktfrei. Ich erinnere mich noch gut daran, als wir einen jungen Kreuzberger Fußballer in einem seniorigen Meeting in Herzogenaurach dabei hatten und er seine persönliche Geschichte als Fußballer in Berlin erzählt hat. Caga, ein wunderbarer, zielstrebiger und extrem smarter Junge. Als er seine Ausführung beendete, fragte ein Senior Director was er nun eigentlich beruflich mache, und Caga antwortete, dass er zur Polizei gehen wolle. Der Kollege fragte dann allen Ernstes, wie die Polizei-Ausbildung denn in der Türkei (!) aussehe, und wie man sich das dort vorstellen müsse.

Bis zum Beginn des Club of 35 war es vorrangig so, dass Marken über Zielgruppen sprachen, komplexe und kostspielige Analysen ihrer Bedürfnisse und potenzieller Trends entwickeln ließen. Mit dem Club of 35 hat eine Marke erstmals mit diesem tradierten Denken gebrochen und angefangen, mit der Zielgruppe auf Augenhöhe zu sprechen. Das war manchmal anstrengend, verwirrend und mitunter auch sehr emotional. Es sollte sich aber als Gamechanger erweisen und ist – jenseits von jedem Gewinnstreben – meiner Meinung nach ethisch und strategisch der richtige Weg. Zielgruppe und die Marke wurden füreinander sichtbar und nahbar, und beiden Seiten wurde klar, dass sie voneinander profitieren können – beruflich und persönlich. Es wurden Begegnungen und Zugänge geschaffen, wo vorher nur Meinungen und Bewertungen waren.

Und die Jungs vom Club of 35 waren die ersten authentischen, hyperlokalen Mikro-

Influencer und Markenbotschafter, noch lange bevor Influencer als Marketinginstrumente durch den Industrie-Fleischwolf gedreht wurden.

Und der Club war letztlich auch immer ein Integrationstreiber für Jungs, die aufgrund ihrer sozialen Herkunft normaler- und traurigerweise nie einen Zugang zur Weltmarke adidas gehabt hätten, obwohl sie über Talente verfügten, von denen in Herzogenaurach einige nur träumen können. Ihre Verve, ihre Chuzpe und unsere Anerkennung, Involvierung und strategische Konsolidierung ihrer Gedanken wurden mehr und mehr zu einer Institution, und mittlerweile gibt es wohl kaum noch jemanden bei adidas, der/die noch nicht von dem Club of 35 gehört hat.

adidas RUNBASE Berlin

2014, das erste gemeinsame Projekt von Nico und mir war die adidas RUNBASE Berlin. RUNBASE war das Äquivalent zur Football Base, die adidas im Wedding in einer alten BVG-Halle noch mit einem anderen Team zusammen als Erlebnis- und Entwicklungs-Plattform für Fußballkultur positioniert hatte.

RUNBASE war auf ein etwas älteres Publikum zugeschnitten, denn Running als aktiv betriebener Sport spielt für eine deutlich breitere Gruppe an Menschen eine zentrale Rolle und ist zudem relevanter für das weibliche Publikum. Aufgrund seiner einschlägigen Erfahrung mit der Umsetzung von außergewöhnlichen Programmen in besonderen Venues – die über einmalige Aktivierungs- oder Pop-Up-Bespielungen hinausragen – und seiner Kompetenz emotional relevante Werte zu bündeln und diese nachhaltig zugänglich zu machen, war Nico für das Projekt RUNBASE ein wichtiger Partner. Bei unserem ersten Gespräch im Katie's Blue Cat ging es ihm zunächst darum, zu verstehen, wo wir mit adidas in Berlin hin wollten und was initial unser Commitment als Marke war. Gab es etwas Konkretes, für das sich adidas in Berlin engagieren und einen aktiven Beitrag leisten wollte?

Nico war in dieser Zeit bereits begeistert von der Philosophie von Simon Sinek. Der leistete mit seinem Buch *Start With Why*[27] schon 2009 einen viel gelobten Beitrag dazu, Marketing nicht mehr allein als absatzfördernde Brechstange zu betrachten. Er verstand, dass die Unternehmen, die erfolgreich langfristiges Wachstum erzielen und starke, loyale Beziehungen zu ihren Kunden aufbauen wollten, ihren Zweck, ihre Glaubenssätze und das, wofür sie sich investieren, kommunizieren mussten. Das Marketing hilft dabei, ihre Botschaft zu verstärken und zugänglich zu machen.

Simon Sinek stellt die entscheidende Frage: Warum gibt es dich? Warum gibt es die Marke, das Unternehmen? Soviel sei klar, die Antwort auf diese Frage ist nicht, »um Profit zu machen«. Profit beschreibt nur das Ergebnis, jedoch nicht den eigentlichen, ursprünglichen Zweck des Unternehmens.

Den Zweck zu verstehen, erfordert eine tiefgreifende Auseinandersetzung mit dem eigenen Ursprung. Es geht also um den Moment, in dem die Idee ins Leben gerufen, ein Konzept entwickelt und ein Unternehmen, aus dem Bedürfnis heraus, bessere Lösung anzubieten, gegründet wurde. Genau das liefert auch dem Menschen den »Reason to believe/Reason to trust«.

Das 7C-Modell, das in diesem Buch vorgestellt wird, lässt sich auch als Framework und Leitfaden nutzen, diese tiefgreifende Auseinandersetzung zu kultivieren.

Wie dem auch sei, wir nahmen uns dieser Fragen und der begleitenden Themen an und investierten uns in die Beantwortung und Ausarbeitung eines Fundaments, dass unser Verständnis von adidas in Berlin schärfte.

Wenn der Glaubenssatz von adidas »Through Sport We Have the Power to Change Lives« die Grundlage der Marke in Handlung und Ausrichtung bildet, dann ist logischerweise auch die Aufgabe der Marke, den Menschen zu ermöglichen, durch den Sport ihr Leben zu verändern.

Die Frage war nun, wie wir diesen epischen adidas-Glaubenssatz mit Leben füllen und in ein echtes, nachhaltiges »Machen« im Kontext von Berlin kommen konnten?

Nach Sinek gibt es zwei Wege, Menschen zum Handeln zu bewegen: Sie zu manipulieren oder sie zu inspirieren. Allerdings bietet nur eine von den beiden die Voraussetzungen für langfristige Loyalität auf Kundenseite. Inspiration ist ein anhaltender, innerer Impuls, der kaum zu ignorieren ist. Sie schürt den Glauben, dass man zum Erreichen einer gewünschten Veränderung Widerstände aus eigener Kraft überwinden kann.

Sich zu entwickeln ist ein Grundbedürfnis des Menschen, und insbesondere von Athleten. Persönliches Wachstum erfordert eine beständige Verbindung mit der eigenen inneren Kraft, um limitierende Komfortzonen verlassen und aufkommende Hindernisse überwinden zu können. Und genau im Dienste dieses Spannungsfeldes sahen wir den Beitrag von adidas mit RUNBASE innerhalb der Sportkultur von Berlin, womit wir auch Nicos initiale Fragen nach den nachhaltigen Mehrwerten beantwortet hatten.

Auf Grundlage der Kernwerte der Marke und dem Commitment »Through Sport We Have the Power to Change Lives« sahen wir die Rolle von adidas gegenüber den Athleten und der Sportkultur in Berlin glaubwürdig erfüllt.

Wir hatten nun unseren Why-Ansatz und konnten alle Maßnahmen, die für den Berliner Markt entwickelt wurden, danach ausrichten, inwieweit sie auf das Commitment von adidas in Berlin einzahlten.

Alles, was nicht dabei half, das Leben der Menschen in Berlin durch Sport ein bisschen besser und schöner zu gestalten, wurde automatisch irrelevant. Dazu gehörte auch ein Großteil des klassischen Out-of-Home-Marketings, denn es liegt in der Natur von bezahlter Werbung, dass sie nur selten wirklich wertvoll für jene ist, die sie sehen oder hören.

Wir fragten uns, was denn die Alternative zu Marketingansätzen ist, die eher kurzfristig angelegt sind, also zu Maßnahmen, die möglichst viele Menschen erreichen wollen – aber unabhängig davon, ob die bespielten Themen für die Zielgruppe wirklich bedeutsam ist. Einfach darauf ausgerichtet, sie, in einer Abbildung oder in einem Werbespot, einem einzelnen Produkt, einer Kollektion oder einer Kampagne inszeniert, abholen zu können (Push).

Das Gegenteil davon war ein Marketingansatz, der eine Zielgruppe über einen unbegrenzten Zeitraum zu erreichen versucht, indem er sich glaubwürdig in ein Thema investiert, dieses zugänglich macht und die Adressaten dazu einlädt, das Feuer gemeinsam zu teilen. Taten sagen mehr als Worte, und man verdient sich darüber Glaubwürdigkeit, eine Wahrnehmung, für die man geschätzt wird, und gewinnt in der Folge Gleichgesinnte, die zur Familie gehören wollen (Pull).

Pull lässt sich nicht kaufen. Pull ist verdient. Der Pull-Effekt entsteht aus Inspiration, nicht durch Manipulation.

Die Frage, auf die es am allermeisten ankam, weil sie den Kern von adidas reflektierte, war: Wie kann adidas durch Sport das Leben der Berliner Athleten verbessern?

Dazu kamen natürlich weitere Fragen:

- Welche Herausforderungen gilt es zu überwinden?
- Welche Personen braucht es?
- Was brauchen die Athleten?
- Was kann Sport leisten, um Leben zu verändern?
- Welche Themen jenseits des Sports (kulturelle Treiber) sind relevant und passen zu adidas?
- Was wollen wir im Sport, für die Menschen oder in der Welt verändern?
- Welche Resultate wollen wir ermöglichen?

Nico stellte ein Team aus Athleten, Coaches, Sport-Influencern, Physiotherapeuten, Künstlern, Ernährungsspezialisten, Designern, Architekten und lokalen Meinungsbildenden zusammen. Hierbei standen neben der kreativen fachlichen Kompetenz auch Diversität in Kultur und Lifestyle im Vordergrund. Wir führten Gesprächsrunden, Workshops und Brainstorm-Sessions, um Antworten auf die wesentlichen Fragen zu finden, konkrete Maßnahmen aus ihnen abzuleiten und ins »Machen« zu kommen. RUNBASE würde die logische Konsequenz aus diesen vorangegangenen Prozessen werden.

Das Team erarbeitete ein Konzept auf Basis der Bedürfnisse der Sportler und der Bedeutung von Sport in Berlin. Über das gemeinsame Bedürfnis, verbunden mit vereinten Kräften etwas Neues zu gestalten, identifizierte man Synergiepotenziale und führte diese mit denen von adidas zusammen.

Die Idee war, ein Clubhouse zu errichten, einen Ort, der den Zeitgeist von Sport und Kultur Berlin-typisch widerspiegelt – für Athleten von Athleten, zusammen mit adidas.

Weil die Form der Funktion folgen sollte, spiegelten das Gebäude, das Interieur und die Trainingsbereiche der RUNBASE die schnörkellose Klarheit und das Commitment zu High Level Performance in allen Facetten wider. Für die Entwicklung und die inhaltliche Gestaltung zeichnete das Berliner Architekturstudio »ZweiDrei Architects« (Julius Kranefuss) verantwortlich. Sie setzten das gesamte Bauprojekt mit lokalen Produktions- und Baufirmen um.

Das Ziel von RUNBASE war es, Athleten aller Leistungsstufen eine Basis für einen idealen Entwicklungsprozess zu bieten und sie durch diesen zu führen. Diesen sportlich fokussierten Prozess ermöglicht adidas, indem es Zugang zu einem professionellen Trainingsumfeld bietet. Hier finden Athleten Inspiration und Führung in der Begegnung mit den eigenen Grenzen und Potenzialen: »Train like a pro!« – RUNBASE.

Die Antwort hierauf lieferten führende Köpfe aus der Trainingsentwicklung im Hochleistungssport. Sie entwickelten mit dem »Holistic Training by adidas« eine vom Ansatz her ganzheitliche Trainingsmethode. Die Idee war, dass die angewandten Methoden in der Summe immer kraftvoller wirken, als es ihnen einzeln möglich ist, weswegen sie zusammenhängend (holistisch) betrachtet werden müssen.

Das »Holistic Training by adidas« umfasst 5 Bereiche:

1. *Movement (Bewegung)*
Movement enthält die Entwicklung und den Aufbau der Bewegungsfähigkeit des Köpers und schließt Kraft, Ausdauer, Agilität, Stabilität und Flexibilität ein.

2. *Nutrition (Ernährung)*
Bei Nutrition geht es um die Ernährung, die für ein gesundes Leben unersetzlich ist. Hierbei spielen nicht nur allgemeine Regeln und Standards eine Rolle, sondern besonders jene individuellen Empfehlungen, die nach dem Nutrition-Assessment (Überprüfung der Körperkonstitution mittels einer Multifunktionswaage und dem obligatorischen Interview mit dem/der Sportler*in zu Ernährungsgewohnheiten) für die betreffende Person gegeben werden.

3. *Recovery (Erholung)*
Der Bereich wurde in zwei Unterbereiche gefasst. Zum einen geht es um Erholung; hier spielen besonders Faktoren wie Trainingssteuerung (und Pausen) sowie Schlaf und Ernährung eine große Rolle. Der zweite Bereich umfasst die Rekonvaleszenz, also den Heilungsprozess bei Verletzungen. In Zusammenarbeit mit führenden Sportorthopäden, Start-ups und medizinischen Sportinstituten in diesem Bereich konnten wir individuell zugeschnittene Programme und Anwendungsmethoden entwickeln.

4. Mindset (Mentalität)

Im Bereich Mindset entwickelten wir eine eigene Herangehensweise, die die Sportpsychologie mit innovativer Achtsamkeitsschulung kombiniert. Diese Methodik ergab bspw. eine neue Herangehensweise an das Thema Meditation und Mind-Training. Eine Methode, die während der Performance genutzt werden kann, um Athleten in herausfordernden Momenten Werkzeuge an die Hand zu geben, eine geistige Erschöpfung zu überwinden, z. B. in den letzten zehn Kilometern eines Marathons.

5. Gear (Ausstattung)

Dieser Bereich umfasste alle Produkte, Dienstleistungen, Accessoires, Geräte und Instrumente, die unsere Athleten für ihren optimalen Erfolg benötigten. Dazu gehörten in erster Linie die passenden Produkte von adidas für eine bestmögliche Performance und Trainingsentwicklung der Athleten, z. B. Laufschuhe, Bekleidung und Sonnenbrillen.

Diese fünf Bereiche wurden miteinander verbunden und als »holistic Trainings« in Trainingsprogrammen und einzelnen Sessions angeboten, d. h. jede Trainingseinheit sollte mindestens drei der fünf Säulen umfassen.

Diese Herangehensweise wurde in enger Zusammenarbeit mit EXOS entwickelt – Spezialisten im Leistungssport-Training und exklusive, weltweite Sports-Science-Partner von adidas. Sie arbeiten bspw. mit der Deutschen Fußball-Nationalmannschaft seit 2006 im ganzheitlichen Athletik-Trainingsbereich zusammen.

Gemeinsam mit EXOS entwickelten wir über die kommenden Jahre ein ganzheitliches Ausbildungsprogramm für die adidas Runners Coaches, um diese Trainingsqualität als weltweiten Standard für unsere Arbeit mit den Sportler*innen zu ermöglichen. Somit war adidas die erste Sportmarke, die ein derart professionelles Trainingsangebot weltweit für alle Menschen, ungeachtet ihres Leistungsstandes, kostenlos anbot.

Zurück zur RUNBASE: Auch unsere RUNBASE Coaches hatten einen entscheidenden Anteil an dieser Entwicklung. Alle waren hochmotiviert, die Gestaltungsmöglichkeiten einer multidisziplinären Zusammenarbeit optimal zu nutzen und im Team etwas Neues entstehen zu lassen.

RUNBASE war ein Ort des Austauschs, ein lebendiger Organismus, an dem sportliche Entwicklung zusammen gelebt – und nicht nur trainiert – wurde.

Die Werte der Marke adidas wurden durch RUNBASE verstärkt und erlebbar gemacht: Die stärkste Inspiration ist die eigene Erfahrung.

RUNBASE wurde zu einem Leuchtturm innerhalb der Berliner Sportkultur und erbrachte den Beweis dafür, wie eine Marke aus einer Mission heraus glaubwürdig ihrem Versprechen gerecht wurde. adidas ermöglichte eine nachhaltige Veränderung im Leben von Berliner Athleten und lieferte mit RUNBASE ein glaubwürdiges Statement.

PERSÖNLICHE STATEMENTS ZUR RUNBASE

Nikeata Thompson (Tänzerin, Choreographin): Die RUNBASE ist für mich die perfekte Mischung aus Ruhe und Action! Man ist umgeben von motivierten Menschen, deren Energie & Expertise ansteckend ist. Für mich the place to be!

Dustin Schöne (Regisseur): Die RUNBASE war für mich die perfekte Möglichkeit, in kürzester Zeit wieder Energie zu tanken: gutes Essen und umgeben von Menschen, die eine Atmosphäre erzeugt haben, in der man hat sich direkt wohlgefühlt hat. Wenn ich zum Arbeiten in Berlin war, gehörte die RUNBASE zum Pflichtprogramm.

Lena Gercke (Model, Moderatorin): Ein toller Ort, an dem ich mich sofort wohlgefühlt habe. Vor allem wegen der Menschen, die dort regelmäßig trainieren. Und wegen des guten Essens natürlich. Eine kleine Oase mitten in Berlin – nicht nur für Sportler.

Matthias Schweighöfer (Schauspieler, Sänger): RUNBASE war für mich ein Ort, in dem ich Kraft aufgetankt habe. Die Trainingsansätze, das hausgemachte Essen der LAB Kitchen und allen voran die Energie der Menschen haben diesen Ort zu einem Highlight in meiner täglichen Routine gemacht.

Joko Winterscheidt (Moderator, Schauspieler): Die RUNBASE war ein Ort, wo sich die wildeste Mischung an Menschen getroffen hat, um über Themen wie Sport und Ernährung eins zu werden. Ob Musiker*in, Künstler*in, Entertainer*in, all die Menschen, die sonst nur auf Instagram stattfinden, trafen dort auf die Kreativen, die Wilden, die weltoffenen Lebemenschen.

Es war ein Ort mit einer besonderen Energie und alle waren gleich. Es gab weder einen Unterschied in Geschlechtern noch in Status. Dieser Ort hat nur den Mensch gesehen und hervorgeholt. Der Wert, den adidas dort kreiert hat, war irre!

Lena Klenke (Schauspielerin): Ich bin zur RUNBASE durch Zufall gelangt. Hab am Empfang angefangen zu arbeiten. Ich habe schnell so viele Emotionen mit diesem Ort verknüpft, dass ich irgendwann jeden Tag da war, ob ich gearbeitet habe oder nicht. Es ist wie ein Zuhause geworden, wo es einem immer gut geht. Ob gute Gespräche, Workout Sessions, bei denen man jeden Muskel spürt oder das täglich mit so viel Liebe zubereitete Essen. Alles war besonders und einmalig und jeder, der zum ersten Mal diesen Ort betrat, wollte wieder kommen. Inklusive mir.

Selbst als ich längst nicht mehr dort arbeitete, fing eigentlich jeder gute Tag in der RUNBASE an. Noch heute bin ich mit Menschen, die ich dort das erste Mal getroffen hab, so eng verbunden. Danke!

Larissa »Lary« Herden (Sängerin, Schauspielerin): Man war halt nicht einfach dort, sondern man war ein Teil von etwas. Es ging nicht um Free Drinks oder Sneakers und dann ab zum nächsten Event, sondern man wollte da sein, ob zum Training, essen oder einfach quatschen – man war dort echt und ehrlich, weil der Ort es war, weil der Ort es vielleicht sogar verlangt hat.

Philipp Pflieger (Marathonläufer, Olympiateilnehmer): Für mich war die RUNBASE immer ein besonderer Ort.

Nicht nur wegen des holistischen Ansatzes, der dort wirklich gelebt wurde, sondern auch, weil es ein Ort war, der (Lauf-)Welten zusammengebracht hat. Hier kamen Profis mit Einsteigern zusammen, Geschlechter haben keine Rolle gespielt, genauso wenig wie die Herkunft – es ging einfach ums gemeinsam Laufen.

Alle haben auf die eine oder andere Weise voneinander gelernt und profitiert. Das fand ich nicht nur erfrischend anders, sondern in der Form auch einmalig.

Kapitel 6
Was wir mit Meaning meinen

Die Moral von dieser (unserer) Geschichte: Im folgenden Kapitel ziehen wir ein Fazit und fassen unsere Antwort auf die Sinnfrage, die Lehren, die wir daraus für uns und die Welt und speziell das Marketing und die Rolle von Marken gezogen haben, zusammen.

Was bedeutet für Sie Erfolg?

Eventuell haben Sie dieses Buch zu lesen angefangen, weil sie an Optimierung interessiert sind, ganz gleich ob im eigenen Leben, im Marketing, in einem Unternehmen, einer Organisation oder ihrer Ich-AG als Influencer. Dies wäre nicht besonders verwunderlich, gilt (Selbst-)Optimierung heutzutage weithin als Indiz für persönlichen Erfolg und gehört zum guten Ton.

»Permanente (Selbst-)Optimierung ist die Status-Zauberchiffre«, stimmt Soziologin Dr. Paula-Irene Villa in einem Interview mit dem Zukunftsinstitut[28] überein. »Selbstdisziplin« und »Wille zur Grenzüberschreitung« hinsichtlich der eigenen Leistungen, Qualitäten, die heutzutage wichtiger zu sein scheinen als materielle Symbole. Wenn also Ihre Motivation, dieses Buch zu lesen, in einer Form von Selbstoptimierung verwurzelt ist, wäre demzufolge eine Steigerung des eigenen Erfolgs der gewünschte Effekt. Hier wird es spannend, denn während sich die Frage nach Selbstoptimierung mit Verweis auf evolutionäre Überlebensqualitäten abhandeln ließe, ist die Frage nach der Definition von Erfolg eine höchst individuelle Frage.

Dazu ein kleines Denkbeispiel

Als globale Menschengemeinschaft sind wir uns weitestgehend darin einig, dass unser Planet in einer tiefen Klimakrise steckt und dass wir Menschen dafür direkt verantwortlich sind. Wir verstehen also jede Maßnahme, die die weitere Erwärmung der Erdatmosphäre verzögert oder zurückbildet, als eine vorteilhafte Intervention. Für viele Unternehmen, die ihre Wertschöpfung nicht CO_2-neutral ausrichten konnten, nicht können oder es nicht wollen, ist eine Intervention, die eine Verpflichtung zur Reduktion des CO_2-Ausstoßes einschließt, durchaus problematisch für ihre Wettbewerbsfähigkeit.

Während eine solche Verpflichtung zu mehr Klimaneutralität für die Menschheit und den Planeten also durchaus ein Vorteil wäre, ist sie für all jene Unternehmen, die sich bisher wenig bis gar nicht in die Nachhaltigkeit ihres Schaffens investiert haben, ein großer Nachteil.

Hier ist also auf der einen Seite die Verteidigung des Interesses der öffentlichen Gesellschaft ein Erfolg – auf der anderen Seite aber für die Interessen des einzelnen Unternehmens eine Niederlage.

Diese Unternehmen müssen nun aber erkennen, dass die Trendwende in der globalen Ambition, die Erderwärmung zu verlangsamen, nicht mehr umkehrbar ist. Die Verpflichtung zu größerer Kohlendioxid-Neutralität in den Wertschöpfungsprozessen und die Einhaltung entsprechender, gesetzlich festgelegter Standards ist jedoch mit hohen Kosten und dadurch negativen Auswirkungen auf die Nettoerlöse verbunden, sollten sich unter diesen Bedingungen überhaupt noch Gewinne mit herkömmlichen Verfahrensweisen erzielen lassen. Welche Optionen bleiben diesen Unternehmen dann noch?

Option 1: »Weiter so«

Diese Option ist gemäß dem hier präsentierten Szenario nicht wirtschaftlich und demnach in der freien Marktwirtschaft nicht tragfähig. Ein Weiterso hieße, dass die Horrorszenarien einer nicht mehr abzuwendenden Klimakatastrophe in naher Zukunft eintreten würden.

Profiteur dieser Option: Hier hilft eine Prise Sarkasmus: Größter Profiteur eines solchen Szenarios wäre überraschenderweise wohl der Planet Erde. Je schneller der Mensch ausstirbt, desto früher beginnt die Post-Homo-sapiens-Regeneration des Planeten. Die Erde hat definitiv den längsten Atem, egal wie sehr wir uns bemühen, die Ressourcen dieses Planeten auszubeuten. Steigt die Temperatur der Erdatmosphäre, dann wird der Planet für uns Menschen ein immer schwieriger zu bewohnender Ort, während die Erde sich die nächsten Milliarden Jahre in ihrer Evolution ohne Menschen in aller Ruhe neu ausrichten kann. Da außer ein paar unausgereiften Konzepten zum etwaigen (Über-)Leben auf dem Mars bislang noch keine glaubwürdige, skalierbare und sichere Strategie für die Menschheit jenseits des Planeten Erde existiert, bleibt ein Erd-Exodus als Plan B nicht mehr als eine faszinierende Utopie. Somit lässt sich die Zukunft unserer Spezies bis auf Weiteres nicht aus der Symbiose mit Mutter Erde entkoppeln.

Verlierer dieser Option: Die Menschheit (im Folgenden »Human« genannt) und viele weitere Spezies.

Option 2: »Von außen nach innen«

Die Unternehmen sehen die neuen Regeln als Gefahr von »außen«, versuchen das »innen« so gut es geht zu bewahren. Anders formuliert: Man versucht, die herkömmliche Wertschöpfung so gering wie möglich zu verändern, um die operative Belastung aus den Anpassungsanforderungen, die zum Erreichen dieser neuen ökologischen Mindeststandards erforderlich werden, so gering wie möglich zu halten. Dabei kann einerseits der gesamte Spielraum rechtlicher Möglichkeiten ausgeschöpft werden, um die Legalität dieser neuen Mindeststandards anzufechten, andererseits können die Interpretationsmöglichkeiten der neuen Regulation auf eine Weise ausgedehnt werden, dass im Ergebnis keine wirkliche Veränderung vollzogen wird. Ein Ausdruck dieser Denkweise ist z.B., sich über Ausgleichzahlungen von den Verpflichtungen freizukaufen. Besonders gewissenlosen und gewieften Unternehmen gelingt es sogar, über den Handel mit sogenannten Emissionsrechten, die wiederum nichts anderes sind als Berechtigungszertifikate für den Ausstoß von Kohlendioxid, ein neues Geschäft zu machen und Milliarden an Erlösen zu generieren.

»Die europäische Großindustrie hat durch Sonderrechte im EU-Emissionshandelssystem in den vergangenen Jahren 25 Milliarden Euro Extraeinnahmen abgeschöpft. Zu diesem Ergebnis kommt eine Studie der Nichtregierungsorganisation Carbon Market Watch (CMW), die dem SPIEGEL vorliegt. Basis der Untersuchung waren Unternehmenszahlen energieintensiver Konzerne in den 20 wirtschaftsstärksten EU-Ländern. Untersucht wurde der Zeitraum zwischen 2008 und 2015.«[29]

Profiteure dieser Option: Anteilseigner globaler Großkonzerne (im Folgenden »Shareholder« genannt).

Verlierer dieser Option: Die Menschheit, die Natur und alles Leben auf dieser Welt.

Option 3: »Von innen nach außen«

Die Unternehmen sehen in der Anpassung der »äußeren« Rahmenbedingungen durch den Klimawandel einen Anlass, das »Innere« zu überprüfen, zu adaptieren und dann neu nach außen auszurichten. Mit dem Inneren sind alle Menschen, Ressourcen, Räume, Entscheidungen und Prozesse eines Unternehmens gemeint, welche notwendig sind, um die Ziele des Unternehmens zu erreichen. Solche Unternehmen überprüfen ihre Wertschöpfung noch grundlegender und entwickeln unkonventionelle Denkansätze, um sie neu auszurichten. Ein bekanntes Beispiel für eine solche Transformation von innen nach außen ist einer der größten Deals, die in der deutschen Energiebranche jemals vollzogen wurde: die Teilübernahme der RWE-Tochter Innogy durch den Konkurrenten und Weltmarktführer E.ON. Hier haben sich führende Vertreter einer ganzen Industrie strategisch komplementär zueinander umpositioniert und dabei signifikante Veränderungen ihrer gesamten Wertschöpfung in Kauf genommen. Während zum Beispiel RWE noch 2016 nachhaltig ausgerichtete Geschäftsfelder wie Infrastruktur, Distribution und erneuerbare Energien mit unglaublichem Marketingaufwand in die Tochter innogy abgespalten hatte, wurde der Geschäftsbereich der Erzeugung erneuerbarer Energien aus Innogy wieder herausgelöst und in den RWE-Konzern zurückgeholt. Infrastruktur, Kundenbasis und digitale Lösungen wurden aus Innogy mit zum neuen Eigner E.ON übertragen und dort ebenfalls in das Hauptgeschäft integriert. Somit wurden aus zwei teilnachhaltigen Gesamtspielern im Markt, die primär im

Wettbewerb stehen, zwei deutlich effizienter auf Nachhaltigkeit ausgerichtete Unternehmen, die sich perfekt ergänzen. RWE wurde über Nacht zu einem der drei größten Ökostromproduzenten und E.ON zum Unternehmen mit dem längsten Netzsystem und den meisten Kunden in Europa. Auf diese Weise decken die Unternehmen die wesentlichen Kernbereiche der Energiewende ab, ohne sich dabei zu sehr in die Quere zu kommen. Der RWE ist in diesem Zeitraum eine gewaltige Industrietransformation gelungen: vom führenden Braunkohle-Produzenten zu einem der weltweit führenden Anbieter für erneuerbare Energien.

Primäre Profiteure dieser Option: Anteilseigner betreffender Konzerne.

Sekundäre Profiteure dieser Option: Die Kunden in Zielmärkten, die glauben, sauberen Strom zu kaufen.

Verlierer dieser Option: Herstellungsregionen, in denen z. B. Edelmetalle abgebaut werden, die für die Energiespeicherung in Batterien benötigt werden oder in denen der Kohle-Abbau ungemindert fortgesetzt wird, um genug Strom für die hiesige Industrie und den gleichzeitig anstehenden Energiewandel zu generieren. In diesen Regionen werden nach wie vor Menschen umgesiedelt, ganze Flussläufe oder Landstriche umgeplant, um die Rohstoffe noch effizienter abschöpfen zu können. Die Gesundheit der Menschen vor Ort, von den Minenarbeitern ganz zu schweigen, ist dauerhaft beeinträchtigt. Das Grundwasser vergiftet. Das Ökosystem nachhaltig traumatisiert.

Teilen Sie unsere Einschätzung, dass keine dieser Optionen wirklich vollumfänglich zufriedenstellend sind?

Was heißt in diesem Kontext Erfolg? Für uns ist Erfolg nur möglich, wenn das, was wir tun, aus dem heraus entsteht, *wofür* wir stehen. Wenn wir authentisch sind. Wenn das, was wir uns für die Welt wünschen, sich mit dem, was wir uns für uns selbst wünschen, übereinstimmt.

Erfolg im Sinne des Kapitalismus und Erfolg im Sinne der Ethik schließen sich gar nicht aus

Die Art und Weise, wie Geschäfte heute laufen, ist nicht die Art und Weise, wie Geschäfte schon immer gelaufen sind. Die Philosophie und das allgemeine Verständnis, die wir vom Kapitalismus haben und für die wir eintreten, sind nicht (mehr) die eines Adam Smith. *»Keine Gesellschaft kann gedeihen und glücklich sein, in der der weitaus größte Teil ihrer Mitglieder arm und elend ist.«*[30]

Adam Smith glaubte, dass der Kunde (dessen Bedürfnisse) an erster Stelle stünde und dass der Zweck des Kapitalismus *»der Verbrauch und Nutzen (Konsum) und nicht die Produktion«* wäre.

Mitte der 1970er Jahre definierte Milton Friedman den Zweck eines Unternehmens schlichtweg so: *»Die soziale Verantwortung von Unternehmen ist es, den Gewinn zu maximieren.«*[31]

Und der Bergründer der PR, Edward Bernays, konstatierte: *»Wenn wir den Mechanismus und die Motive des Gruppendenkens verstehen, wird es möglich sein, die Massen, ohne deren Wissen, nach unserem Willen zu kontrollieren und zu steuern.«*

Insbesondere in den 80er und 90er Jahren haben wir den Aufstieg einer Entwicklung gesehen, die in einer zunehmenden Vorherrschaft der Aktionäre gipfelte (Shareholder Supremacy). Wir sahen den Anstieg massiver Kurzfristigkeit (Short Termism) wie die Einführung von Quartalszielen, welche Zeitintervalle und Entwicklungsräume im Marketing und der Geschäftsplanung spürbar verkürzten und somit signifikanten Einfluss auf die komplette (!) Unternehmensführung und -ausrichtung nahmen, inklusive Produktion und Wertschöpfungskette.

Wir sehen bis heute, wie sich die Art und Weise, in der wir Führungskräfte motivieren und honorieren, ausschließlich auf der Grundlage des Aktienkurses (Profitmaximierung) ausrichtet und *nicht* nach einer ganzheitlichen, gesunden Entwicklung des Unternehmens.

Das muss nicht immer so sein, wie der Fall Patagonia[32] zeigt, und Neuseeland misst wirtschaftlichen Erfolg am Wohlbefinden der Menschen.[33]

Verwundert es Sie wirklich, warum eine junge Generation Schwierigkeiten mit Bindung/Commitment hat und keinerlei Loyalität gegenüber Unternehmen zeigt? Woher rührt wohl der starke Mangel an Zugehörigkeitsgefühl und das große Bedürfnis und Streben nach Sinn im eigenen Handeln? Warum sind Burn-out und Angstzustände auf höchstem Stand? Warum gibt es kaum Mitarbeiter und Führungskräfte, die wirklich Verantwortung übernehmen, neue Wege *wagen*?

»Erfolg ist all das, was auf meine Werte einzahlt«

Doch was genau sind unsere Werte eigentlich? Sie dienen als Orientierung und Leitprinzip unseres Denkens, unseres Ausdrucks, unseres Handelns. Erfolg beschreibt die Möglichkeit, in Freiheit und Unabhängigkeit zu denken, sich auszudrücken und zu handeln.

Im wirtschaftlichen Sinne bedeutet Erfolg, das eigene Unternehmen so aufzustellen und führen zu können, dass es sich selbstständig (basierend auf dem Wissen um die eigene Kraft und den Ursprung/den Grund des Bestehens) und unabhängig (aus eigener Kraft handlungsfähig sein zu können) trägt. Und mit diesem Credo möchten wir überleiten zu dem 7C-Modell, das die Entwicklung von Meaningful Marketing ermöglicht.

Unser persönliches 7C-Modell

Unser Character: Als Team stehen für Integrität, Empathie, Mut, Neugier, Qualität und Hingabe. Wir investieren uns in die Wandlung vom Ich ins Wir und in die Gemeinschaft, in der wir unser Schaffen zur Wirkung bringen können. Wir glauben an die Kraft der inneren Wahrheit, die uns antreibt und aus der unsere gesamte Wertschöpfung entspringt.

Unsere Challenge: Die Welt wird zunehmend von Wachstum und Materialismus geprägt, die mit der Zunahme von populistischen und opportunistischen Denkweisen in Politik, Wirtschaft und Medien einhergehen. In der Konsequenz führt diese Entwicklung zu der wachsenden Ausbeutung von Menschen und Tieren und der bedingungslosen Erschöpfung der natürlichen Ressourcen zugunsten des Reichtums einer kleinen Gruppe Wohlhabender und gegen die Interessen der überwältigenden Mehrheit.

Unser Commitment (WHY) hat drei Dimensionen:

1. *Wir schaffen Bewusstsein*
   Wir wollen in der Gesellschaft ein Bewusstsein schaffen für den tiefgreifenden politischen, kulturellen, sozialen, ökologischen und finanziellen Einfluss, den moderne Marketingökosysteme weltweit auf unser Leben haben.

2. *Wir etablieren neue Standards*
   Wir streben danach, ethische, soziale und nachhaltige Standards für die Marketingwertschöpfung in der globalen Konsumgüterindustrie zu etablieren und die wichtigsten Akteure dieser Industrie auf die freiwillige Einhaltung dieser Standards zu verpflichten.

3. *Wir entwickeln kreative Lösungen*
   Wir bieten an, die Marketing-Entscheidungsträger der Branche zu schulen, zu beraten und in ihrem Bestreben darin zu unterstützen, inspirierende, authentische, bedeutsame und wirkungsvolle Marketingstrategien zu entwickeln und umzusetzen.

Unsere Competence (HOW): Mithilfe unseres 7C-Modells, unserer Fähigkeit Strategien zu entwickeln, Lösungen zu finden und Menschen für diese Mission zu begeistern sowie dank unseres vielschichtigen und internationalen Netzwerks an authentischen Impulsgebern versetzen wir uns und unsere Gemeinschaft in die Lage, unser Versprechen einzulösen.

Unsere Contribution (WHAT): Unser zentraler Beitrag bildet sich in der Veröffentlichung dieses Buches ab. Mit dem Erfolg dieser Veröffentlichung schaffen wir Bewusstsein für die oben genannte Herausforderung in der Öffentlichkeit, begünstigen die Schaffung fairer Standards in der Wertschöpfung und Vermarktung von Produkten und Dienstleistungen und befähigen die nächsten

Generationen an Marketingentscheidern und Spezialisten, ihr Wirken glaubwürdiger, nachhaltiger und effektiver, also erfolgreicher zu gestalten. Die Autoren verpflichten sich darüber hinaus, die Hälfte der ihnen zustehenden Tantiemen aus dem Buchverkauf in den Aufbau und die Weiterentwicklung einer Lernplattform für Marketing-Interessierte zu investieren, um diese Ideen weltweit und in jeder Industrie zur Anwendung zu bringen.

Unsere Culture (FOR/WITH WHOM): Durch die Veröffentlichung des Buches und der Beiträge auf unserem Blog »meaningisthenewmarketing.com« oder den Inhalte unserer Aus-und-Weiterbildungsplattform schaffen wir Verständnis für die Herausforderungen unserer Zeit speziell im Kontext Marketing und bieten konkrete Lösungen an. Wir erreichen damit jene, die sich genau wie wir nicht mehr mit den Vermarktungsstrategien der großen Marken und Unternehmen identifizieren können und inspirieren sie, das Thema Marketing neu zu denken. Im besten Falle erzeugen wir damit eine Identifikation mit unserer Mission und eine Resonanz im erweiterten Publikum durch die Verbreitung unserer Ideen durch die Netzwerke und Kontakte unserer Primärnutzer.

Unser Change: Wir wollen, dass sich möglichst viele Unternehmen, beginnend mit den Top 100 Global Consumer Brands, auf unser Meaningful Marketing Manifesto verpflichten und auf diese Weise die gesellschaftszersetzenden Effekte einer Marketingwertschöpfung reduzieren, die auf schnellen Umsatz aus ist und die Verantwortung für ihr zerstörerisches Handeln ignoriert.

TEIL 3

ONE DAY IT WILL ALL MAKE SENSE

Kapitel 7
Das 7C-Modell –
Einstieg & Vorbereitung

Die Anwendungsweise des 7C-Modells
(Meaningful Marketing Model)

Die Arbeit mit dem 7C-Modell ist sehr variabel – man kann in nur einer Stunde zu ersten Ergebnissen kommen, sich in modularen Workshops, z. B. im Rahmen eines halben Tages, auf bestimmte Cs konzentrieren, für tiefer gehende Entwicklungsprojekte in einem ein- bis mehrwöchigen Prozess die gesamten Cs durchlaufen oder bei der ganzheitlichen Arbeit mit dem 7C-Modell drei (mögliche) Phasen der Entwicklung kombinieren. In diesem Fall wird in jeder Phase das 7C-Modell in Gänze durchgearbeitet und angewendet, es sind also drei Wellen der Annäherung zum endgültigen, gewünschten Resultat. Die empfohlene Umsetzung ist das 7C Infinite Marketing Play-Model, wie folgt:

- *Stufe 1 – Das Fundament bilden*
  Drei Phasen des 7C-Modells werden wie unten beschrieben durchlaufen und die Gesamtergebnisse dokumentiert. Die Foundation besteht aus (Marken-) Werten, Vision, Mission, Wertschöpfungssystem, Wertbeitrag, Themen- und Publikumsdefinition sowie den Zielen/OKRs (Objectives & Key Results).

- *Stufe 2 – Die Strategie entwickeln*
  Auf Basis dieser sieben Elemente des Fundaments wird die Strategie entwickelt mit dem Fokus auf die Erreichung der Ziele und unter Einbeziehung aller zentralen Ergebnisse und Erkenntnisse.

- *Stufe 3 – Die Umsetzung organisieren*
  Auf der dritten Stufe wird das Wertschöpfungssystem aktiviert und auf die vorher definierten Ziele und Ergebnisse angewandt. Hierbei kommen die vier operativen Cs (Competence, Contribution, Culture, Change) durchgängig in einem agilen Kreislauf zur Geltung: das Infinite Marketing Play.

Das Infinite Marketing Play Model

Die konsequenteste Anwendungsform ist die kontinuierliche Arbeit mit dem 7C-Modell, die agile Herangehensweise an die Marketingarbeit auf der Basis der 7Cs – ohne wirkliches Ende. Hierbei entwickelt das Team in einem mehrmonatigen Basisprozess (der die drei unten stehenden Phasen einschließt) das Marketing- und Branding-Fundament des Anwendungsobjekts (bzw. des Unternehmens) und durchläuft in monatlichen/quartalsweisen/halbjährlichen Zyklen die 7Cs oder Teile davon nach Bedarf, um auch alle Projekte (= weitere Anwendungsobjekte) in der Entwicklung durch das 7C-Modell zu entfalten, wobei sich Teile des Modells stets aus dem Muttermodell des Unternehmens ableiten lassen. Die ersten drei Cs sind hierbei statisch, während die letzten vier Cs in einem operativen Kreislauf angeordnet sind.

Das gesamte 7C-Modell lässt sich auch modular anwenden. Manchmal braucht man nicht das ganze Modell, sondern hat nur punktuell Bedarf. Dann ist es natürlich auch möglich, nur in eines der 7Cs tiefer einzutauchen. Jedes C kann daher auch für sich stehen, und die Workshop-Anleitungen, Empfehlungen und Tipps, die Sie in diesem Praxisteil finden, lassen sich auch losgelöst anwenden.

7C als Marketing-Fundament – Umsetzung in drei Wellen

Für den Einstieg in die Arbeit mit dem 7C-Modell ist die Umsetzung entlang der gesamten 7C-Marketingwertschöpfungskette empfehlenswert. Fangen Sie ruhig mit der ersten Phase, Discovery, an, um schnell einen Eindruck zu bekommen, wie gut das Modell für Sie funktioniert. Die Kombination aus neurowissenschaftlichen, verhaltenspsychologischen und marketingtechnischen Erkenntnissen, gepaart mit den Schlüsseltheorien einflussreicher Vordenker wie der von Peter Drucker, Stephen Covey, Otto Scharmer, Simon Sinek, angereichert mit den Konzepten der Achtsamkeitslehre, buddhistischen Prinzipien und säkularer Spiritualität.

Es sollte klar sein, dass diese Arbeit der kontinuierlichen Schärfung der eigenen Perspektive im besten Fall kontinuierlich und top down geschieht, d. h. man geht von der obersten Ebene aus (Anwendungsobjekt: Unternehmen, Organisation, Marke, Produkt) und arbeitet sich dann in die Tiefe (Marketing, Kommunikation, Projekt, Konzept etc).

Phase 1 ist die Entdeckung (Discovery): Wir lernen das Modell kennen und begegnen unserem Unterfangen aus der 7C-Perspektive auf einer ersten, unkomplizierten Entdeckungsreise. Das hilft dabei, den beteiligten Stakeholdern einen ersten Vorgeschmack auf die Qualität der Ergebnisse zu ermöglichen, die Köpfe und Herzen für diese Herangehensweise zu öffnen und zu sensibilisieren. Außerdem etabliert es die grundlegenden Begriffe, Prozesse und intersektionellen Abhängigkeiten.

Dauer: 1 bis 2 Stunden Workshop

Teilnehmer: Entwicklungsteam und Entscheidungsteam, z. B. leitende Personen der jeweiligen Teams (CMO, Gründer, Projektleiter, Product Owner, PMO, Strategy Lead etc.).

Phase 2 ist die Entwicklung (Development): Nach dem ersten »High Level Approach« der Entdeckung in Phase 1 gehen wir nun C für C in die Tiefe, erforschen die Bereiche in Beteiligung aller relevanten Kräfte innerhalb und außerhalb eines bestimmtem Projekts. Hier entsteht das inhaltliche Fundament, aus dem sich später konkrete strategische und taktische Handlungsempfehlungen ableiten lassen. Die Bildung eines »Safespace« ist hier essenziell, denn nur wenn voller Offenheit, Ehrlichkeit und Klarheit gearbeitet wird, sind die Ergebnisse auch besonders und hochwertig. Dies ist der Punkt, an dem auch die bislang etablierten Denkweisen, Paradigmen, Stereotypen und Handlungsmuster herausgefordert werden, ja sogar müssen. Das funktioniert aber nur, wenn sich alle Beteiligten sicher in der entsprechenden Teamarbeit fühlen können.

Dauer: von 4 Stunden über mehrere Tage bis zu einigen Wochen oder mehr. Dieser Teil des Prozesses nimmt den Großteil der tatsächlichen Arbeitszeit ein, abhängig von der Komplexität des Themas/Projekts. In diesem Zeitraum werden mit Workshops, Interviews und Recherchen, zentral organisiert vom Kernteam, das für die Entwicklung der Ergebnisse verantwortlich zeichnet – unter Einbeziehung aller relevanten Kompetenzen und Erkenntnisträger*innen –, sowohl interne als auch externe Personen (z.B. Referenten, Experten, Bereichsleiter, R&D/Insights-Teams, Entwickler, Klienten, Partner, Kunden, Nutzer, Designer, Vertrieb etc.) einbezogen.

Phase 3 ist die Verbindung (Derivation): Nach der tiefen Auseinandersetzung des Kernteams wird nun – wieder im Kreise der zentralen Team-Mitglieder – die Breite der entwickelten Informationen auf die wesentlichen Punkte verdichtet, um sie nun in einen wirkungsvollen, effektiven und sinngebenden Rahmen zu überführen und miteinander zu verbinden. Hier wird nun entlang der 7Cs in semantischen Prozessketten die Essenz des jeweiligen Segments extrahiert und verwoben, um im Ergebnis zum Schlüsselnarrativ zu gelangen, aus dem sich die Wertschöpfung sowie weitere, kommunikationsspezifische Ableitungen vornehmen lassen: die gewünschten Ergebnisse für das Anwendungsobjekt.

Dauer: von 4 Stunden bis mehrere Tage – dieser Teil des Prozesses fügt die Ergebnisse aus den einzelnen Abschnitten und Workshops in ein sinnstiftendes Gesamtgefüge.

PHASE 4 – DIE RETROSPEKTIVE DEKODIERUNG (REVERSE ENGINEERING)

In manchen Fällen kann es hilfreich sein, das 7C-Modell rückwärts zu nutzen, zum Beispiel für eine Wettbewerbsanalyse, um einen Markt, einen Wettbewerber oder eine Gründer*in, die nur in ihrer Außendarstellung bekannt ist, zu verstehen. Dieser Approach kann hilfreich sein, bei der Suche nach Optimierungspotenzial eines im Betrieb befindlichen Anwendungsobjekts. Durch die retrospektive Dekodierung schafft man neue Blickwinkel und Erkenntnisse. Nehmen wir das Beispiel Tesla: Was hat Tesla/wurde durch Tesla verändert? Welche Ergebnisse hat Tesla in der Welt erreicht?

Change: Zuerst betrachtet man die Ergebnisse, wie z. B. KPIs, Umsatzgrößen, gesellschaftliche Veränderungen, konkrete Projektergebnisse, Forschungsergebnisse oder Umfragen, die das Verständnis über die Qualität des Erfolges des Anwendungsobjekts erleichtern.

Im Falle Tesla wäre das zum einen ein ungeheurer Aktienwert, der kontinuierlich steigt und scheinbar in keinem Verhältnis zur tatsächlichen Produktivität des Herstellers steht. Den Wert an der Börse hat das Unternehmen jedoch, weil es mehr als jede andere Automarke für zukünftigen Erfolg steht, für Innovation, Nachhaltigkeit und technischen Vorsprung. Weiß man also, welches Ergebnis der Prozess erzeugt hat, erkennt man auch, welches Publikum angesprochen war und welche Trigger funktioniert haben.

Culture: Tesla spricht demnach jene einflussreichen Early Adopter an, die sich aus der kulturellen Perspektive besonders durch den Themenblock Innovation und Nachhaltigkeit als Verbindung von anderen Gruppen abgrenzen.[34] Ihr Trigger ist also »innovative Sustainability«.

Durch diese kulturelle Einordnung lässt sich nachvollziehen, welchen Wert Sie sich durch das Angebot der Marke Tesla in ihrem Leben versprechen: Tesla hilft Ihnen, sich durch die Nutzung der Marke als proaktive Beschützer des Klimas einerseits und als äußerst innovative, auch wohlhabende Menschen andererseits zu positionieren. Ein typisches Profil der jungen, zukunftsprägenden Eliten. Der Wert, den Tesla erzeugt, ist rational: umweltschonender Transport, emotional: Kontrolle, Sicherheit, Einzigartigkeit, universell: bereit für die Zukunft, Teil der Lösung sein, nicht des Problems.

Contribution: Um die Wertschöpfung in diese Qualitäten münden zu lassen, braucht man ein starkes Versorgungsnetz für elektrische Mobilität auf den Straßen, hochleistungsfähige Batterien und Künstliche Intelligenz, die das Fahren ohne Fahrer unterstützt oder gar autonom ermöglicht. Für autonomes Fahren ist jedoch konstant ein enormer Datenaustausch mit anderen Teilnehmern und Elementen im digitalen und physischen Ökosystem notwendig, um die flächendeckende Sicherheit zu ermöglichen. Dazu braucht es jedoch eine entsprechend solide, breite und mobil nutzbare Internetverbindung, die solch gigantische Datenströme erfassen und in Echtzeit verarbeiten kann.

Competences: Warum das logisch ist? Weil Elon Musk mit seinen verschiedenen Firmen diese gesamte Wertschöpfungslieferkette abbildet. Mit Tesla gehört er seit Jahren zu den größten Treibern im Bereich Batterietechnologie und Solartechnologie, weswegen die Fahrzeuge über mehr Reichweite verfügen als seine Konkurrenten im E-Mobility-Segment. Ebenfalls im Bereich des autonomen Fahrens gehört Tesla zu den führenden Kräften, daher wundert es nicht, dass Musk in einem weiteren Unternehmen, Space X, einen Dienst in Entwicklung hat, der satellitengestützte Internetverbindung mit mehreren Hundert MB/sec ermöglichen wird. Aktuell, so Musk in einem Tweet von März 2021, sind die Spacelink-Terminals noch zu groß für die Autos, doch es braucht keine besonders ausgeprägte Phantasie, um sich vorzustellen, dass das nicht auf Dauer so bleibt. Darüber hinaus ist Spacelink für Flugzeuge, Schiffe oder Reisemobile durch-aus nutzbar, womit wir der Online-Vernetzung des allgemeinen, globalen Verkehrs ja schon mal einen entscheidenden Schritt näher kämen. Und wir haben noch nicht einmal das Brain-Machine-Interface (BMI) angesprochen, an dem seine dritte Firma Neuralink arbeitet:

Commitment (Mission): »Tesla's mission is to accelerate the world's transition to sustainable energy (...). To create an entire sustainable energy ecosystem, Tesla also manufactures a unique set of energy solutions, Powerwall, Powerpack and Solar Roof, enabling homeowners, businesses, and utilities to manage renewable energy generation, storage, and consumption. Supporting Tesla's automotive and energy products is Gigafactory 1 – a facility designed to significantly reduce battery cell costs. By bringing cell production in-house, Tesla manufactures batteries at the volumes required to meet production goals, while creating thousands of jobs. And this is just the beginning. With Tesla building its most affordable car yet, Tesla continues to make products accessible and affordable to more and more people, ultimately accelerating the advent of clean transport and clean energy production. Electric cars, batteries, and renewable energy generation and storage already exist independently, but when combined, they become even more powerful – that's the future we want.«[35]

Challenges: Bei einem Individuum, das über ein solch bahnbrechendes Track-Record verfügt, so viel Energie investiert hat, um erfolgreich zu sein, ist es besonders spannend, in dessen Biografie zu schauen.

Ebene 1: Kindheitstraumata. Nach eigener Aussage hat Elon Musk eine Jugend voller Häme und Herablassung erleiden müssen. So wurde er in der Schule gemobbt und zu Hause von seinem Vater psychisch niedergemacht.[36]

Ebene 2: Er wuchs als Teil einer Generation digitaler Pioniere auf, die Technologie als Chance für die Rettung der Welt betrachten. Daher sein von jeher ausgeprägtes Verständnis für die Erfassung von Bedürfnissen der Menschen (Human-Value-Orientierung) als Grundlage für die Entwicklungen von Lösungen, nicht um irgendwann einmal der reichste Mensch der Erde zu werden.

»Through perseverance and ingenuity Elon Musk has changed the way we approach engineering solutions to sustainable energy. For Musk, sustainability is a word that refers primarily to the future of the human species and as a result the environment must be cared for. He truly wants to better humanity as a whole, demonstrated further in his response to what motivates him:

›How can we make things better? And a lot of my motivation comes from me personally looking at things that don't work well and feeling a bit sad about how it would manifest in the future. And if that would result in an unhappy future, then it makes me unhappy. And so I want to fix it. That really is the motivation for me.‹«[37]

Character: Es gibt keine tatsächlichen Angaben dazu, welche charakterlichen Eigenschaften man der Marke Tesla zurechnet, jedoch kennt man ein paar der Grundprinzipien, mit denen CEO Elon Musk genauso erfolgreich arbeitet wie sein Kollege Reed Hastings von Netflix. Beide referenzierten das Buch von Terence Irwin,[38] Reid Hoffmann, wiederum CEO von LinkedIn und Podcaster bei »Master at Scale«, fasste die Grundidee zusammen: »First principle thinking is the idea that everything you do is underpinned by a foundational belief, or first principles. Instead of blindly following directions or sticking to a process, a first principle thinker will constantly ask, ›What's best for the company?‹ and, ›Couldn't we do it this other way instead?‹«[39]

Hinter dieser Denkweise lassen sich verschiedene Prinzipien, Erfolgsperspektiven und Glaubenssätze herauslesen: Kreativität, Innovation, Beharrlichkeit, Mut und Liebe, Integrität.

Die Firma BluePointe Capital Technology kreierte den »Entrepreneur of the year Award«, der auch Elon Musk verliehen wurde, mit dem sie brillante Menschen ehrt, die einen positiven Wandel für die Gesellschaft leisten. Die wesentlichen Kriterien sind:

- Entrepreneurial Spirit (Mut)
- Passion for Innovation (Innovation)
- Positive Energy (Liebe)
- Strategic Direction (Beharrlichkeit)
- Personal Integrity/Influence (Integrität)

Somit wäre das Phänomen Tesla durch die 7C-Retrospektive auf interessante Weise entschlüsselt, und durch die Umkehr der Prozesskette wird auch das Prinzip der Wertschöpfung klarer.

Jede Biografie hat ihren Initiationsmoment, so wie jeder Charakter seinen Schatten trägt, so wie alles, was uns im Außen missfällt, ein Teil unseres tiefsten Selbst ist. Und so ist jede Mission, die echt ist, nichts anderes als der Versuch, uns selbst zu retten, nur übersetzt in das Außen, projiziert in das System, in dem wir operieren.

Die Vorbereitung

Bevor man in die erste Phase einsteigt, lässt sich die Arbeit mit dem 7C-Modell wie folgt vorbereiten:

Step 1: Definition der Absicht

Im ersten Schritt ist es notwendig, Klarheit über die Absicht für die Arbeit mit dem 7C-Modell zu schaffen. Worum geht es Ihnen? Was wollen Sie verändern, entwickeln, erreichen? Und vor allem: Warum wollen Sie das tun? Meist geht es darum, in einer ultrakomplexen Marktrealität, die geprägt ist von Shareholder-orientierter Wertschöpfung, bestimmte Herausforderungen zu meistern. Das kann zum Beispiel fehlender Erfolg im Marketingbereich sein, oder geringe Relevanz beim Publikum. Es kann sein, dass die eigene Marke bzw. gleich die gesamte Marketingstrategie überprüft oder neu ausgerichtet werden soll. Ebenfalls häufig sind Momente der fehlenden Idee oder Klarheit, im Zuge der Anforderung eine Marketingarbeit zu entwickeln. Ein weiteres Beispiel ist, eine neue Form des Marketing austesten zu wollen – vielleicht hat man hat sich bisher zu sehr auf »Paid Media« konzentriert und möchte nun Möglichkeiten eruieren, sich (zusätzlich/stattdessen) in den Aufbau von Beziehungen zum Kernpublikum zu investieren, da diese Form des Marketing in der Trendforschung bei anderen Anbietern (oder Abteilungen) deutlich positivere Resultate erzeugen konnte. Formulieren Sie dazu einen kurzen Satz, der beschreibt, was sie konkret für ein Ergebnis wünschen und warum.

Step 2: Identifikation des Anwendungsobjekts

Zunächst identifiziert das Kernteam, worum es bei der Arbeit mit dem 7C-Modell konkret geht. Es kann sich hierbei um ein Unternehmen oder einen Unternehmensbereich handeln, um eine Marke oder eine Submarke, um ein Projekt, ein Produkt, eine Kampagne, eine Story (Film, Buch, Dokumentation), ein Start-up, eine Idee, ein Konzept oder auch eine Person, wenn es z. B. um die Entwicklung einer Strategie für eine/-n Influencer*in geht.

Step 3: Identifikation der beteiligten Personenkreise

Für die Arbeit mit dem 7C-Modell ist die richtige Auswahl der beteiligten Personenkreise qualitätsentscheidend. Wir unterscheiden drei Gruppen:

1. Die Kraft der Entwicklung (7C Development-Team)

Diese Gruppe ist das Kernteam, in dem ein Thema mithilfe des 7C-Modells bearbeitet, entwickelt und umgesetzt wird. In dieser Gruppe sollten idealerweise vier bis sieben Personen beteiligt sein – eine Gruppengröße, die sich in der allgemeinen Prozessforschung als effektivste Gruppengröße etabliert hat. Wir sind sehr von der Scrum-Lehre inspiriert, weswegen eine agile Arbeitsweise in der Entwicklung mit dem 7C-Modell empfohlen wird. Die Zusammenarbeit von einem eingeschworenen Kernteam mit verschiedenen, komplementären Kompetenzschwerpunkten und einer Gruppengröße von drei bis sieben Personen gilt weithin als ideal. Die Gruppe ist klein genug, um gegenseitiges Vertrauen zwischen allen Teammitgliedern herzustellen, und groß genug, um komplexe Arbeitsprozesse gemeinsam bewältigen zu können. Da es auch einige Schnittstellen zu anderen internen (innerhalb der eigenen Organisation) und externen Gruppen (außerhalb der eigenen Organisation) Teams und Einzelpersonen gibt, braucht es hierbei im besten Falle mehr als nur zwei oder drei Kräfte, um die Themen in einem angemessenen Zeitrahmen bearbeiten zu können. Zu dieser Gruppe gehören vorrangig jene Personen, die aktiv in der Entwicklung beteiligt sind, somit sollte eine hohe Empathie und Kreativität in dieser Gruppe vorhanden sein. Im besten Fall ist dieses Team heterogen aufgestellt. Es sollten je nach Themenfeld folgende Kompetenzen im Team abgebildet werden: Wichtig ist hierbei, dass mindestens eine, idealerweise mehr als eine Person aus diesem Kernteam jene Bedürfnisgruppe repräsentiert, auf die die Wertschöpfung ausgerichtet ist. Entwickelt man beispielsweise eine App für Bergsteiger, dann sollte mindestens eine Person, besser noch zwei oder mehr Personen aus dem Kernteam eine Leidenschaft für diesen Sport mitbringen. Auch wenn natürlich über das unten vorgestellte erweiterte Kompetenzteam die nötige Expertise in die Entwicklungsarbeit eingewoben werden kann, ist für die optimale Authentizität das Vorhandensein von Fachwissen im Kernteam entlang der gesamten Entwicklungsarbeit ein großer Vorteil. Meist wird diese Spezialistenrolle von einer der unten stehenden Funktionen mit abgedeckt. Sollte das nicht gegeben sein, macht es Sinn, ein bis zwei Expert*innen aus dem thematischen Bereich zum Kernteam hinzuzufügen. Auch hier bietet sich an, innerhalb des Kernpublikums eine möglichst große Bandbreite abzudecken. Meist finden sich solche Leute ohnehin in dem Kernteam, da durch das eigene Interesse bzw. Leidenschaft die Motivation für die Entwicklung gegeben ist. Unabhängig von diesem inhaltlichen Bezug sind folgende Funktionen als Teil des Kernteams empfehlenswert:

- *Management:* Dazu gehören Personen, die über relevante Projekt- bzw. Teamleitungsfähigkeiten verfügen.
- *Entwicklung:* Dazu gehören Personen, die das nötige Rüstzeug im Bereich Strategie-, Konzept- oder Produktentwicklung mitbringen. Das können auch Personen aus dem Produktmarketing oder Produktmanagement sein, welche die Entwicklungsprozesse von der Forschung bis zur Produktion überblicken.
- *Kreativität:* Dazu gehören Personen, die das wichtige Quentchen Kreativität mitbringen, zum Beispiel Leute aus dem Bereich Art/Creative Direction, Copywriting, Design – und manchmal sind die kreativen Köpfe auch in der Strategie oder der Konzeptentwicklung zu finden.
- *Kommunikation:* Dazu gehören Personen, die über Kommunikationsexpertise verfügen, zum Beispiel Social-Media-Management, Redaktionsmitglieder, Kräfte aus der Corporate Communications oder Marketing-Kommunikationsabteilung.

Zu guter Letzt sei erwähnt, dass die Besetzung eines Kernteams nach den hier genannten Empfehlungen nicht zwingend notwendig ist. Eine Gruppe begeisterter Menschen, ganz gleich wie jung, erfahren oder mit einem Thema vertraut, wird einen Gewinn aus dieser Arbeit ziehen können, weil sie grundsätzlich die Auseinandersetzung mit den wesentlichen Fragen des Schaffens, Handelns und Denkens stimuliert. Ein Bonus ist, für die weitere Arbeit jedoch mindestens eine Person im Team zu haben, die an Sprache interessiert ist, denn die Arbeit am 7C-Modell ist in vielerlei Hinsicht geprägt vom Umgang mit Worten, dem Zuschnitt von Sätzen, dem Artikulieren von Thesen, Ideen, Gedanken und Argumenten.

2. Die Kraft der Entscheidung (7C Accountability Team)

Diese Gruppe besteht aus jenen Leuten, die die finalen Entscheidungen treffen. Diese Personen verantworten im weitesten Sinne die zentralen Ressourcen, welche für die Arbeit im 7C-Kontext mit dem jeweiligen Anwendungsobjekt erforderlich sind: Dazu gehören finanzielle, materielle, inhaltliche und personelle Ressourcen. Darüber hinaus sind die Entscheidungstragenden auch für die Freigabe der inhaltlichen Ergebnisse und die Umsetzungsbeauftragung zuständig, damit das Resultat auch in die Wirklichkeit und Wirksamkeit gelangen kann. Je kleiner der Personenkreis in dieser Gruppe, desto effizienter lassen sich die Prozesse gestalten und entfalten – sofern alle notwendige Entscheidungskraft in dieser Gruppe abgebildet wird. Idealerweise ist in dieser Gruppe jemand aus der Organisationsführung/Geschäftsleitung. Meist gehören neben der Geschäftsleitung auch führende Kräfte aus den Bereichen Marketing, Strategie, Finanzen, HR, Operations zu dieser Gruppe.

3. Die Kraft des Wissens (7C Competence Team)

Diese Gruppe besteht aus all jenen Personen, die im weitesten Sinne als Mitwirkende ihr Wissen beitragen. Dies können alle möglichen Menschen sein, von in der Rente befindlichen Unternehmensgründer*innen über Fach-Expert*innen in einem bestimmten Gebiet bis hin zu Menschen, die das mögliche Publikum, die Nutzerschaft, das Kundensegment repräsentieren, um in qualitativer oder quantitativer Form an die Information zu gelangen, die für die Entwicklung von Qualität aus dem 7C-Modell benötigt werden. Welche

Menschen hier relevant und benötigt werden, hängt auch davon ab, wer oder was das Anwendungsobjekt ist. Meist werden diese Personenkreise in der ersten Phase, der Discovery-Phase, identifiziert und für die weitere Einbeziehung in der zweiten Phase hinzugeholt. Im Schwerpunkt werden durch die Zusammenarbeit mit diesen Kräften die Parameter bestimmt, nach denen Wertschöpfung ausgerichtet wird (Competence).

Die Entwicklung nach dem 7C-Modell

Das erste C wie Character

Der Grund für die Existenz des Anwendungsobjekts und die Absicht, mit der die Arbeit mit dem 7C-Modell angegangen wird, bilden das Fundament. Wir stellen uns der grundsätzlichen Frage, wer »*wir*« eigentlich sein möchten. Vom Wunschergebnis (s. o.) ist der Kern, aus dem alles entspringt, völlig unabhängig. *Wir* identifizieren unseren eigenen Wunschcharakter: *Wir* ermitteln, welche Werte und Prinzipien *wir* teilen, welche Glaubenssätze uns verbinden und welches Verständnis von Erfolg *wir* haben: Kurz: *Welcher Mensch wir gerne sein würden.*

Carl Gustav Jung nennt diesen Kern das »Selbst«, Otto Scharmer nennt ihn »den blinden Fleck«, aber auch die Quelle der Kraft und Stephen R. Covey bezeichnet ihn als die »Charakterethik«. Sie meinen jedoch alle den gleichen Kern *unserer* Identität, in dem *unser* Streben, *unsere* Sehnsucht, *unsere* Bedürfnisse, aber auch *unsere* Einzigartigkeit und *unser* Verständnis von dem, was richtig und was falsch ist, definiert sind. Wenn wir *unseren* Kern identifizieren konnten, betrachten wir diesen Kern nun aus der Perspektive der Herausforderung.

Das zweite C wie Challenge

Nun widmen wir uns zuerst einmal dem Delta zwischen dem Character (»Wer wir gerne sein würden«) und dem, wer wir wirklich sind. Dafür machen wir uns das Persönlichkeitsmodell von Carl Gustav Jung zunutze, der vor einem Jahrhundert die analytische Psychologie begründete. Jung unterscheidet in seinem Persönlichkeitsmodell zwischen der Persona, die vergleichbar ist mit der im ersten C definierten Wunsch-Identität und dem Ich-Bewusstsein (der bewussten Wahrnehmung des Selbst). Hinzu kommt der in Carl Gustav Jungs Arbeit besonders relevante »Schatten«-Anteil an der Persönlichkeit. Vereinfacht ausgedrückt bildet das Ich-Bewusstsein das Selbstbild einer Person, die Persona wiederum beschreibt das Wunschbild. Die verdrängten und unerwünschten Elemente der Persönlichkeit werden in das Unbewusste verschoben. In dieser Dunkelheit (»Schatten«) des Unbewussten entsteht also im Antagonismus zur Persona, dem Wunschbild der eigenen Identität, jener Persönlichkeitsanteil, der unerwünscht ist und unterdrückt wird. So können wir das oben genannte Delta zwischen diesen drei Persönlichkeitsanteilen identifizieren: Wir kehren alle Aspekte der Wunsch-Persona ins Gegenteil um. So erkennen wir, welche Themen, Aspekte, Charaktereigenschaften uns in uns selbst am meisten stören. Hier finden wir Spuren, die auf unsere Urwunde hindeuten und schaffen Klarheit darüber, was in uns negative Resonanz erzeugt (»Gegen-Gefühle« wie z. B. Wut, Verachtung, Frustration, Trauer, Depression, Scham, Schuld). Diese Erkenntnisse können wir nun nutzen, um zu verstehen, was uns in der Welt stört, welches Problem wir in unserer Weltbetrachtung identifizieren und welche Herausforderung es für unsere Erfüllung zu meistern gilt. Wir übersetzen die tiefliegenden, eigenen Charakterfacetten, die im Widerspruch zu unserem Wunschcharakter zu stehen scheinen, und erkennen, wie sich jene Dinge in dieser Projektionsfläche widerspiegeln, die wir in der Welt vorfinden. Jede große Biografie hat diesen Initiationsmoment, der genau in jener Herausforderung entstanden ist. Wir lernen also nicht nur, welches Problem wir in der Welt lösen wollen, sondern vor allem auch warum.

Das dritte C wie Commitment

Jetzt wissen wir also, wer wir sind, wer wir sein wollen, und können dabei die Herausforderungen auf unserem Weg klarer sehen. Auf Basis dieser Erkenntnis können wir nun artikulieren, was genau wir verändern möchten. Auch hier fangen wir bei uns selbst an, frei nach Gandhi oder R. Buckminster Fuller. Wir formulieren unser Versprechen an uns selbst, unsere eigene innere (Ur-)Wunde zu heilen und damit den Beitrag für die Welt auf den Weg zu bringen. Erst wenn wir in aller Selbstehrlichkeit und Klarheit verstanden haben, worum es uns für unsere eigenen Herausforderungen geht, erst wenn wir Licht in unsere eigenen Dunkelheit (unseren Schatten) bringen können, erst dann übersetzen wir unseren Auftrag an uns selbst in einen Auftrag für die Welt.

Aus dem, was wir uns eigentlich wünschen, leitet sich nun unsere Mission ab, und wir finden so auch die notwendigen Mittel zur deren Realisierung. Dieses Commitment ist ein besonders wichtiges Element in der Prozesskette. Hier öffnen wir den Wirkungskreis, der uns von der (Selbst-)Bewusstwerdung zum Handeln bringt. Wir etablieren mit unserem Commitment, dem Versprechen an uns selbst und an die Welt, unsere eigenen und ihre Wunden zu heilen, eine goldene Brücke, über die wir von jedem Punkt aus wieder zurückfinden zu unserem authentischen Weg der Realisation. Das Commitment wird in einem klaren Satz formuliert, der klar beschreibt, was von wem warum und wie erreicht werden soll.

Das vierte C wie Competences

Jetzt, wo wir Klarheit über Commitment haben, können wir beginnen, unser Handeln zu organisieren. Wir sammeln jene Fähigkeiten, Ressourcen und Partnerschaften, die zum Erreichen unseres Wunschergebnisses, das wir detailliert beschreiben, notwendig sind. Es ist ratsam, möglichst präzise die notwendigen Ressourcen in folgende drei Bereiche aufzuschlüsseln:

1. *Welche Fähigkeiten braucht es?*
   Hier sammeln wir in Brainstorms/Workshops im Kernteam, welcher erforderlichen Talente, Expertisen und Perspektiven es für die Umsetzung des Versprechens aus dem dritten C konkret bedarf.

2. *Welche Partnerschaften müssen geschlossen werden?*
   Je komplexer die Umgebung, in der wir uns mit unserem Anwendungsobjekt bewegen bzw. gegenüber der Zielsetzung, auf die wir ausgerichtet sind, desto weniger schafft man alles allein (oder als Company). Partnerschaften, Kollaborationen, Kooperationen, Joint Ventures etc. sind in vielerlei Form und Art ein von jeher effektives Instrument, um notwendige Kompetenzen mit geringem Risiko einzubinden. Die Klarheit über den eigenen Charakter und die Herausforderungen helfen dabei, die richtigen Partner zu finden und zu überzeugen.

3. *Welche Ressourcen werden benötigt?*

Jenseits von Teams, Talenten und Partnerschaften sind es oft rein sachliche Faktoren, die den großen Ideen im Weg stehen. Welche Ressourcen, Materialien, Verknüpfungen etc. werden benötigt? Wie zum Beispiel bei der Arbeit an einem Digitalprojekt können hier auch User Stories, Funktionsbeschreibungen oder Datenbanken helfen.

Das fünfte C wie Contribution

Nachdem wir die Schlüsselanforderungen für unser Commitment formuliert haben, definieren wir hier den konkreten Wertbeitrag, den wir für unser Publikum, die Menschen, die Gesellschaft und die Welt mithilfe des definierten Rahmens an Fähigkeiten, Netzwerken und Ressourcen schaffen möchten. Ein wesentlicher Faktor in der Entwicklung von nachhaltiger Marketing-Wertschöpfung ist, von der Shareholder- zur Human-Value-Perspektive zu wechseln.

»79 Prozent der Käufer in Deutschland überdenken ihr Kaufverhalten und legen mehr Wert auf soziale Verantwortung, Inklusivität und Umweltfreundlichkeit.«[40] Dies macht den Perspektivwechsel auch im wirtschaftlichen Sinne erforderlich und stellt den tatsächlichen Wertbeitrag für die Menschen in den Vordergrund. Anstatt um den Abverkauf von Produkten geht es um eine Perspektive der Wertschöpfung, die sich zurückführen lässt auf die Frage: Wo kommen wir eigentlich her? Wer sind wir (Character)? Welches Problem lösen wir (Challenge)? Welches Versprechen machen wir? Welche Ressourcen brauchen wir für diese Mission? Und wie können wir mit diesen Ressourcen einen Wertbeitrag erzeugen, der sowohl rational, emotional als auch universell ist?

Wir entwickeln in Gesprächen mit einer Vielzahl der Stakeholder aus Gruppe drei (Competence Team) ein Verständnis für die tatsächlichen Bedürfnisse dieses Publikums. Hier findet die eigentliche Ausrichtung der Wertschöpfung an »Human Value« statt. Hier werden konkrete Konzepte, Ideen, Ansätze, Modelle, Partnerschaftslisten, Frameworks entwickelt, die einen Beitrag leisten können, z.B. das Leben der Menschen zu erleichtern, Hoffnung zu spenden, ein gesundes Leben zu erlernen und ermöglichen. Neue Modelle etc. werden gesammelt und auf die wesentlichen Faktoren verdichtet. Wir unterscheiden dann wie oben beschrieben drei Kategorien bei der Zusammenstellung von Gedanken aus dem Team:

- **Rationaler Wertbeitrag:** Hier gruppieren wir konkrete Benefits oder Erleichterungen, wie z. B. kostenlose Sportmöglichkeiten im Team (AR) mit ganzheitlicher Trainingsbetreuung oder einen Vorschlag für die Art, wie wir Marketing besser machen können.
- **Emotionaler Wertbeitrag:** Hier gruppieren wir emotionale und psychosoziale Vorteile, die wir im Leben der Menschen entstehen lassen können, wie z. B. das Gefühl der Kontrolle über das eigene Leben oder das Gefühl, aus eigener Kraft etwas verändern zu können.
- **Universeller Wertbeitrag:** Das ist der Teil des Wertbeitrags, der im Sinne der Nachhaltigkeit und gesellschaftlicher Verantwortung ausgerichtet ist.

Das sechste C wie Culture

Wie im fünften C bestimmt, entsteht ein Wert für Menschen durch die Wertschöpfung, für die ihre Organisation steht. Um von den Menschen, für die jene Werte relevant sind, gefunden zu werden, kann man entweder viel Geld in Werbung investieren (Push) oder man steht für jene Charaktereigenschaften, die für sie relevant sind und findet sie auf diese Weise (Pull). Nicht jede Art von Wert, den wir schaffen, ist für alle Menschen relevant. Für Menschen, die sich dem Umweltschutz verschreiben sind Hochseekreuzfahrten auf gigantischen Luxusschiffen vermutlich nicht relevant. Für Menschen, die in der Äquatorialregion leben, sind Skischuhe vermutlich im Alltag nicht essenziell. Und für Kinder sollten Alkohol und Tabakprodukte wirklich tabu sein. Wir können also mit der Prägung unseres Kulturbegriffs sowohl inklusiv als auch ausgrenzend sein. Eine Kultur der Inklusion ermöglicht Zugang und Freiheit als Teil der gemeinsamen Sache, eine Kultur der Ausgrenzung erreicht ihr Ziel durch das Gegenteil. »Yes We Can!« Wurde nicht umsonst weltweit aufgegriffen und gefeiert und galt als inklusives Motto einer ganzen Generation des Aufbruchs und der Erneuerung. »Make America Great Again« hingegen fokussierte sich auf den Wohlstand eines einzigen Landes. Es mag eine Spur Zynismus in dem Umstand liegen, dass dieses Land ohnehin schon zu den wohlhabendsten Ländern der Welt gehört. Damit einher ging die klare Botschaft in die Welt: Ab sofort kümmern wir uns primär um uns selbst und ihr seid weniger wichtige Menschen. Wenn das mächtigste Land der Welt diese Botschaft verkündet, dann ist es keine Überraschung, dass das einen großen und leider nicht gerade positiven Einfluss auf die Stabilität der Weltgemeinschaft hat. Umso mehr entsteht ein Sogeffekt der Menschen aus ärmeren Ländern hin zu den reichen Ländern. Diese Sogwirkung wiederum erzeugt genau jenes politische Feld, das es den Anhängern der MAGA-Bewegung erlaubt, ihre Kultur der Ausgrenzung zu rationalisieren.

Für uns ist Kultur die Projektionsfläche für menschliche Identität, da sie prägende Merkmale erschafft, die uns Menschen dabei helfen einzuordnen, zu welchem Stamm (Tribe) wir gehören. Dazu mehr weiter unten im Bereich Kultur. Unter dem Kulturbegriff lassen sich also jene Eigenschaften, Themenfelder, Interessensgebiete, Entwicklungen etc. zusammenfassen, die identitätsstiftend sind. Das kann z. B. ein Musikstil oder ein bestimmter Künstler sein, das kann ein Fußballclub oder Tierliebe sein, LGBTQIA+-Aktivismus oder Motorsport, Reisedestinationen oder politische Gesinnung, Lebenshaltung oder Lebensweise. Im Marketingkontext ist die Frage, welche Kultur mitentwickelt werden soll, von enormer strategischer Wichtigkeit. Diese Perspektive prägt, welches Publikum angesprochen werden soll. Während die »Zielgruppen-Definition« oft entweder recht profan nach rein demografischen Daten erfolgt, spielen in unserem Verständnis diese semantischen Faktoren eine deutlich größere Rolle. Wir leben in einer Welt, in der es nicht mehr überrascht, wenn die 19-jährige Crossfit-Trainerin dem 44-jährigen Crossfit-Neuling nicht nur die Trainingslehre vermittelt, sondern diese als Teil derselben »Crew« auch einige identitätsstiftende Parallelen vermittelt.

Wir werben also für die organische, soziale, nachhaltige und inklusive Bestimmung des eigenen kulturellen Spielfeldes, denn allein durch diese Entscheidung wird nicht nur der Erfolg des eigenen Marketing nachhaltig ausgerichtet, sondern auch eine gesellschaftliche Haltung mitgeprägt.

Das siebte C wie Change

Nur wenn es gelingt, ein authentischer Teil dieser Kultur zu werden, ist es möglich, in diesem kulturellen Rahmen mit der eigenen Identität (Character) Resonanz zu erzeugen, in der mehr und mehr Menschen sich mit derselben Herausforderung (Challenge) gesehen und gehört fühlen und über das gemeinsame Bedürfnis verbunden sind. Sie versammeln sich hinter dem Versprechen zur Lösung dieser Herausforderung (Commitment), bringen die notwendigen Fähigkeiten und Ressourcen (Competences) zusammen, um einen Wert zu schaffen und um etwas zu verändern (Contribution). Darüber wird man wieder ein Teil dieser Kultur und ist Teil ihrer Veränderung (Change), die das Ergebnis dieser Reise abbildet, auf die wir uns begeben.

Alle sieben Cs ausgearbeitet zu haben, ist die erste Hälfte der Arbeit mit dem 7C-Modell. Besonders spannend wird es nun, wenn die wesentlichen Elemente aus den 7Cs zusammengeführt werden. Dafür gibt es ein einfaches Google Sheet Template:[41]

1. Template ausfüllen: Ähnlich wie bei einem Business Model Canvas füllt man im Prozess der Arbeit dieses Template aus, sodass nach den drei Entwicklungsphasen am Ende in jedem der 7Cs die wesentliche Punkte erschlossen wurden.
2. Prozesskette beginnen: Zu guter Letzt werden zum Beginn der finalen Prozesskette die drei bis vier wesentlichsten Charaktereigenschaften (»Schlüsselwerte«) als Startwerte in die erste Spalte (»Character«) eingetragen.
3. Semantische Verknüpfung mit Schlüsselherausforderung: Dann wird zu jedem einzelnen der Schlüsselwerte jeweils eine Key Challenge (Schlüsselherausforderung) identifiziert und mit diesen verbunden. Es können hierbei auch mehrere Werte in der selben Challenge abgebildet sein. Je mehr man pro Wert abgrenzen kann, desto gelungener ist die Auswahl der Schlüsselwerte.
4. Semantische Verknüpfung mit Commitment: Aus jedem der Schlüsselherausforderungen wird ein Aspekt des Key Commitments ausformuliert.
5. Semantische Verknüpfung mit Competences: Jeder Aspekt des Key Commitments (Versprechen an die Welt) wird mit einer passenden zentralen Anforderung aus dem Pool an Angaben aus »Competences« verknüpft.
6. Semantische Verknüpfung mit Contribution: An dieser Stelle werden die jeweiligen Wertbeitragsangaben sinngemäß in die Zeilen kopiert, die aus der Prozesskette/Herleitung am sinnvollsten sind.
7. Semantische Verknüpfung mit Culture: Diese Vorgehensweise wird nun auch im Bereich Culture fortgesetzt und schlussendlich mit »Change« abgeschlossen.

8. Schlüsselnarrativ formulieren: Vor Ihnen liegen nun in den untersten Zeilen die ersten Schlüsselnarrative Ihres Anwendungsobjekts, die Sie von links, Ihrem Charakter, hin zum Ergebnis Ihrer Existenz, dem Change, nach Gesichtspunkten der Konsistenz, Kohärenz und wertschöpferischen Realität überprüfen können.

Auf diese Weise können Sie nun Authentizität, Klarheit und Glaubwürdigkeit der eigenen Arbeit überblicken und erkennen auf Anhieb, an welcher Stelle in dieser Prozesskette Schwierigkeiten, Inkonsistenzen oder Dissonanzen vorliegen, die Sie nun gezielt adressieren können.

Im Weiteren lassen sich aus dem hier entstandenen Schlüsselnarrativ auch konkrete Storylines (ebenfalls aus der jeweiligen Schlüsselwerte-basierten Herleitung) herausarbeiten, die für die gesamte Kommunikationsplanung notwendig sind. Dafür gibt es nämlich noch weitere Cs: das 8. C wie Communication, das 9. C wie Content, da auf Basis der entwickelten Storylines in 8. die Übersetzung zu konkret erforderlichen Contents umgesetzt werden muss, um dann das goldene 10. C wie Community freizuspielen. Doch das ist der Stoff, aus dem die Fortsetzung dieses Buches besteht.

Kapitel 8
Das 7C-Modell in der Praxis

Im ersten C *entdecken wir unseren Charakter. Wir machen unseren individuellen, inneren Kern sichtbar, der schon immer in uns existiert hat, und entwickeln als Gemeinschaft (Gruppe, Team, Organisation, Unternehmen) einen gemeinsamen Zugang zu der vereinten Identität, die das innere Kraftzentrum unseres kollektiven Seins beschreibt. Dieses Zentrum ist Ausgangspunkt, Anker und Wurzel jeglicher Wertschöpfung, die in der Gemeinschaft entsteht.*

Der Same: einpflanzen eines Samens in einen fruchtbaren, aber auch sehr wilden und zerfurchten Boden. Wir pflanzen den Samen unseres authentischen Selbst in die Wirklichkeit.

Be the Change?

»We but mirror the world. All the tendencies present
in the outer world are to be found in the world of
our body. If we could change ourselves, the tendencies
in the world would also change. As a man changes his
own nature, so does the attitude of the world change
towards him. This is the divine mystery supreme.
A wonderful thing it is and the source of our happiness.
We need not wait to see what others do.«
Mahatma Gandhi 1913[42]

Während uns oft nur der stark verkürzte Spruch »Be the change you want to
see in the world« als Gandhis Zitat bekannt ist, erscheint das Originalzitat
deutlich kraftvoller. Er drückt mit seinen Worten aus, dass persönliche und
gesellschaftliche Transformation Hand in Hand gehen, nicht jedoch, dass die
persönliche Transformation ausreicht. Während sein Kampf um eine bessere
Welt die strikte Einhaltung der Philosophie der Gewaltlosigkeit beinhaltete,
gehörte dazu auch das stete Bewusstsein, dass eine Person allein nichts ändern
kann – wahre Veränderung geschieht nur durch eine große Anzahl von Menschen, die mit Disziplin und Beharrlichkeit zusammenarbeiten.

Darin liegt die Kraft des Marketing und unser Ansatzpunkt: Marketing
kann durch die Kraft der Werte genügend Menschen für eine Vision mobili-
sieren, um positive Veränderung für die Gesellschaft oder unseren Planeten
hervorzubringen. Unsere drei wichtigsten Schlüsse:

1. Sich im Selbst finden – ohne andere zu beurteilen
2. Seinen Platz in der Welt finden
3. Aus dem Zaudern ins Handeln kommen

1. Sich im Selbst finden

Wenn wir von Charakter sprechen, dann tun wir das als Individuen. Der Mensch ist ein Individuum, und eine Gemeinschaft ist nichts anderes als die Verbindung von Individuen. Wir sind als Menschen sozial veranlagt und brauchen die Gemeinschaft, um ein zufriedenes und erfülltes Leben führen zu können.

Empathie – das geheime Superskill für das Marketing der Zukunft

Empathie ist die Mutter der Relevanz, denn wenn es nicht gelingt, einen Menschen in seiner Gänze zu erkennen, zu sehen, zu fühlen, zu hören, dann wird es schwer, Wert zu schaffen für diese Menschen. Und wenn Marketing als Wertschöpfungsmodell verstanden wird mit dem Ziel, einen Beitrag zum Leben der Menschen zu leisten, dann setzt das genau diese Fähigkeit der Empathie voraus. Viele Marketingpioniere, wie beispielsweise Philip Kotler, setzen schon seit über einem Jahrzehnt bewusst Zeichen, indem sie die kontinuierliche Humanisierung des Marketings fordern. In seinem jüngsten Buch *H2H Marketing: The Genesis of Human-to-Human Marketing*[43] widmet sich Kotler ausführlich diesem Konzept.

Empathie ist eine Fähigkeit, die man lernen kann. Aus diesen Gründen laden wir Sie ein, sich einmal über Ihre eigene mentale Konstitution klar zu werden. Eventuell haben sie mal mit dem Gedanken gespielt oder bereits ausprobiert, wie es sich anfühlt, seinen Geist für Wachstum zu öffnen, therapeutisch oder mit Coaches zu arbeiten oder Persönlichkeitsentwicklungsarbeit zu leisten. Angebote dafür entstehen nicht ohne Grund mit exponentiellem Wachstum – Start-ups wie Menta Health, CoachHub, Selfapy, Lifesum, Meru Health werden weltweit gegründet, um den steigenden Bedarf an »Mental-Health«-Dienstleistungen zu bedienen. Grundsätzlich ist für uns eine reflektierte Haltung zu unserem Selbst, ein erweitertes Bewusstsein für die Grundprinzipien der Menschlichkeit, des Menschseins und auch der Polarität einer Persönlichkeit sehr hilfreich für die Arbeit mit dem Meaningful Marketing Model.

Das 7C-Modell für die Entdeckung des Selbst und zur eigenen Ausrichtung

Einen einfachen Einstieg in dieses Verständnis ermöglicht das 7C-Modell selbst. Es ist ganz einfach: Probieren sie einmal, das 7C-Modell auf sich selbst anzuwenden. Begleitend mit verschiedenen Anschauungsbeispielen, füge ich zum Anstoß die Ergebnisse meiner persönlichen Arbeit mit dem 7C-Modell am Ende dieses Kapitels an. Sie werden staunen, wohin diese kleine Reise Sie führen wird.

Nach Jung steht das Selbst im Zentrum der menschlichen Psyche, genauer gesagt, stellt es die Ganzheit der menschlichen Psyche dar und umfasst bewusste und unbewusste Persönlichkeitsteile, die wiederum eine Harmonisierung der Psyche anstreben. Bewusst ist lediglich das Ich-Bewusstsein, welches wiederum den kleinsten Teil der menschlichen Persönlichkeit ausmacht.

In seiner Komplexität deutlich überlegen ist der unbewusste Teil des Menschen, verglichen mit dem Ich-Bewusstsein. Dieser unbewusste Teil gliedert sich wiederum auf in zwei Bereiche, das persönliche Unbewusste und das kollektive Unbewusste. Das persönliche Unbewusste beinhaltet all jenes, das wir aus unserem Bewusstsein verdrängt haben: prägende Erlebnisse, Verhaltensweisen und Gefühle.[44]

Das menschliche Selbst ist also eine Kombination aus dem Ich-Bewussten, dem Unbewussten, das wiederum unterteilt ist in das persönliche Unbewusste (Schatten) und das kollektive Unbewusste, und der Persona, dem Wunschbild, das Jung auch »Theatermaske« bezeichnet. Für ein erfülltes Leben sind somit verschiedene Faktoren wichtig:

- **Faktor 1: Selbst-Bewusstsein**
  Das Feld des bewussten Ichs lässt sich durch Achtsamkeitsarbeit erweitern. Tiefenpsychologische oder analytische Hilfestellung (z. B. durch entsprechende therapeutische Arbeit) ist ein wirksames Mittel für alle Menschen, diesen Prozess zu vertiefen. Wie bei einem Hobbysportler, der nie ohne professionelle Hilfe (ganzheitliche Trainingsbegleitung) zu olympischer Leistungsfähigkeit gelangen würde, ist es uns nur selten vergönnt, die geistige Leistungsfähigkeit (auch interpretiert als »Zufriedenheit«, »Erfüllung« oder »Glücklichsein«, wenn das Gefühl der Überwindung von Mangel als Erfolg verstanden wird) ohne entsprechende professionelle Hilfe (ganzheit-

liche therapeutische Begleitung, persönliches Coaching etc.) zu erlangen. Die tiefe Auseinandersetzung mit der eigenen Psyche ist somit ein entscheidender Hebel, wenn man in einer Welt den Unterschied machen möchte zwischen authentischer, auf die Bedürfnisse des Menschen ausgerichteter Wertschöpfung und einer taktisch-strategischen Ausrichtung, welche die Bedürfnisse des Menschen als Inspirationsquelle für manipulative Methodik betrachtet.

- **Faktor 2: Kollektives Bewusstsein**
  Das kollektive Bewusstsein beschreibt die Fähigkeit, aus dem Verständnis des eigenen Selbst in einen reflektierten und authentischen Kontakt mit anderen Menschen zu treten und diesem Kontakterlebnis, dem »Wir«, mit der Intuition der Schaffung einer gemeinsamen Zukunft zu begegnen. Hier schaffen wir die Grundlage für den entscheidenden Unterschied. Raus aus dem toxischen »Wir gegen sie«, wie es in allen Weltreligionen und in der Lehre von Bernays propagiert wird, die sich Leute wie Goebbels, Trump oder Putin zunutze machen, um die eigene Rolle in ihrem System aus Gut und Böse als überlebensgarantierende Sicherheitsinstanzen künstlich zu erhöhen. Rein in die kulturelle Intelligenz, die das tatsächliche Überleben überhaupt erst möglich machen wird, wenn wir gemeinsam und in globaler Kooperation gegen jene Strömungen wirken, die uns tatsächlich bedrohen: Rassismus und Diskriminierung, Klimawandel, soziale Ungerechtigkeiten etc.

2. Seinen Platz in der Welt finden

In einem Forschungsprojekt am Leipziger Max-Planck-Institut (MPI) für Evolutionäre Anthropologie von den Entwicklungspsychologen Josep Call und Esther Herrmann wurden 2007 die Fähigkeiten von Kleinkindern mit denen junger Schimpansen verglichen. Das Ergebnis: In Sachen Motorik waren die Affen den Menschenkindern überlegen, doch legte man den Schwerpunkt auf soziale Wahrnehmung, waren Menschenkinder den Affenkindern deutlich überlegen.

Die Forscher konnten herausfinden, dass das menschliche Bewusstsein durch spezielle und hoch entwickelte Formen sozialer Fähigkeiten entsteht, nämlich beim Austausch und in Interaktion mit anderen: der »kulturellen

Intelligenz«. Diese Art von kooperativem Denken habe die Gattung Homo sapiens zum Erfolgsmodell der Evolution gemacht, behaupten die Forscher.[45]

Demzufolge leuchtet es durchaus ein, dass wir in der Lage sind, in der Gemeinschaft scheinbar Unmögliches zu erreichen. Nicht nur ist diese überkomplexe Welt ein Produkt dieser evolutionären Fähigkeiten unserer Spezies, sondern diese Komplexität lässt sich auch immer weniger isoliert bewältigen. Das sehen wir nicht nur in der Wirtschaft und Politik, die mehr und mehr durch eine effektive Integration in Ökosysteme Erfolgschancen steigern, sondern auch in der Natur, der wir den Begriff der Ökosysteme entliehen haben. So wie die Stabilität jedes Ökosystems, ist auch die Stabilität jeder Gemeinschaft, ganz gleich welcher Art, durch die Stärken und Schwächen ihrer einzelnen Mitglieder geprägt. Eine gesunde Gemeinschaft besteht nicht zwingend ausschließlich aus »gesunden« Individuen, zumindest nicht in einem idealisierten Verständnis von Gesundheit. Jedes Individuum hat eigene Prägungen, eigene Abgründe, sogenannte »wunde Punkte« oder Kindheitstraumata. Alle Erlebnisse in unserem Leben prägen unser Selbst nachhaltig, und zwar gleichermaßen kollektive als auch individuelle Erfahrungen.

Wenn also die Gemeinschaft wie ein Gehirn funktioniert, sind demzufolge die Beziehungen in der Gemeinschaft die neuronalen Verknüpfungen, welche die Leistungsfähigkeit und Gesundheit dieses »Gehirns« überhaupt erst ermöglichen. Somit ist die Qualität dieser neuronalen Verbindungen ausschlaggebend für die Qualität (Gesundheit, Leistungsfähigkeit, Zufriedenheit) der Gemeinschaft. Das bedeutet, dass die Qualität unserer Fähigkeiten für den Aufbau zwischenmenschlicher Beziehungen einen zentralen Faktor für unsere Erfolgsaussichten in der Gesellschaft darstellt.

Die Fähigkeit, mit anderen Individuen diese Verbindung und Interaktion zu etablieren und auszugestalten, ist daher essenziell für unseren persönlichen Erfolg. Das Gefühl der Verbundenheit und Zugehörigkeit zu erzielen: Genau darum geht es auch nach Abraham Maslow und seiner Bedürfnispyramide.[46] Werden die Grundbedürfnisse (physiologisch) erfüllt, und ist das Überleben gesichert (Sicherheit), folgen die sozialen Bedürfnisse. Auf dem Weg zur Selbstentfaltung und Selbstverwirklichung (höchste Stufe des Seins nach Maslow) bilden diese sozialen Bedürfnisse das Scharnier, das den Wendepunkt von Defizitbedürfnissen zu Wachstumsbedürfnissen abbildet. Um also diese sozialen Bedürfnisse optimal erfüllen zu können, wird das Bewusstsein über das Selbst vorausgesetzt. Mit einem ausgeprägten Bewusstsein für das Selbst ist es leichter, die kulturelle Intelligenz zu entdecken und den eigenen Platz in der Welt zu finden. Das ist der Prozess, den wir meinen, wenn wir vom »Ins-Handeln-kommen« schreiben.

3. Aus dem Ich ins Wir, aus dem Zaudern ins Handeln

Wir begeben uns mit allem, was wir im Anwendungsobjekt haben, auf die Ebene der Menschlichkeit – eine Art »radikale Humanisierung«. Nur wenn wir das tun, überwinden wir die Entkopplung von Mensch und Konsum, bzw. Wirtschaft. Auf diese Weise wird der Wert, den wir im Leben der Menschen erzeugen (»Meaning«) zum eigentlichen, wesentlichen Marketing-instrument.

Stephen Covey stützt sich in seinem Hauptwerk *Die Sieben Wege zur Effektivität*[47] ebenfalls auf ein moralisch-ethisches Fundament als einen Auf-trag an die Menschen, Wert im Leben der Menschen zu schaffen, auf Grund-lage entsprechenden Verhaltens, eine Grundhaltung, die sich in allen sieben Wegen wiederfindet. Was wir hier als »Character« bezeichnen, nennt Covey die Charakterethik, was bedeutet, die eigenen Werte mit »universellen und zeitlosen« Prinzipien wie Fairness, Integrität, Ehrlichkeit und Wahrhaftigkeit in Einklang zu bringen und Menschen mit Respekt zu behandeln. Hier ent-faltet sich unser ethisch-genetischer Ursprung. Hier geben wir dem inneren Zentrum die Kraft, machen es zu einer Quelle, aus der alles entspringt, was uns Bedeutung (Meaning) gibt, und die niemals versiegt, solange wir in allem was wir tun, mit ihr in Verbindung bleiben.

Begriffsdefinition »Charakter«

Das Wort hat seinen Ursprung im altgriechischen Begriff χαρακτήρ *charaktér*. Die ursprüngliche Bedeutung entspricht unserem heutigen Begriff von »Prä-gung«, wir würden heute vielleicht »Wesenszug« oder »Eigenheit« dazu sagen. Einer der berühmtesten Philosophen dieser Zeit ist Aristoteles, der bereits im 4. Jh v. Chr. zur Einsicht gelangte, dass ein Mensch Tugenden besitzen müsse, um ein Leben lebenswert zu gestalten. Er unterschied in seinen Werken zwischen den Tugenden des Verstands und denen des Charakters bzw. der

Ethik. Während Erstere durch Bildung zu entwickeln seien, erreiche man die Kultivierung eines Charakters wiederum nur durch beharrliche Praxis und Wiederholung.

Ausgehend von diesem Verständnis bildet der Charakterbegriff für uns das ethisch-moralische Fundament unserer Existenz. Wir sehen das Zentrum und die Quelle unserer Kraft in unserem Charakter, den Ursprung unseres Flusses, in dem wir durch das Leben fließen, wenn es uns gelingt, die Kraft, die in uns manifestiert, zu entdecken und zu entfalten; wenn es uns gelingt, ein Leben zu gestalten, das unserem Charakter den Raum gibt, in Gänze und Größe zu gedeihen.

Um das erste C für unsere Arbeit im 7C-Modell in Gruppen oder Unternehmen leichter zugänglich zu machen, unterteilen wir es in drei Bereiche:

Was sind Werte?

Die Werte, die wir vertreten, bilden die Grundlage für unser Verhalten. In einer sich ständig verändernden Welt sind die Grundwerte konstant. Werte sind abstrakte Vorstellungen davon, was wir sowohl im Bewussten als auch im Unbewussten als Teil einer Gemeinschaft für wünschenswert, kostbar oder erstrebenswert halten. Sie helfen uns dabei, Entscheidungen zu treffen, und fungieren so als fundamentaler Orientierungsmaßstab, nach dem wir unser gesamtes Verhalten ausrichten.

Somit erfüllen Werte auch eine soziokulturelle Funktion zur Organisation einer Gesellschaft, sie helfen dabei, innerhalb eines Kulturkreises zu bestimmen, welche Haltung als wünschenswert betrachtet wird und welche abgelehnt wird: Sie stiften Identität und Bedeutung. Werte werden oft als emotional besetzte Vorstellungen darüber wahrgenommen, was eigentlich »wahrhaftig des Wünschens wert ist.«[48] Aus der Prämisse, dass Wahrhaftigkeit nur in Einklang mit den eigenen Werten möglich sein kann, erklärt sich auch, warum einer der zentralen Faktoren unseres Marketingverständnisses die Authentizität, Glaubwürdigkeit oder auch Wahrhaftigkeit ist, und somit auch, warum unser Modell mit der tiefen Auseinandersetzung mit den echten Werten eines Kollektivs beginnt, aus denen heraus Wertschöpfung überhaupt erst entstehen kann – Werten wie Aufmerksamkeit, Bescheidenheit, Dankbarkeit, Empathie, Freundlichkeit, Glaubwürdigkeit, Hilfsbereitschaft, Integrität, Kreativität,

Mut, Nachhaltigkeit, Offenheit, Pflichtgefühl, Rücksichtnahme, Solidarität, Treue, Unbestechlichkeit, Vertrauen, Weitsicht, Zuverlässigkeit.

Was sind Glaubenssätze?

Im Gegensatz zu Werten sind Glaubenssätze Überzeugungen, die ausgehend von den persönlichen Werten zum Ausdruck bringen, woran wir wirklich glauben und mit welcher Einstellung wir dem Leben begegnen. In der neurolinguistischen Programmierung (NLP) werden Glaubenssätze als Ausdruck innerer Modelle beschrieben, die die Menschen fortlaufend kreieren, um sich in der Welt ausrichten zu können. Glaubenssätze sind Verallgemeinerungen, die wir durch Prägung und Erfahrung in unserem Leben etablieren und die uns helfen, das Erlebte einzuordnen. Wenn Glaubenssätze jedoch zu Stereotypen oder Dogmen werden, ist es ratsam, diese zu überprüfen und zu hinterfragen, denn sie können zu einer diskriminierenden Weltsicht führen.

Oft passiert es auch, dass wir unbewusste Glaubenssätze über uns selbst etablieren, die uns in unseren Fähigkeiten bzw. in unseren Potenzialen signifikant einschränken – zum Beispiel »Unzuverlässigkeit liegt bei uns in der Familie« oder »Ich war noch nie die Schlauste« bis hin zu »Aus mir wird sowieso nie etwas werden«. Oft hindern uns in unserer Entfaltung auch die in allgemeinen Glaubenssätzen formulierten Limitierungen, wie zum Beispiel: »Das ist absolut unmöglich« oder »Das werde ich nie lernen.« Glaubenssätze steuern den Fokus unserer Aufmerksamkeit und bestimmen damit auch, welche Informationen wir aufnehmen und wie wir sie interpretieren.

In unserem Verständnis bilden Glaubenssätze den zentralen Rahmen, in dem Entwicklung abgebildet wird. Manchmal glauben wir, dass wir etwas nicht können und finden dann unbewusst Wege und Mittel, um diesen Glaubenssatz zu bestätigen: Wir gestalten uns unbewusst eine Realität, in der wir in unserer Annahme, etwas nicht zu können, bestätigt werden, weil uns das ermöglicht, in der Komfortzone zu verweilen, den Weg des geringsten Widerstands zu gehen. Glaubenssätze entstehen in der Prägung durch das kulturelle Feld, in dem wir aufwachsen (»Italiener lieben Pasta«), durch unsere Gesellschaft (»Nur wer Leistung bringt, verdient Respekt«) und durch persönliche Erfahrungen (»Kinder mögen mich nicht«). Wir alle haben solche Überzeugungen, Einstellungen, Erwartungen, Glaubenssätze irgendwann einmal entworfen, aus persönlichen Erfahrungen abgeleitet, von anderen Personen übernommen, aus Kindheitstraumata ersonnen und aus Wiederholungen verallgemeinert.

Zusammengefasst haben wir alle eine Reihe von Glaubenssätzen, die eng mit unseren persönlichen Werten verknüpft sind und die unsere Motivation, Entscheidungsfindung und Leistungsfähigkeit erheblich beeinflussen können. Sie beeinflussen unser Lebensgefühl, unsere Fähigkeit, mit Herausforderungen umzugehen und helfen uns bei der Ermittlung und Ausgestaltung unserer Pläne, Ziele und Bedürfnisse.

> »Alle persönlichen Durchbrüche beginnen mit
> einer Änderung unserer Glaubensmuster.«
> *Anthony Robbins*[49]

Was bedeutet Erfolg?

Was für uns Erfolg bedeutet, hat einen signifikanten Einfluss darauf, wie wir denken und handeln. »Erfolg ist entgegen der weitläufigen Annahme nicht mehr das Motto ›Mein Haus, mein Auto, mein Boot‹. Für viele sind persönliche Freiräume sowie genügend Zeit für Familie und Freunde sehr wichtig«, sagt LinkedIn-Expertin Barbara Wittmann.[50]

Die Frage, was für uns Erfolg bedeutet, ermöglicht uns also tiefer gehende Einblicke in die Beschaffenheit unseres Charakters. Nach Erkenntnissen der amerikanischen Forscher der Positiven Psychologie, Edward Diener und Martin Seligman, sind Menschen am zufriedensten, wenn sie die Bereiche »engaged Life« (Verwirklichung des eigenen Potenzials), »meaningful Life« (Sinnsuche, Teil eines Ganzen sein) und »pleasant Life« (Vergnügen) sinnvoll kultivieren. Für jedes Team, für jede Gruppe, für jedes Anwendungsobjekt ist es daher umso wichtiger, das gemeinsame Verständnis von Erfolg zu besprechen, idealerweise, bevor konkrete Ziele überhaupt diskutiert werden. Ein gemeinsames Erfolgsverständnis ist einer der zentralen Faktoren, welche gemeinsamen Erfolg überhaupt erst möglich machen.

Albert Schweitzer bekannte: »Ethik ist nichts anderes als Ehrfurcht vor dem Leben. Ehrfurcht vor dem Leben gibt mir mein Grundprinzip der Moral, nämlich dass das Gute darin besteht, das Leben zu erhalten, zu unterstützen und zu verbessern«.[51]

Workshop 1. C: Die Entdeckung unseres inneren Kerns, unserer Quelle der Kraft

▶ **Ziel:** den gemeinsamen inneren Kern, das kollektive Zentrum der Kraft identifizieren.

▶ **Teilnehmende:** Development-Team (optional wird die Teilnahme durch das Accountability Team empfohlen).

▶ **Benötigte Ressourcen:** biografische Information zum Gründungsteam (wenn dieses nicht im Kernteam repräsentiert ist) inklusive Information zum Initiationsmoment, dem Grund für die Gründung oder allgemeine Information zum Ursprung des Anwendungsobjekts. Liste mit Werten (Core-Values) als Hilfestellung (siehe unten, Hilfestellung – Werte-Tools).

▶ **Format:** hybrid, rein virtuell oder alle in einem Raum.

▶ **Rollen:** Moderation hosted, Assistant dokumentiert (Notizen), alle anderen nehmen aktiv teil.

▶ **Intro/Disclaimer:** Es werden sehr tiefe, persönliche Dinge geteilt, daher muss ein Safespace geschaffen werden, der allen Teilnehmenden die Sicherheit und das Vertrauen gibt, sich als ganzheitliche Person öffnen zu können.

▶ **Dauer/Zeitraum:** Workshop 1–3 Stunden plus 1–2 Stunden Nacharbeit.

▶ **Zusammenfassung:** Fragen werden von der Moderation gestellt und erklärt. Die Teilnehmer*innen haben drei bis fünf Minuten Zeit pro Frage für Gedanken und Notizen, dann stellt jede teinehmende Person in ca. 60 Sekunden die Ergebnisse vor. Alle Antworten werden dokumentiert, verdichtet und auf die wesentlichen Begriffe konsolidiert.

Vorgehensweise

Intro: kurze Vorstellungsrunde, um jedes Mitglied der Gruppe aktiv in die Konversation zu bringen: Jede/-r Teilnehmer*in beschreibt in maximal einer Minute: *Wer bin ich und warum bin ich hier?*

Wenn jede teilnehmende Person sich vorgestellt hat, geht es los.

Abschnitt 1: Was sind unsere zentralen Werte als Team (Core-Values)? Zum Beispiel: Aufrichtigkeit, Mitgefühl, Leichtigkeit, Loyalität oder Willenskraft.

Wir empfehlen, nicht mehr als drei bis sechs Werte zu nutzen, da sich sonst eine gewisse Beliebigkeit einspielt und die Klarheit in der weiteren Arbeit entlang der 7Cs verwässert wird, abgesehen von der deutlich größeren Komplexität, die mit jedem weiteren Wert im weiteren Verlauf der Arbeit entsteht. Ideal sind drei bis vier Werte.

Abschnitt 2: Was sind unsere Prinzipien bzw. Glaubenssätze (Principles & Beliefs)? Zum Beispiel: Wir glauben an Ehrlichkeit (in allen Situationen), an Inklusion (Vielfalt im Team und im Denken) und an die Liebe (als universelle Kraft, die uns alle miteinander verbindet). Auch hier wird empfohlen, maximal drei Prinzipien/Glaubenssätze zu formulieren.

Abschnitt 3: Was ist unser gemeinsames Verständnis von Erfolg? Zum Beispiel: finanzielle, biologische und inhaltliche Unabhängigkeit, Wirksamkeit (durch unser Handeln können wir etwas bei den Menschen, die uns wichtig sind bzw. in der Welt etwas verändern) oder Ausgeglichenheit (innere Balance, Gelassenheit, Ruhe etc.).

Moderation formuliert erste Frage. Diese wird auf dem Bildschirm/der Leinwand gezeigt: *Was möchtest du, was andere, die dich kennen, über dich sagen, wenn du nicht dabei bist?*

Alternative Fragestellungen:

- Einfach (z. B. für Jugendliche): *Was möchtest du, wie deine Freunde deine Persönlichkeit beschreiben?*
- Episch (z. B. für Führungskräfte): *Was sollen Freunde, Verwandte und Kollegen bei deiner eigenen Beerdigung über dich sagen?*

Jede/-r Teilnehmer*in hat maximal fünf Minuten Zeit, Stichpunkte zu notieren. Danach führt jede teilnehmende Person nacheinander in ca. je einer Minute aus, welche Schlagworte, Themen, Sätze, Gedanken notiert wurden.

Moderation leitet die Runde, moderiert die Fragen an und erklärt den Sinn. Moderation stoppt auch die Zeit und hält den notwendigen emphatischen Raum als Safespace (und ist natürlich großzügig, was die Zeit angeht, da es hier nicht um ein Quizduell geht, sondern um tiefe psychologische und persönliche Themen).

Assistant dokumentiert die Aussagen, idealerweise in leserlicher Form auf einem Whiteboard oder online auf virtuellen Whiteboards wie z. B. Miro, Google Sheets oder Microsoft Teams.

Moderation formuliert zweite Frage. Diese wird auf dem Bildschirm/der Leinwand gezeigt: *Was sind deine Glaubenssätze?*

Alternative Fragestellungen:

- Einfach (z. B. für Jugendliche): *Woran glaubst du?*
- Episch (z. B. für Führungskräfte): *Nach welchen Leitideen richtest du dein Leben aus?*

Danach: Wieder Notizen und öffentliche Dokumentation der Ergebnisse in der Gruppe.

Moderation formuliert dritte Frage: Diese wird auf dem Bildschirm/der Leinwand gezeigt: *Was bedeutet für dich Erfolg?*

Alternative Fragestellungen:
- Einfach (z. B. für Jugendliche): *Was macht dich stolz?*
- Episch (z. B. für Führungskräfte): *Welche Faktoren sind für deinen persönlichen Erfolg entscheidend?*

Danach: Wieder Notizen und öffentliche Dokumentation der Ergebnisse in der Gruppe.

Auf dem (virtuellen) Whiteboard wird dann gemeinsam mit allen Teinehmenden nach Mustern in allen Begriffen gesucht, die in dem Workshop genannt wurden. Wir fassen zusammen, was zusammengehört. Versuchen Sie Sätze wie »Ich möchte, dass man über mich sagt, dass ich gut zuhören kann« in Werte zu übersetzen, in diesem Fall z. B. Empathie oder Einfühlungsvermögen. Auf diese Weise werden alle Beiträge übersetzt in Begriffe oder einfache Phrasen (Glaubenssätze, Erfolgsverständnis). Zuerst werden die Begriffe in die drei Kategorien »Werte«, »Glaubenssätze« und »Erfolgsverständnis« eingruppiert, und dann werden innerhalb der gruppierten Begriffe die repräsentativsten Begriffe als Schlüsselbegriffe konsolidiert/extrahiert. Diese Arbeit unter Einbeziehung des gesamten Kernteams wird so lange weitergeführt, bis in allen drei Kategorien vier bis sechs Begriffe/kurze Phrasen stehen, die von allen Teinehmenden angenommen werden und somit die charakterliche Essenz der Gruppe beschreiben.

Ergebnis: Am Ende des Workshops finden sich zu den drei Kategorien »Werte«, »Glaubenssätze« und »Erfolgsvorstellung« jeweils vier bis sechs Begriffe als kumulierte Schnittmengen der gesamten Gruppe. Besonders wichtig ist die gemeinsame Verdichtungsübung, bei der es darauf ankommt, zusammen aus den insgesamt genannten Begriffen Muster zu identifizieren und mithilfe dieser die im Ergebnis zentralen Begriffe zu finden. Wenn alle Teinehmer*innen sich mit den gezeigten Ergebnissen weitestgehend identifizieren können und sich in den Begriffen wiederfinden, ist die Übung abgeschlossen.

Einsatzmöglichkeiten der Ergebnisse

- Die konsolidierten Informationen zum kollektiven Charakter bilden die Basis für die Arbeit mit dem nächsten, zweiten C wie Challenge.
- Die Schlüsselwerte (nach weiterer Bearbeitung im zweiten C), Glaubenssätze und Erfolgsdefinitionen können für das 7C-Markensteuerungsmodell verwendet werden (aber auch für andere Markensteuerungsmodelle).
- Die Ergebnisse der Character-Definition bilden das Fundament der Unternehmenskultur und können als Leitwerte bzw. Manifest ausformuliert werden.
- Die Ergebnisse aus der Character-Definition können für das Employer-Branding eingesetzt werden.
- Die Ergebnisse können für die öffentliche Darstellung der Unternehmens- oder Teamwerte bzw. der Werte des Anwendungsobjekts auf der eigenen Website oder Social-Media-Auftritten (wie Xing, Facebook, oder LinkedIn) verwendet werden.

Hilfestellung

Um in Vorbereitung für den Workshop an seine persönlichen Werte zu gelangen, gibt es eine Reihe von hilfreichen Ressourcen online. Hier einmal eine kleine Auswahl an kostenlosen Angeboten, die wir im Netz für Sie finden konnten:

- Es gibt einfache, spielerische Lösungen, um das eigene Werteverständnis zugänglich zu machen, wie z. B. Werte-Quiz-Formate (Selbsttests): https://einguterplan.de/werte-test (einfach), https://findyourvalues.de (aufwendig), https://www.mindcoolness.com/blog/find-out-your-core-values/, https://personalvalu.es/
- Es gibt eine Reihe von Websites, die eine Übersicht zu möglichen Werten liefern, damit es für teilnehmende Personen leichter wird, sich zu finden und zu beschreiben: http://plus.zeitzuleben.de/wp-content/uploads/2014/02/Werte-Liste.pdf, https://www.wertesysteme.de/alle-werte-definitionen/

Beispiele für Character

1. CASE/Yousef Hammoudah

- *Meine Werte:* Ehrlichkeit, Leidenschaft, Zuversicht, Mitgefühl, Neugier, Anspruch.
- *Meine Glaubenssätze:* Ich glaube an die Liebe, die uns alle miteinander verbindet. Ich finde in ihr die Kraft, die viele Menschen in ihrer Religion suchen. Ich glaube an Gerechtigkeit und an das Gute im Menschen. Ich glaube an die Vernunft, und ich glaube an die Wissenschaft.
- *Erfolg bedeutet für mich:* geliebt zu werden, frei und unabhängig zu sein sowie einen Beitrag zur Liebe, Freiheit, Unabhängigkeit, Gesundheit und Erfüllung anderer Menschen zu leisten.

2. CASE/Ben & Jerrys

Der US-amerikanische Hersteller von Eiscreme Ben & Jerrys galt schon immer als Vorbild in Sachen Charakter. Nicht nur die stringente und äußerst kreative Führung des Unternehmens, sondern auch die schon seit jeher im Unternehmen manifestierte Werte-Orientierung machen Ben & Jerrys zu einem Best Practice in unserem 1. C.

»Per Definition entsteht bei der Herstellung von Produkten Abfall. Wir bemühen uns, unsere negativen Auswirkungen auf die Umwelt so gering wie möglich zu halten. Wir bemühen uns, den Menschen innerhalb und außerhalb unseres Unternehmens und den Gemeinschaften, in denen sie leben, großen Respekt zu erweisen. Wir suchen und unterstützen gewaltfreie Wege, um Frieden und Gerechtigkeit zu erreichen. Wir glauben, dass staatliche Ressourcen produktiver eingesetzt werden, um die menschlichen Bedürfnisse zu befriedigen, als um Waffensysteme aufzubauen und zu warten. Der Kapitalismus und der Reichtum, den er hervorbringt, schaffen nicht für alle gleichermaßen Chancen. Wir erkennen an, dass die Kluft zwischen Arm und Reich größer ist als jemals zuvor seit den 1920er Jahren. Wir bemühen uns, wirtschaftliche Möglichkeiten für diejenigen zu schaffen, denen dies verweigert wurde, und neue Modelle wirtschaftlicher Gerechtigkeit voranzutreiben, die nachhaltig und reproduzierbar sind. Der Anbau von Lebensmitteln hängt in hohem Maße von der Verwendung giftiger Chemikalien und anderer Methoden ab, die nicht nachhaltig sind. Wir unterstützen nachhaltige und sichere Methoden der Lebensmittelproduktion, die die Umweltzerstörung verringern, die Produktivität des Landes im Laufe der Zeit erhalten und die Wirtschaftlichkeit von Familienbetrieben und ländlichen Gemeinden unterstützen.« (Website von Ben & Jerrys, übers. v. Yousef Hammoudah)[52]

3. CASE/Jägermeister

Als Hersteller von hochprozentigem Alkohol ist das Thema Marketing alles andere als einfach. Ein starkes Wertefundament ist daher äußerst wichtig, da es die Verantwortung beschreibt, mit der das Unternehmen für ein (für Kinder, Jugendliche und Suchtkranke) sehr »gefährliches« Produkt wirbt. Umso wichtiger ist dabei die disziplinierte und konsequente Ausrichtung an diesem Fundament, und zwar nach innen und nach außen. Daher hat Jägermeister gleich verschiedene Wertemaßstäbe für verschiedene Situationen entwickelt und damit ein hervorragendes Beispiel geliefert, wie auch solche »schwierigen« Themen durchaus wertschaffend vermarktet werden können, während die Belastung für die Gesellschaft auf ein Minimum reduziert wird.

»Unsere Mission ist es, Euch die besten Nächte Eures Lebens zu bieten. Dazu gehört mehr als der perfekte Drink. Um unsere Mission zu leben, haben wir unser Selbstverständnis wie folgt verankert: Wir leben unsere Marke Tag für Tag. Sie ist ein wesentlicher Teil unserer Unternehmenskultur. Wir sind wagemutig, social, meisterhaft und authentisch. In allem was wir tun. Wir beschreiten unkonventionelle Wege, stehen füreinander ein und sind tief verwurzelt in der Tradition eines Familienunternehmens. Und wir zeigen Kante. Denn wir bei Jägermeister schreiben unsere eigenen Regeln.

Unsere Unternehmenswerte bilden die Grundlage unseres Handelns und prägen unsere Zusammenarbeit. Wir begeistern unsere Kunden, treiben Innovationen, sichern herausragende Qualität, wahren Respekt für Mensch und Umwelt und fördern als internationaler Markenartikler Weltoffenheit in unserem Unternehmen.« (Website von Jägermeister)[53]

Zu diesem universellen Wertefundament kommt bei Jägermeister noch ein eigenes Kapitel, gar ein eigens entwickelter Marketingcode zum Thema Verantwortung. Hier die zentralen Botschaften aus diesem Dokument: »Als Familienunternehmen wissen wir um unsere Verantwortung gegenüber der Gesellschaft und den Menschen, die unsere Produkte genießen. Daher verpflichten wir uns aus tiefer Überzeugung zur verantwortungsvollen Vermarktung. Ganz gleich, ob im Vertrieb, im Marketing, in der Promotion oder der Kommunikation – wir achten besonders sorgfältig darauf, dass all unsere Maßnahmen ausschließlich den bewussten und maßvollen Genuss durch Erwachsene über dem jeweiligen gesetzlichen Mindestalter unterstützen.

Auch mit diesem Verantwortungsbewusstsein bewegt sich Jägermeister am Puls der Zeit, denn es reicht längst nicht mehr aus, ein außergewöhnliches Produkt zu bieten und es mit begeisternden Kampagnen zu vermarkten. Die Menschen überall auf der Welt erwarten von Marken und den Unternehmen, die sie führen, gesellschaftliche Verantwortung und gelebte Werte – und das passt zu uns.«[54]

Im zweiten C entdecken wir unsere Challenge. Wir entblößen die abgestoßenen Teile unserer Persönlichkeit, indem wir uns in unsere eigene Dunkelheit bemühen, um dort zu finden, was uns an unserer eigenen Vervollständigung bzw. Erfüllung hindert. Nur wenn uns das als Individuen gelingt, finden wir den gemeinsamen Zugang zu unserem kollektiven Schatten, der uns auf die Spur bringt, um das Problem zu identifizieren, das wir mit unserer Existenz zu lösen versuchen.

Der Sprössling: das Durchbrechen des jungen Sprösslings durch die harte Schale des Kerns. Wir durchbrechen die schützende Hülle unseres authentischen Kerns, kommen in Kontakt mit der Wirklichkeit und eröffnen somit das Zentrum und die Quelle unserer Kraft.

Das Selbst und seine vielen Schatten

»Ganz und gar man selbst zu sein, kann schon einigen Mut erfordern«, sagte einst die Filmschauspielerin und lebende Legende Sophia Loren. Diese Aussage ist so einfach und doch so klar. Im ersten C haben wir dieser Frage etwas Aufmerksamkeit gewidmet. Wir haben besprochen, was das Selbst überhaupt ist, aus welchen Bestandteilen es besteht, wie es sich in bewusste und unbewusste, in individuelle und kollektive Elemente aufbrechen lässt. Warum es jedoch Mut erfordert, »ganz und gar man selbst zu sein«, ist eine andere Frage. Hier die Versuche einer Antwort:

Je mehr wir erleben, wie groß die Welt ist, desto kleiner fühlen wir uns

Als Gen X, Gen Y oder Gen Z sind wir in einer multimedialen Welt aufgewachsen oder erwachsen geworden, einer Welt voller Werbung, voller Transformation, voller Extreme, in einer Welt voller Distanz. Die digitale Transformation hat uns virtuell nähergebracht, uns jedoch auch das Zusammensein genommen. Sie hat uns ständige Verfügbarkeit gebracht, uns aber die innere

Ruhe genommen. Sie hat uns die Welt in das Kinderzimmer geholt und uns dabei auch die Dimension unserer Jugendträume zerrüttet. Wir sind plötzlich nicht mehr Fans vom VfL Bochum oder dem FC St. Pauli, sondern von Manchester City, Juventus Turin und ja, auch von Bayern München. Die Träume unserer Generation orientierten sich nicht mehr an die Umgebung und die Möglichkeiten, die die Kleinstadt, in der wir aufgewachsen sind, hergibt, sondern an den atemberaubenden Dimensionen, die wir täglich in Echtzeit-Häppchen aus jeder erdenklichen Ecke der Welt über digitale Endgeräte vorgelebt bekommen. Wir sehen nicht mehr auf zum erfolgreichen Druckereibetrieb in der Nachbarschaft, sondern zu Krypto-Milliardären aus Valencia oder bewundern heimlich kriminelle Kartellbosse aus dem Norden Mexikos. Der Auftritt unserer Jugendband im lokalen Kulturzentrum ist Geschichte. Es müssen schon fünfstellig Follower auf TikTok sein, damit das nette Mädchen aus der Nachbarklasse sich unseren Kram überhaupt 15 Sekunden lang anhören würde. Wir wachsen auf in einer Welt, in der die Werbung uns erklärt, wie man glücklich wird.

Und damit wir dabei auch fleißig alles kaufen, werden wir ständig daran erinnert, dass unser »Selbst« nicht gut genug ist, weswegen es all die Produkte und Services gibt, die uns Glück versprechen. Als Folge davon sind wir es gewohnt, unvollständig und imperfekt zu sein, und werden als süchtige Konsumenten kultiviert, ob wir wollen oder nicht, weil sonst unser System eines überforderten und überstrapazierten Kapitalismus kollabieren würde.

In all dieser Prägung überhaupt noch zu unserem Selbst durchzudringen, scheint schon schwer genug. Ganz und gar selbst zu sein und allein mit diesem Selbst gegen all diese impliziten Stereotypen in unseren Herzen und Köpfen überhaupt glücklich sein zu können, das ist schon eine Herausforderung. Sophia Loren antwortete in einem Interview auf die Frage, wie sich ein Leben in der Öffentlichkeit als Celebrity eigentlich anfühlt, mit den Worten: »Man muss ständig zwischen Aufrichtigkeit und Höflichkeit wählen.«

Das Autogramm und das Foto für Fans sind für Persönlichkeiten wie Sophia Loren jedoch vermutlich das geringste Problem. Wir wissen nicht erst seit der Me-Too-Bewegung, dass es für Frauen in der von toxischer Maskulinität triefenden Unterhaltungsindustrie deutlich größere Hindernisse gibt, der eigenen Haltung treu zu bleiben.

Ganz und gar selbst zu sein und allein mit diesem Selbst, gegen all diese impliziten Stereotypen in unseren Herzen und Köpfen, überhaupt glücklich sein zu können, das ist schon eine Herausforderung, für Sophia Loren genau wie für jeden von uns. Genau aus diesem Grund beeindrucken uns jene Menschen so sehr, die den Mut haben, ihren eigenen Idealen treu zu bleiben, besonders mit der wachsenden Anzahl an Möglichkeiten, Verführungen und Opportunitäten, an Kommunikationskanälen und Touch-Points überall um uns herum und in der Hosentasche.

Je mehr wir erkennen, wer wir wirklich sind, desto mehr leugnen wir das Selbst

Zurück zu der psychoanalytischen Perspektive auf das Selbst. C. G. Jung schuf mit seiner Theorie über das Selbst ein Modell von Archetypen, in dem drei Dimensionen von Schatten existieren. »Seine [des Schattens] Natur lässt sich in hohem Maße aus den Inhalten des persönlichen Unbewussten erschließen.«[55]

Jung ergänzt diese These um die Erkenntnis, dass Schattenarbeit gleichermaßen auch das Bewusstmachen des (persönlichen) Unbewussten bedeutet. Schattenarbeit ist hier ein Bereich, dem wir uns im zweiten C wie Challenge etwas tiefer zuwenden. Aber dazu später. Wir haben da ja noch eine Frage zu beantworten: Warum es Mut erfordert, ganz und gar man selbst zu sein.

Der eigenen Vorstellung dessen, was das Selbst überhaupt ist, stehen nach Jung un- oder teilbewusste Persönlichkeitsanteile entgegen, die häufig verdrängt oder verleugnet werden – diese finden sich im Schatten, also dem unbewussten Teil des Selbst, in seinen oben schon zitierten drei Dimensionen.

Da gibt es zum einen den persönlichen Schatten, der all die unliebsamen, nicht mit dem eigenen Selbstbild zu vereinbarenden Charakteristiken enthält, jenen, die einem nicht gefallen oder gar abstoßen.

Dann wäre da noch der kollektive Schatten. Er bildet die entsprechende Reflexion des persönlichen Schattens auf gesellschaftlicher Ebene.

Zu guter Letzt beschreibt Jung den archetypischen Schatten, mit dem er das Konzept des Bösen umschreibt, meist im religiösen Kontext.[56]

Die Erkenntnis, dass wir also in gleichem Maße auch immer das Gegenteil von der Person sind, die wir gerne sein möchten, dazu unbewusst und somit viel schwieriger zu erfassen, wirft natürlich eine Reihe von unangenehmen

Fragen auf. Sind also z. B. Verfechter der Anti-Rassismus-Bewegung gleichzeitig ebenfalls rassistisch? Sind Menschen, für die soziale Verantwortung besonders wichtig sind, insgeheim ebenfalls gierig? Sind Menschen, die viel auf Gerechtigkeit und Fairness geben, vielleicht zugleich auch egoistisch und auf ihren eigenen Vorteil bedacht? Zur Akzeptanz des Umstands, womöglich gleichermaßen das Gegenteil dessen zu sein, was man gerne sein würde, gehört durchaus Mut.

Widmen wir uns nun den Herausforderungen, welche mit der Erkenntnis unseres Charakters einhergehen.

1. Dimension der Herausforderung

Unsere primäre Herausforderung, die unserer Zufriedenheit, der Erfüllung entgegensteht, ist in unserer Dunkelheit verborgen. Das heißt im übertragenen Sinne, in der frühen Prägung unserer Entwicklung (einschließlich Kindheitstraumata) finden sich Eigenschaften, die den Zustand unserer Persönlichkeit erklären. Warum wir also bestimmte Ängste verspüren, warum wir in manchen Situationen unsicher sind, warum uns etwas in Panik versetzt oder irrational zu bedrücken scheint – all das ist nach Jung in die Tiefen unseres persönlichen Unbewussten verdrängt worden, wo es nach wie vor in uns wirkt, jedoch aus unserem Bewusstsein entfernt wurde. Um also zu verstehen, warum wir in bestimmter Weise (sensibel, gekränkt, wütend, verunsichert …) auf Situationen in unserem Leben reagieren, ist es nötig, Licht in den persönlichen Schatten zu bringen. Diesen Prozess nennt Jung »Schattenarbeit« – es bedeutet im weitesten Sinne, sich den eigenen Schattenseiten zu widmen, sie zu entschlüsseln und sich ihnen zu stellen. Übersetzt heißt es, dass wir Verantwortung übernehmen sollten für die Eigenschaften in uns selbst, die wir vielleicht unterdrücken, weil sie nicht mit unserem Selbstbild vereinbar scheinen.

Denn leisten wir unsere Schattenarbeit nicht, bleibt unsere innere von der äußeren Welt getrennt, was uns im Alltag immer wieder vor dieselben Herausforderungen stellt. Wir können das beobachten, wenn wir intensiv oder irrational auf manche Menschen reagieren, weil sie mit ihrem Verhalten Charaktereigenschaften offenbaren, die wir in uns selbst zu unterdrücken versuchen: So werden wir von anderen »getriggert«. Das gilt auch, wenn wir andere

Menschen auf ein Podest stellen, sie überhöhen und zu Helden stilisieren, weil sie möglicherweise Eigenschaften repräsentieren, für die wir uns selbst nicht wertvoll genug halten und damit aus falscher Bescheidenheit für uns selbst ausschließen.

2. Dimension der Herausforderung

Genau wie das persönliche Unbewusste ist nach Jung das *kollektive Unbewusste* (das Sigmund Freud ablehnte) ein elementarer Teil der menschlichen Psyche. Dieser jedoch entstammt nicht dem »Abfalleimer des eigenen Bewusstseins«, in welchen die verdrängten, ungewollten Facetten des Selbst verschoben wurden. Jung spricht in diesem Zusammenhang von einem kollektiven Erbe und stellt eine Verbindung zu sogenannten Archetypen her. Archetypen sind für ihn unbewussten Abbilder bzw. die Grundmuster unserer Instinkte und somit als kollektive Schattennarrative existierender Kulturkreise zu verstehen.

Genau wie beim ersten C wie Character wird auch im zweiten C wie Challenge eine Unterscheidung der individuellen und kollektiven Arbeit empfohlen. Die individuelle Arbeit in diesem Abschnitt beinhaltet die Identifizierung des eigenen Schattens, der eigenen Urwunde oder der teilweisen Offenlegung der eigenen Prägung, um nachvollziehen zu können, was denn das innere Problem ist, mit dem sich unser Selbst in seinem Leben herumschlägt.

Die kollektive Arbeit bezieht sich wiederum mehr auf die gesellschaftliche Perspektive: Durch die gemeinschaftliche Forschung am persönlichen Schatten erfahren wir die Urgründe des kollektiven Problemverständnisses, wir einigen uns gemeinsam auf die Identifizierung eines Problems in der Welt, das wir lösen wollen. In der Bearbeitung dieser Aufgabenstellung finden wir die Wahrheit über die Beziehung von uns (als Individuen und Gemeinschaft) zu unserem Anwendungsobjekt.

Ein besonderes Augenmerk der Forschung von Otto Scharmer liegt auf der Bewusstseinstransformation vom Ego-System zum Ökosystem: »Ego-System-Bewusstsein ist ein Bewusstsein, in welchem die Weltsicht, die Entscheidungsfindung und das Verhalten weitgehend davon angetrieben werden, Wohlergehen für mich selbst und nicht für andere zu erzeugen. Das Öko-

System-Bewusstsein ist eine Haltung und Weltsicht, die sich darauf fokussiert, Wohlergehen für sich selbst und für alle anderen Akteure innerhalb des Ökosystems, in welchem man lebt und arbeitet, herzustellen. Das Öko-System-Bewusstsein schließt das Ego-System-Bewusstsein ein, erweitert und vertieft es aber und umfasst die gesamte Realität, mit der wir es zu tun haben.«[57]

Hier schafft Otto Scharmer also eine Übersetzung und Weiterführung der Grundlage unserer kollektiven Schattenarbeit. Das jungsche Ego-System wird im kollektiven Ökosystem aufgefangen und weitergeführt – wir identifizieren Herausforderungen, die wir nur als Gemeinschaft bestehen können, und zwar in jedem erdenklichen Sektor. »Wenn man genauer hinschaut, was in Zeiten von Wandel und Umbrüchen wirklich geschieht, und wenn man mit komplexen Systemen arbeitet, dann besteht die Gestaltung von Veränderungsprozessen zum Großteil darin, dass man den verschiedenen Interessengruppen eines Systems hilft, die Probleme aus der Sicht der jeweils anderen Interessengruppe zu sehen. Dazu müssen sie sich in die Lage der anderen Interessengruppe versetzen können, insbesondere müssen sie lernen, die Situation aus der Sicht der am stärksten marginalisierten Interessengruppe zu sehen. Beim Beispiel des Gesundheitssystems in Namibia würde es bedeuten, dass man sich in die Lage der Patienten versetzt, die in entfernten Regionen leben und die tagelang zu einer Klinik reisen müssen. Dies wird den Entscheidern im System helfen, das System so neu zu gestalten, dass im Ergebnis die Prozesse so gestaltet sind, dass sie allen nützen, statt nur dem Wohlergehen einiger weniger Interessengruppen. Diese Transformation von Ego-System-Bewusstsein zu Öko-System-Bewusstsein ist heute die wichtigste Herausforderung für Führungskräfte.«[58]

Scharmers »Theorie U« setzt beim kollektiven Bewusstsein an und definiert drei zentrale Herausforderungen unserer Zeit:

1. Die Trennung von unserem Selbst und der Natur beschreibt die ökologische Kluft, den ausbeuterischen Umgang mit unserem Planeten und seinen Ressourcen.
2. Die Trennung von uns selbst und anderen beschreibt die soziale Kluft, die obszöne Ungleichheit in der weltgesellschaftlichen Verteilung von Wohlstand und Sicherheit und den Verlust sozialer Verbindung.

3. Die Trennung von uns selbst zu uns selbst beschreibt die psychologische Kluft, die drastisch wachsende Belastung der Menschen durch Depression, Erschöpfung und Sinnverlust.[59]

Zusammengefasst können wir also festhalten: Die Spur von der Herausforderung in uns selbst führt uns zu der Herausforderung, die wir in der Welt erkennen. Auf diese Weise können wir genau bestimmen, welches Problem es in der Realität gibt, für das wir mit/in unserem Anwendungsobjekt eine Lösung suchen.

Begriffsdefinition »Herausforderung« (Challenge)

»Challenge« bedeutet für uns: mit einer Situation konfrontiert zu werden, die große geistige oder körperliche Anstrengungen erfordert, um erfolgreich bewältigt zu werden, und daher die Fähigkeiten einer Person testet. Der Kampf mit dem Schatten findet, ausgehend von der archetypischen Übersetzung, sinnbildlich in unzähligen Formen Eingang in die Literatur und in die Mythologie – von Goethes *Faust* über den christlichen Kampf gegen die Sünde bis hin zu Buddhas Auseinandersetzung mit Devaputra Māra, welcher den Buddha auf seinem eigenen Weg der Erleuchtung ständig herausfordert. Devaputra Māras drei Töchter *Ratī*, die Lust, *Aratī*, die Unzufriedenheit, und *Tanhā*, die Gier, stellen uns auch heute noch in aller Regelmäßigkeit vor Herausforderungen.

Eine Herausforderung lässt sich somit auch als eine schwierige Aufgabe verstehen, die uns sehr viel abverlangt. Dieser hohe Anspruch an uns wird oft als besonders interessant empfunden und macht einen speziellen Reiz aus, da er uns befähigt, unsere Fähigkeit zu messen und zu überprüfen. Denn nur wenn wir eine Herausforderung annehmen, eröffnen wir uns auch die Möglichkeit des Scheiterns als Alternative zum Erfolg – besonders dann hilft sie uns, unsere Fähigkeiten auszubauen und zu entwickeln.

Workshop 2. C: Die Entschlüsselung unseres Schattens, die Erkennung unserer inneren Wunden, die sich in der Welt reflektieren

▶ **Ziel:** im Kollektiv die gemeinsame Schlüsselherausforderung zu entschlüsseln, die sich uns als Individuum und uns als Team sowie dem Anwendungsobjekt in der Welt offenbart. Das Problem, das wir zu lösen angetreten sind, zu identifizieren und das, was uns davon abhält, die Zukunft, wie wir sie uns wünschen, zu erleben.

▶ **Teilnehmende:** Development-Team (optional: Accountability Team.

▶ **Benötigte Ressourcen:** Ergebnisse aus Workshop 1, aufbereitet und konsolidiert in Online-Form oder digitalen Handouts für jedes Teammitglied. Flipchart/Whiteboard, Post-Its.

▶ **Format:** hybrid, rein virtuell oder alle in einem Raum.

▶ **Rollen:** Moderation hosted, Assistant dokumentiert (Notizen), alle anderen nehmen aktiv teil.

▶ **Intro/Disclaimer:** Auch hier geht es in die Tiefe, der Safespace muss bestehen bleiben, durch das ganze Projekt ohnehin. Jedoch ist gerade zu Beginn die Qualität des Vertrauensverhältnisses entscheidend für die des Erfolgs.

▶ **Dauer/Zeitraum:** Workshop 1–3 Stunden plus 1–2 Stunden Nacharbeit.

▶ **Zusammenfassung:** erster Teil – Inside Out: Die Ergebnisse des ersten Workshops werden in der Gruppe besprochen und die Antonyme der kollektiv konsolidierten Begriffe definiert. Zweiter Teil – Outside In: Brainstorm zu den Herausforderungen und Problemen, die wir als Gemeinschaft identifizieren, Ableitung und Verdichtung der Ergebnisse zu einer konkreten Problemdefinition, für die das Anwendungsobjekt die Lösung ist. Dritter Teil: Identifikation eines Vision Statement durch Betrachtung der Realität im Zustand der überwundenen Herausforderung.

Vorgehensweise Teil 1

Moderation präsentiert die Ergebnisse des ersten Workshops, unterteilt in drei Abschnitte.

Abschnitt 1: Was sind unsere zentralen Werte als Team (Core-Values)? Wir empfehlen, nicht mehr als drei bis sechs Werte (z. B. Aufrichtigkeit, Mitgefühl, Leichtigkeit, Loyalität und Willenskraft) zu nutzen, da sich sonst eine gewisse Beliebigkeit einspielt und die Klarheit in der weiteren Arbeit entlang der 7Cs verwässert wird, abgesehen von der deutlich größeren Komplexität, die mit jedem weiteren Wert im weiteren Verlauf der Arbeit entsteht. Ideal sind drei bis vier Werte zu nennen.

Abschnitt 2: Was sind unsere Prinzipien und Glaubenssätze (Principles & Beliefs)? Glauben wir z. B. an Ehrlichkeit (in allen Situationen), an Inklusion (Vielfalt im Team und im Denken) und an die Liebe (als universelle Kraft, die uns alle miteinander verbindet). Auch hier wird empfohlen, maximal drei Prinzipien/Glaubenssätze zu nennen.

Abschnitt 3: Was ist unser gemeinsames Verständnis von Erfolg? Beispielsweise finanzielle, biologische und inhaltliche Unabhängigkeit, Wirksamkeit (durch unser Handeln können wir etwas bei den Menschen, die uns wichtig sind bzw. in der Welt verändern) oder Ausgeglichenheit (innere Balance, Gelassenheit, Ruhe etc.).

Jede/-r Teilnehmer*in hat hier noch einmal die Gelegenheit, die Ergebnisse zu überprüfen, denn im besten (und gewünschten) Szenario können sich alle Mitglieder dieses Kern-(Entwicklungs-)Teams vollumfänglich mit den Ergebnissen identifizieren, »sie fühlen es«. Wie schon häufiger erwähnt, sind die Ergebnisse dieser frühen Entwicklungsarbeit im 7C-Modell fundamental und essenziell, weswegen es sich lohnt, hier ruhig auch noch mal nachzufragen, jedes Mitglied des Teams einzeln und direkt anzusprechen und emphatisch zu erfühlen, ob wirklich alle Teilnehmer*innen überzeugt sind, sich wiederfinden. Wir entwickeln im ersten C wie Character nichts anderes als eine kollektive Personifizierung unseres Anwendungsobjekts.

Im zweiten C wie Challenge drehen wir die Ergebnisse aus dem ersten C wie Character um. Wir entwickeln die entgegengesetzte Begrifflichkeit als erstes Hilfsmittel, um zu unserer Schattenarbeit zu gelangen.

Nehmen wir beispielsweise an, wir sprechen über eine Person, die sich im Sozialwesen für Feminismus einsetzt. In der Erarbeitung der eigenen Wunsch-Werte (Persona) fällt der Begriff »Gerechtigkeit«. Nun muss sich die Gruppe darum bemühen, einen Begriff zu finden, der das exakte Gegenteil von Gerechtigkeit ist: Willkür, Ungerechtigkeit, Unrechtmäßigkeit, Rücksichtslosigkeit, vermutlich jedoch auch Gemeinheit. Die Gruppe einigt sich schlussendlich auf den Begriff »autoritär«, welche die patriarchale Prägung der feministischen Person in der Gruppe zum Ausdruck bringt.

Durch die Verbindung der *autoritären* mit der *patriarchalen* Prägung ist in der Kindheit der betreffenden Person eine Unsicherheit entstanden, die sich als Hindernis zur persönlichen Selbstverwirklichung darstellte. Diese Prägung beschreibt die Urwunde, evtl. sogar in Teilen das Kindheitstrauma, das in seinem Schattendasein vermutlich einen nicht unerheblichen Einfluss auf die Berufswahl dieser betreffenden Person hatte: Feministin im Sozialwesen – eine Rolle, die mehr als die meisten anderen das Ziel verfolgt, gleiche Rechte und Teilhabe in der Gesellschaft unabhängig der stereotypen Abgrenzungsmerkmale (Herkunft, Geschlecht, Hautfarbe, sexuelle Orientierung, Alter, soziale Klasse etc.) zu verteidigen.

Wenn wir also in der Gruppe die gemeinsam definierten Werte, Glaubenssätze und das Erfolgsverständnis umkehren, gelangen wir in jenen Bereich, der uns dabei hilft, zu verstehen, was uns durch unsere kollektive unbewusste Prägung zusammenhält und welches Problem wir gemeinsam lösen wollen.

Es verwundert daher nicht, dass Menschen, die in ihrer Kindheit extremer Gewalt ausgesetzt waren (Gruppe 1), als Erwachsene oft selbst auch gewalttätig werden. Und dass Menschen, die in Ihrer Kindheit an mangelnder Wertschätzung litten, als Erwachsene bei allen Bestrebungen überbordenden Ehrgeiz an den Tag legen (Gruppe 2). In den Auswertungen des Character-Workshops finden sich in den Ergebnislisten der erstgenannten Gruppe womöglich häufiger Begriffe wie »Frieden« oder »Harmonie« als erwünschte Werte, während die zuletzt genannte Gruppe vermutlich Begriffe wie »Sou-

TEAMBUILDING

Auch wenn das den Beteiligten nicht immer leichtfällt, sich in diese eigene Schattenwelt zu begeben, den tiefen, unerwünschten und abgestoßenen Teilen der eigenen Persönlichkeit zu begegnen, sind dies Übungen auf Basis wissenschaftlicher Grundlagen, die im Team für Klarheit und Vertrauen sorgen. Denn wenn die Gruppe sich auf diese Weise öffnet, dann wird Verletzbarkeit kultiviert und ein Safespace kann entstehen, in dem eben der fortwährende Anspruch an bedingungslose Anpassung als Konzept der universellen Konfliktfreiheit endlich überwunden werden kann. In ausnahmslos allen Workshops, die wir auf diese Weise geführt haben, ist genau an diesem Punkt im Verlauf des Prozesses eine ganz besondere Kraft im Team entstanden, die aus der offenen Auseinandersetzung mit den eigenen Tiefen entspringt. Es entsteht ein Gemeinschaftsgefühl der Verbindung, als hätte man einen kleinen Krieg zusammen erfolgreich bestritten, ein paar Dämonen gemeinsam besiegt. Ein Gefühl, dass sich mit meiner persönlichen Erfahrung aus gruppentherapeutischer Arbeit vergleichen lässt. Schlussendlich findet hier echtes Teambuilding statt, weil das Team sich gemeinsam und auf Augenhöhe um die wirklich essenziellen Fundamente der Zusammengehörigkeit bemüht. Nicht als separate Übung, so als wäre Teambuilding-Arbeit etwas, das gar nicht in den Berufsalltag gehörte, sondern als Teil der tatsächlichen Entwicklungsarbeit. Das 7C-Modell kann auch so aufgesetzt sein, dass das Team selbst das Anwendungsobjekt ist, womit gerade bei Teams, die in hoher Spannung arbeiten, bzw. internationale Teams, die sich kaum kennenlernen konnten, oder Teams mit intensiver Konflikthistorie von dieser Arbeit mit den 7Cs profitieren können.

veränität« und »Gelassenheit« nennen würde. Umgekehrt finden sich dann Antonyme wie Disharmonie, Krieg oder Gewalt im Schatten der Gruppe eins, während die Gruppe zwei vermutlich zu Begriffen wie »Überforderung« oder »Ignoranz« gelangt.

Die zentrale Aufgabe des Teams ist es nun, in jeden der drei genannten Abschnitte einzusteigen und gemeinsam die jeweiligen gegenteiligen Bedeutungen zu finden. Oft haben bestimmte Worte unterschiedliche Antonyme (Gegenteile):

- Beispiel 1: Liebe wird zu Hass: Hass als Antonym von Liebe ist sehr intensiv, stark, nach wie vor nah dran, sehr emotional und oft gar nicht wirklich so weit entfernt von der Tiefe und Qualität der Empfindung.
- Beispiel 2: Liebe wird zu Kälte: Kälte als Antonym von Liebe ist sehr hart, weit weg, gefühllos und entbehrt all der emotionalen Tiefe und Qualität der Empfindung von Liebe.

So wird auch deutlich, welchen Gestaltungsspielraum diese Übung mit sich bringt. Hier wird nichts anderes verhandelt als das genaue Verständnis dieses Fundaments, und mit der Diskussion darüber, was die jeweiligen gegenteiligen Bedeutungen wirklich sind, wird auch die eigene Haltung, das Team und das Teamgefüge auf die Probe gestellt bzw. herausgefordert.

Moderation hosted die Runde, führt durch alle konsolidierten Begriffe der drei Abschnitte und eröffnet bzw. moderiert für jede Phrase bzw. jeden Begriff einzeln die Diskussion um die Definition der jeweiligen Antonyme. Moderation stoppt die Zeit und sichert den notwendigen emphatischen Raum als Safespace (und ist auch hier wieder großzügig, was die Zeit angeht).

Assistant dokumentiert die Aussagen, idealerweise in leserlicher Form auf einem Whiteboard oder online auf virtuellen Whiteboards wie Miro, Google Sheets oder Microsoft Teams.

Auf dem (virtuellen) Whiteboard wird dann gemeinsam mit allen Teilnehmenden nach Mustern in allen entstandenen Antonymen gesucht. Die Herausforderung bei dieser Übung ist es, auch in sich selbst aus all den Worten oder Phrasen drei bis fünf zentrale Begriffe zu finden, die in Gänze als Gegenteil der Charakterdefinition funktioniert. Bevor es jetzt mit der konkreten Problemdefinition weitergeht, schließen wir diesen Teil der Übung damit ab, dass wir diese drei bis fünf zentralen Begriffe wieder umkehren, um sie so aus dem kollektiven unbewussten Schatten zurück in das Licht der Positivät zu bringen. Dies sind von nun an (und nach erneuter Prüfung/Abnahme durch das Team) die zentralen Werte des Unternehmens, des Teams, des Projekts oder des Anwendungsobjekts.

Vorgehensweise Teil 2

Nachdem nun gemeinsam der Schatten des kollektiven Charakters beleuchtet wurde, stellt die Moderation die nächste Frage: *Welches Problem willst du in der Welt lösen?*

Die Feministin aus dem Sozialwesen wird vermutlich die fehlende soziale Gerechtigkeit bzw. ungleiche Bezahlung von Mann und Frau in der Gesellschaft anprangern. Der Mann mit ausgiebiger Gewalterfahrung als Kind beklagt beispielsweise die Aggressivität in der gesellschaftlichen Auseinandersetzung, und die Unternehmerin, die Erfolg immer mit Karrierestatus und Gehalt gleichsetzte, beklagt die gesellschaftlichen Zustände, die zu steigender Verbreitung von Burn-out-Depression führen.

Auch hier werden wieder alle Informationen zusammengeführt und von der Moderation, unterstützt von der Assistenz und der gesamten Gruppe, ein bis zwei Sätze gesucht, die am besten beschreiben, welche gemeinsame Herausforderung für die Gruppe bzw. das Anwendungsobjekt existiert.

Vorgehensweise Teil 3

Im letzten Teil des Workshops widmet sich die Gruppe noch einmal einer gemeinsamen Übung, die sie zu einem gemeinsamen Satz führt, welche gemeinhin auch als »Vision Statement« verstanden werden kann. Und das ist gar nicht so schwer. Die Moderation übernimmt wieder und stellt die letzte Frage des Tages, ausgehend von der in der Gruppe ermittelten Definition der gemeinsamen Herausforderung: Wie sähe eine Zukunft aus, in der ebenjene Herausforderung endgültig und zur Zufriedenheit aller Beteiligten Stakeholder gemeistert werden konnte? Die Gruppe sammelt nun in 10- bis 15-minütiger Gruppenarbeit Ideen für diese Zukunft und malt sie in den schönsten Farben aus. Zum Schluss entwickelt sie gemeinsam einen Satz, der diese »perfekte« Lösung der ursprünglichen Herausforderung beschreibt. Das Ergebnis ist ihr Vision Statement.

Beispiele für Vision Statements

Ikea: »Our vision is to create a better everyday life for many people.«

Liest man diesen Satz aus der Perspektive »Welches Problem wurde gelöst?«, erkennt man, dass die Firma das Problem löste, einer breiten Masse von Menschen Designmöbel zu erschwinglichen Preisen anzubieten.

McDonald's: »To be the best quick service restaurant experience. Being the best means providing outstanding quality, service, cleanliness and value, so that we make every customer in every restaurant smile.«

Bei McDonald's können wir aus dem Vision Statement schließen, dass das Problem der Wartezeit bei einem Restaurantbesuch im Zentrum stand – kein Wunder, dass es dann »Fast Food« genannt wurde. Darüber hinaus ist auch bei McDonald's Skalierung ein wichtiger Faktor, möglichst *vielen* Menschen dieses Restauranterlebnis zu ermöglichen – bei gleichbleibenden Standards. McDonald's gilt nicht umsonst als Gründer des Franchise-Konzepts, das dieses Problem löste: wie außergewöhnliche Qualität, Sauberkeit, Service und Wert für *jedes* Restaurant und *jeden* Kunden gewährleistet werden kann.

Patagonia: »Build the best product, cause no unnecessary harm, use business to inspire and implement solutions to the environmental crisis.«

Bei Patagonia wurde die Herausforderung gleich vollständig in das Vision Statement integriert.

Ergebnis: Am Ende des Workshops finden sich folgende drei Elemente:

1. Schlüsselwerte: aus den Antonymen der drei Character-Ergebnisbereiche (Werte, Glaubenssätze, Erfolgsverständnis) und der Umkehrung ihrer konsolidierten Ergebnisse erhält man die drei bis fünf Schlüsselwerte des Anwendungsobjekts.
2. Schlüsselherausforderung: ausgehend von den Ergebnissen aus der Entwicklung der Antonyme einigt sich die Gruppe auf die Formulierung von ein bis zwei Sätzen, die die Herausforderung des Anwendungsobjekts konkret werden lassen.

3. Schlüsselvision: ausgehend von der Definition der Herausforderung wird eine Zukunftsidee artikuliert, in der die Schlüsselherausforderung endgültig und zur Zufriedenheit aller Beteiligten gelöst werden kann.

Wenn alle Teilnehmenden sich mit den gezeigten Ergebnissen weitestgehend identifizieren können und sich in den Begriffen wiederfinden, ist die Übung abgeschlossen.

Einsatzmöglichkeiten der Ergebnisse

- Die konsolidierten Informationen zu der kollektiven Challenge bilden die Basis für die Arbeit mit dem nächsten, dritten C wie Commitment.
- Die Schlüsselherausforderung kann für das 7C-Markensteuerungsmodell verwendet werden (aber auch für andere Markensteuerungsmodelle).
- Die Schlüsselherausforderung kann ebenfalls im Team-Manifest integriert werden, um das Verständnis im Team zu schärfen, welche Hindernisse es in der gemeinsamen Arbeit zu beachten und überwinden gilt (z. B. kann bei einem Unternehmen mit diskriminierenden Vorfällen durch Mitarbeiter der strukturelle Rassismus plakativ kommuniziert werden, um die Haltung der Organisation zu unterstreichen und damit zu helfen, den Safespace zu heilen, der durch diese Vorfälle verletzt wurde).
- Die Ergebnisse aus der Challenge-Definition können für das Employer-Branding eingesetzt werden.

Hilfestellung
Ähnlich wie bei der Suche nach persönlichen Werten gibt es einfache Tools online, die wir zur Ermittlung der Antonyme nutzen können. Hier eine kleine Auswahl kostenloser Tools, die wir im Netz für Sie finden konnten.

- http://gegenteile.net
- https://www.woerter.net/
- https://www.synonyms.com/ (hier lassen sich auch Antonyme finden)

Beispiele für Challenge

1. CASE/Yousef Hammoudah

- *Meine Herausforderung:* Bei meiner Suche nach Ehrlichkeit als Wunschwert bin ich auch auf auf *Eitelkeit* als Persönlichkeitselement in meinem eigenen Schatten gestoßen. Meine Leidenschaft wurde zur *Beliebigkeit*, meine Zuversicht zu *Zweifel*, meine Leidenschaft zur *Egozentrik*, meine Neugier wurde zum *Desinteresse* und mein Anspruch zum Gefühl des *Wertlosseins*. All diese Dinge, so wenig ich mir das eingestehen möchte, sind ebenfalls ein Teil von mir und prägen meinen Charakter. Es half mir zu verstehen, welches Problem ich lösen möchte, weil das auch bedeutete, dass mein Wunsch, die eigenen Wunden zu heilen, Teil derselben (Schatten-)Arbeit wird.
- *Meine »geprüften« Schlüsselwerte* sind nun: Integrität (statt Ehrlichkeit), Hingabe (statt Leidenschaft), Mut (statt Zuversicht), Empathie (statt Mitgefühl), Kreativität (statt Neugier), Wertschätzung (statt Anspruch).
- *Beschreibung meiner Schlüsselherausforderung:* Mich stört egozentrisches und manipulatives Verhalten in der Welt (persönliche Herausforderung/persönlicher Schatten), denn wir können die Krisen unserer Zeit nur lösen, wenn wir gemeinsam und auf Augenhöhe an diesen Aufgaben arbeiten. Hierbei stört mich besonders manipulatives Vorgehen von Organisationen im Marketing, das die Menschen in ihrem Selbstwertgefühl unterminiert, um sie für den Vertrieb von Waren und Dienstleistungen offener und bereitwilliger zu machen: K.O.-Tropfen an der Bar!
- *Meine persönliche Vision:* Ich möchte dabei helfen, eine Welt zu gestalten, in der jeder Mensch die gleiche Chance bekommt, in Liebe, Fülle und Erfüllung leben zu können. In dieser Welt finden wir Ausgleich mit der Natur und einen wertschätzenden Umgang in Verbundenheit mit ihr. Zusammen leben wir nachhaltig, achtsam und zuversichtlich, tragen Verantwortung für unser Handeln und sind so bestens vorbereitet auf alle Möglichkeiten und Herausforderungen, die uns die Zukunft bringen wird. Diese Haltung haben wir gemeinsam entwickelt, da wir in der öffentlichen Kommunikation und Wertschöpfung gemeinsame Standards wahren.

2. CASE/Apple

Sie werden vermutlich den legendären Superbowl-Werbespot von Apple kennen, der 1984 ausgestrahlt wurde, angelehnt an George Orwells Dystopie einer unfreien Zukunft in den Fängen eines diktatorischen Technologie-Regimes. Jobs stellte in dieser Geburtsstunde seines Lebenswerks die Herausforderung, der er und Apple sich verpflichtet fühlten, mehr als deutlich dar, er benannte sie sogar HAL, was nichts anderes war als der im Alphabet um eine Stelle nach vorne geschobene Code für IBM. Für Jobs war IBM stellvertretend für eine Form des Unternehmertums, das die Konformität und Gleichschaltung der Gesellschaft repräsentierte. Genau gegen diese Faktoren (Gleichschaltung, Identitätsverlust, Aufgabe von Individualität) richtete sich sein Wirken, das aus den tiefsten Wurzeln der eigenen Weltanschauung entsprungen war.

Schauen sie sich zunächst einmal den Spot an (ja, Fireworks, richtig, aber ein hervorragendes Beispiel für gleich zwei Punkte: 1. dass es damals eine andere Umgebung gab, und keine Social Media, die als alternative Plattform für eigene Botschaften fungieren konnte, und 2.) ein Weltklasse-Narrativ aus dem eigenen Wertefundament darstellt). Geben sie einfach »apple 1984«ein, und Sie stoßen auf den einen legendären Clip, der sogar seinen eigenen Wikipedia-Eintrag erhielt.

In seiner Keynote-Ansprache von Apple aus dem Jahr 1983 las Steve Jobs die folgende Geschichte vor, bevor er eine Vorschau des Werbespots präsentierte:

>»Es ist jetzt 1984. Es scheint, dass IBM alles will. Apple wird als die
>einzige Hoffnung angesehen, IBM einen Run für sein Geld zu bieten.
>Händler, die IBM zunächst mit offenen Armen begrüßen, befürchten nun
>eine von IBM dominierte und kontrollierte Zukunft. Sie wenden sich
>zunehmend wieder Apple als der einzigen Kraft zu, die ihre zukünftige
>Freiheit gewährleisten kann. IBM will alles und richtet seine Waffen auf
>das letzte Hindernis für die Kontrolle der Branche: Apple. Wird Big Blue
>die gesamte Computerbranche dominieren? Das gesamte Informations-
>zeitalter? Hatte George Orwell 1984 etwa recht?«[60]

Im Jahr 2004 fasste Adelia Cellini, die für Macworld schrieb, die Botschaft zusammen:

>»Eine allmächtige Einheit, die über die Vereinigung der Gedanken mit einer Armee seelenloser Drohnen schwatzt, nur um von einem mutigen, apfelähnlichen Außenseiter gestürzt zu werden. Also Big Brother, der Bösewicht aus Apples Mac-Anzeige von 1984, wurde durch IBM vertreten, richtig? Laut den Produzenten des Spots ist dies nicht genau der Fall. Das ursprüngliche Konzept bestand darin, den Kampf um die Kontrolle der Computertechnologie als Kampf der wenigen gegen die vielen zu zeigen, sagt Lee Clow von TBWA/Chiat/Day. Apple wollte, dass der Mac die Idee des Empowerments symbolisiert. In der Anzeige wird der Mac als Werkzeug zur Bekämpfung von Konformität und zur Geltendmachung von Originalität vorgestellt. Was gibt es Schöneres, als einen auffälligen blonden Athleten mit einem Vorschlaghammer gegen das ultimative Symbol der Konformität, Big Brother, aufbegehren zu lassen.«[61]

3. CASE/Jägermeister

Ein hervorragendes Beispiel, wie die Werte in ihrer Umkehrung das Indiz für ein Verständnis der Herausforderung darstellt, das diese Marke ausmacht. Konsequent aus dem Konzept von Verantwortung für die Gesellschaft (siehe Jägermeister Case im ersten C) hergeleitet, entsteht ein konkreter Beitrag, der sich aus einer aktuellen Situation der Krise in der Gesellschaft ergibt. Verbunden mit der eigenen Positionierung als Plattform für eine Kultur der Nacht, wurden hier nun die Helden der Nacht zelebriert und unterstützt, denn jene fühlten sich während der Covid-Pandemie von der Politik weitestgehend im Stich gelassen.

>»In Folge der Pandemie ist das Nachtleben in vielen Märkten zum Erliegen gekommen. Darunter leiden weltweit Millionen von Menschen, die in den Clubs, Bars und der verbundenen Kreativszene mit Leidenschaft arbeiten und ihren Lebensunterhalt verdienen. Deshalb startete die Mast-Jägermeister SE bereits im April 2020 unter dem Titel

#SAVETHENIGHT eine globale Initiative mit dem Ziel, Künstler, Kreative, Barkeeper und Gastronomen mit digitalen Erlebnis-Plattformen und direkten finanziellen Spenden zu unterstützen. Das Unternehmen stellte im Rahmen der Initiative mehrere Millionen Euro für zahlreiche Aktivitäten wie Unterstützungsfonds, Freiware, Microfundings oder MeisterClasses zur Verfügung und leistete finanzielle Hilfe bei Projekten wie #UnitedWeStream.«[62]

Einen weiteren Beitrag zur Überwindung der Pandemie leistete das Unternehmen mit Alkoholspenden, die zur Produktion von Desinfektionsmitteln genutzt wurden. Im Zuge dieses Engagements erhielt allein das Klinikum Braunschweig 50000 Liter Alkohol.

»Wir sind trotz enormer Herausforderungen nicht nur souverän durch dieses schwierige Jahr gekommen, sondern haben auch die notleidende Nightlife-Community unterstützen können und damit einen gesellschaftlichen Beitrag geleistet, der von Herzen kommt«, erklärte CEO Michael Volke in einer Pressemitteilung.

Im dritten C einigen wir uns auf ein gemeinsames Commitment und etablieren so unsere Mission. Wir bestimmen unseren Weg, der uns dorthin führt, wo wir unsere Idee einer besseren Welt aus unserer kollektiven Dunkelheit schöpfen lernen, und nennen dies unser Versprechen an die Welt. Dieses Versprechen schafft den Raum, in dem unsere Quelle der Kraft ihre Wirkung für die Welt entfalten kann. Wir richten uns auf und neu aus, hissen unsere Flagge, um auch andere Menschen, die sich unserer gemeinsamen Bestimmung verpflichtet fühlen, auf unsere Reise einzuladen.

Der Spross: Die junge Pflanze wächst kraftvoll in die Höhe. Wir richten uns nun aus und machen uns mit aller Kraft auf den Weg in Richtung des Lichts, aus dem wir alles Leben schöpfen. Wir treffen eine gemeinsame Entscheidung.

Von Gott und Schlamm

»And God said, ›Let Us make living creatures out of mud, so the mud can see what We have done.‹ And God created every living creature that now moveth, and one was man. Mud as man alone could speak. God leaned close as mud as man sat up, looked around, and spoke. Man blinked. ›What is the purpose of all this?‹ he asked politely. ›Everything must have a purpose?‹ asked God. ›Certainly,‹ said man. ›Then I leave it to you to think of one for all this,‹ said God. And He went away.«
Kurt Vonnegut[63]

Eine wundervolle Denkaufgabe, die Gott uns Schlammwesen in Kurt Vonnegut Jr.s Parodie der Schöpfungsgeschichte da überträgt – es scheint, als haben wir sie bis heute nicht lösen können, als bestimme diese Frage seit jeher unser Sein als Mensch.

Es mutet fast schon prophetisch an, wie es Vonnegut Jr. bereits 1963 gelang, auf diese brillante Weise das Werben und Streben nach »Purpose« in der heutigen Welt des Marketings zu persiflieren. Kaum ein anderes Thema ist in den letzten Jahren der Marketingevolution so prägend gewesen wie das Thema Purpose oder die Frage, was der Sinn hinter all dem sei.

DIE ZWEI GROSSEN WIDERSPRÜCHE DES PURPOSE-MARKETING

Manche Unternehmen halten Purpose für einen Punkt auf einer Liste von Marketingstandards, die man erfüllen muss, so wie den Sustainability Report im End-Jahresbericht oder der Corporate-Social-Responsibility-Plan, der meist eine Reihe von karitativen Organisationen listet, denen in diversen Formen Zuwendungen gemacht werden. Solche Unternehmen spielen mit dem Thema wie mit Werbekampagnen und nutzen auch genau die gleichen Kanäle, um ihren Brand Purpose zu präsentieren. Dabei stellt sich unweigerlich die Frage, ob die Ambition, mit der solche Kampagnen entwickelt und vollzogen werden, Vertrauen zu gewinnen, wirklich zielführend ist.

In solchen Fällen erkennen wir zwei entscheidende Problempunkte:

1. Welchem Menschen glaubt man eher, dem, der Gutes tut, oder dem, der darüber spricht, dass Gutes getan wurde, oder geplant wird zu tun? Genau, das Thema Purpose ist in seiner tiefen Verwurzelung unserer moralischen Orientierung so gelagert, dass es ausschließlich über authentisches Verhalten bzw. Handeln glaubhaft kommuniziert werden kann. Jede durch Werbung gestützte Kampagne läuft dieser Intention zuwider. Die Menschen vermuten hinter bezahlter Werbung häufig, dass ein Unternehmen etwas verstecken oder ein Narrativ das Verhalten von Menschen bewusst manipulieren möchte – selbst bei einem aufrichtigem Commitment. Dies ist der erste Widerspruch.

2. Marken oder Unternehmen, die Purpose als ein Must-have ansehen, Werbung schalten, um ein bestimmtes Image zu kreieren, entwickeln Kampagnen (= Fireworks), die nur die Symptome behandeln und auf einen Quick Fix ausgelegt sind, statt aus der tiefen inneren Positionierung heraus authentisch und nachhaltig Sinn zu schaffen. Das mag für die Dauer einer Kampagne oder eines Quartalsberichtes ausreichen, aber mittel- und langfristig fällt die Maske. Beim Menschen entsteht der Eindruck von Green- oder Woke-Washing.

Denn wenn sie so wären, wie sie vorgeben zu sein, wieso geben sie dann Geld aus für etwas, dass nicht der eigentlichen Intention entspricht? Dies ist der zweite Widerspruch.

Mit dem 7C-Modell möchten wir eine Einladung aussprechen, sich auf die Reise zu machen, zu dem eigenen Kern, dem eigenen »Purpose«. Denn nur, was aus dem Wertemodell der Gruppe heraus, in der Abstraktion durch die gemeinsame Herausforderung in der Welt entsteht, wird dem Konzept des eigenen »Why«, der Unternehmung oder Marken-Purpose wirklich gerecht.

In unserem Verständnis ist der Purpose eines Unternehmens oft nicht stark genug, weil es einen Unterschied gibt zwischen der Absicht, etwas zu tun, und der entsprechenden Verpflichtung: Die Absicht bzw. der Sinn muss mit Kraft in die Tat umgesetzt werden. Für uns gilt deshalb: Purpose + Power = Commitment. Absicht + Kraft = Versprechen.

Doch die philosophische Betrachtung dessen, was uns Sinn gibt, kann schnell entgleiten, weswegen wir hier zur Kalibrierung unseres Narrativs mit der Mutter aller Sinnfragen beginnen wollen: Was ist denn der Sinn hinter all dem Schlamm? Hinter all dem Leben, hinter all dem Streben, hinter all der konstanten Veränderung hin zu etwas, das gleichermaßen dem Leben und dem Schlamm zugewandt zu sein scheint, der Evolution?

Fragen wir doch jemanden, der es wissen sollte, den Dalai Lama: »Ich weiß nicht, ob das Universum mit seinen unzähligen Galaxien, Sternen und Planeten irgendeinen besonderen Zweck erfüllt, aber zumindest eines ist klar: Wir Menschen, die wir auf dieser Erde leben, sind vor die Aufgabe gestellt, auf glückliche Weise zu leben«,[64] erklärt der Dalai Lama in seinem Buch *Der Sinn des Lebens*.

Im Buddhismus wird jede Person, die sich auf dem Weg zur Buddhaschaft befindet, Bodhisattva genannt. Ihrer gibt es in der größten aller heute existierenden buddhistischen Schulen, der Mahayana-Schule, insgesamt acht – die »Großen Bodhisattvas«. Avalokiteśvara ist der »Bodhisattva des universellen Mitgefühls«.

Es ist ein prägender Gedanke im Buddhismus, nicht nur für sich selbst den Zustand der Erleuchtung erlangen zu wollen und damit in das Nirwana überzugehen, sondern sich vor allem darin zu investieren, allen anderen Lebewesen zu helfen, sich aus dem endlosen Kreislauf der Reinkarnation (Samsara) zu befreien.

Das wahre Glück und seine Erfüllung

Das wahre Glück liegt also nicht primär im Streben nach Glück für sich selbst, sondern darin, durch die Überwindung der eigenen »Sucht nach Glück« (im übertragenen Sinne: einer egozentrischen Weltsicht) anderen ein glückliches Leben zu ermöglichen. Wir sind der Überzeugung, dass wahres Glück im Sinne des bereits beschriebenen Erfolgsverständnisses nur dann entstehen kann, wenn wir es teilen, weswegen unser Marketingverständnis auch konsequent darauf ausgerichtet ist, das Potenzial der eigenen Kraft zu finden (aus der eigenen Quelle der Kraft, siehe erstes C wie Character) sowie die kollektive Herausforderung unserer Gemeinschaft (siehe zweites C wie Challenge) zu überwinden. Dies wiederum begründet unser drittes C wie Commitment und führt uns dorthin, wo wir lernen, unsere Bestimmung zur Wirkung zu bringen lernen. Auch Simon Sinek, einer der erfolgreichsten Management- und Leadership-Vordenker unserer Generation, sympathisiert mit dieser Denkweise: »When we help ourselves, we find moments of happiness. When we help others, we find lasting fulfillment.«[65] Er hat mit seinem Schlüsselwerk »Start with Why« selbst eine kleine Marketingrevolution ausgelöst.

Auch der ehemalige adidas-CMO, Eric Liedtke, unter dem wir das adidas-Runners-Projekt entwickeln durften, ist ein großer Anhänger Sineks und hat viele seiner Gedanken bei adidas implementiert; ein Mindset, das bis heute die Marke prägt und einen entscheidenden Beitrag dazu geleistet hat, dass sich der Wert der Marke adidas in der Zeit unter Eric Liedtkes Marketing-Leadership vervielfacht hat.

Es braucht Führungskräfte und Unternehmen, die in dieser dynamischen Veränderung noch für Halt und Identifikation, für Vertrauen und Loyalität stehen und diese fördern. Und zwar sowohl nach außen als auch nach innen, denn genau wie die Trennung zwischen B2B und B2C sich langsam, aber sicher auflöst, löst sich die Trennung zwischen Mitarbeiter*innen und Öffentlichkeit/Publikum/Kunden/Nutzern zunehmend auf. Die Frage nach dem Sinn hinter all dem Schlamm ist also nicht nur eine grundlegend philosophische, sie ist auch eine zentrale, strategische. Denn Mitarbeiter, Partner, Kunden, Nutzer und Medien erwarten gleichermaßen diesen »Purpose« von Ihnen – und zwar nicht als nette Tagline bei einer Kampagne, sondern als (funda)mentale Haltung, die tief in der Gesamtausrichtung des Unternehmens verwurzelt ist. Daher ist das Commitment im Gegenzug zum Purpose der deutlich stärkere Ausdruck. Genau genommen greift die reine Absicht (Purpose) in unserer heutigen Zeit zu kurz. Es braucht eine konkrete Handlungsabsicht und die Glaubwürdigkeit, aus der diese Handlungsabsicht entsteht, die sich mit dem wahren Kern der Organisation verbinden lässt, um der neuen Marketingrealität gerecht zu werden. Die eigene Mission beschreibt, welchen Sinn (Meaning) eine Unternehmung in die Wirksamkeit bringen will. Je bedeutender, sinnvoller, wertschaffender und identifikationsstiftender diese Mission ist, desto weniger braucht es »Push«, »Fireworks« oder Werbung, eine künstliche Konversation, um die eigene Existenz(-Berechtigung) zu rechtfertigen (denn genau genommen ist Werbung immer auch das). Desto mehr zieht man Menschen an, die sich damit identifizieren können, die das Ansinnen zelebrieren, sich der Mission anschließen und im besten Fall zu loyalen Kunden werden. Damit erfüllt dieser Sinn, diese Bedeutung genau jene Rolle, die wir dem traditionellen Marketingverständnis zuschreiben.

Marketing muss heute also vieles können

Marketing muss die Menschen begeistern und zu Anhängern einer Bewegung machen können. Marketing muss die eigenen Mitarbeiter motivieren können, und das geht nur, wenn man all das auch *ist*, was man in dem oft überidealisierten Markenkern zu sein vorgibt: aufrichtig, wahrhaftig und zuverlässig, denn genau so, wie wir uns wünschen, dass unsere Teams loyal sind, müssen wir gegenüber unseren Teams loyal sein. Und genau das muss das Marketing transportieren – es darf keinen Unterschied geben zwischen einer Brand und einer Employer-Brand. Denn jede Diskrepanz zwischen innen und außen schafft Risse in der Glaubwürdigkeit und bedroht die nachhaltige Entwicklung und sogar das Überleben einer jeden Marke.

Be Water My Friend – Marketing und Wahrhaftigkeit

Denn das wichtigste Merkmal ist, dass die Wahrheit ihren Weg findet, wie Wasser.

»Be like water my friend«, ist eines der bekanntesten Zitate von Bruce Lee, der als einflussreichster Kampfkünstler der modernen Geschichte gilt. Von Schülern der Kampfkünste bis hin zu Menschen aller Lebensstufen wird diese einfache Weisheit bemüht beim Streben nach einem produktiveren, ausgeglicheneren und erfolgreicheren Leben.

Für uns bedeutet dieses Zitat, dass die Wahrheit immer einen Weg »heraus« findet, sich nicht einschließen lässt, genauso wie Wasser mit der Zeit auch die härtesten Steine rund werden lässt und seinem Lauf folgt.

Und obwohl es viele aufrichtige Menschen gibt, die für die Wahrheit einstehen, wird versucht, mit verfälschten Wahrheiten (»Fake News«) die Realität zu manipulieren. Wir befinden uns mitten in einem aufreibenden, globalen Kulturkampf um die Deutungshoheit der Realität und erleben mit Schrecken, wie ein und dasselbe Ereignis allein auf Fernsehsendern wie Russia Today, BBC oder Fox News völlig verschieden dargestellt wird. Von den Millionen automatisierter Bots weltweit ganz zu schweigen, die von meist anonym bleibenden Kräften (Staaten, Wirtschaftskartellen, Geheimdiensten etc.) gesteuert werden. Sie machen sich digitale Kanäle zunutze (meist Social-Media-Plattformen), um die Realität mit Fake News bewusst zu verfälschen, um politische Entscheidungen zu beeinflussen, Gesellschaften zu destabilisieren oder – im Marketingkontext – künstliche Bedürfnisse zu erzeugen.

Zu oft haben wir erkennen müssen, dass wir eben nicht trauen können, wenn uns in der Werbung erklärt wird, wie »glücklichsein« funktioniert. Wir waren enttäuscht von nicht eingehaltenen Versprechungen einer Marke. Wenn wir uns in der Welt umschauen, müssen wir erkennen, dass »Fake« nicht nur salonfähig ist, es ist in manchen Bereichen leider sogar Standard.

Sie werden zum Beispiel in großen Werbekampagnen heutzutage kaum eine Abbildung von Menschen oder Produkten finden, ohne dass diese mittels gängiger Bildbearbeitungsprogramme nicht nur für die verschiedenen Medienplattformen optimiert wurden, sondern das Aussehen der Objekte oder Personen intensiv bearbeitet wurde, um klassischen Stereotypen der Perfektion zu entsprechen.

Ein ganzer Industriezweig in der Software-Entwicklung beschäftigt sich mit der Manipulation von Fotos zugunsten eines möglichst perfekten Selbstbildnisses. Soziale Medienplattformen wie Snapchat, TikTok, Instagram oder Facebook bieten Filter an, mit denen man sich selbst aufpolieren kann, wie das die großen Werbeagenturen in den Werbeanzeigen schon längst tun. Der Fake wurde als Mittel zum Zweck im Marketing zur Manipulation der Menschen etabliert und bedingungslos von ihnen adaptiert. Sich selbst zu manipulieren, gehört heute zum guten Ton. Die Mehrheit der Fotos, die Sie auf Bewerbungen in den letzten 18 Monaten bekommen haben, ist vermutlich bildtechnisch bearbeitet oder durch spezielle Filter manipuliert.

Dass Fake »the new Reality« ist, zeigt sich auch bei all den Instagram-Influencern. Fake sind so manche Körperteile dieser Menschen, die Anzahl ihrer Follower, häufig ist selbst die moralische Haltung einiger dieser Leute Fake, da ihnen bewusst ist, dass sich die Verkörperung bestimmter ethischer Prinzipien (wie zum z. B. Nachhaltigkeit) zum Ausbau der eigenen Popularität aufgrund des sich wandelnden Anspruchs der Öffentlichkeit eignet.

Es ist nicht nur das: Die Politik, die Wirtschaft, die Religion – alle verlieren mehr und mehr an Glaubwürdigkeit, denn irgendwann findet die Wahrheit wie das Wasser ihren Weg an die Oberfläche/in die Öffentlichkeit, und all das Streben nach Macht, Einfluss und Geld, das sich hinter vermeintlich altruistischen, der ethischen Verantwortung entsprungenen Handlungsentscheidungen verbirgt, kommt ans Licht.

Wir nennen Ihnen jetzt einmal ein paar einzelne Begriffe aus den Schlagzeilen der letzten Monate. Überprüfen Sie doch mal beim Lesen selbst, welche Bilder, Gedanken und Gefühle in Ihnen entstehen, wenn Sie diese Worte lesen.

- »Maskendeals«

  Manche CDU-Abgeordnete verdienen Millionensummen bei der Vermittlung von Corona-Schutzmasken-Lieferungen an den Bund.

- »Wirecard«

  Wirecard-Mitarbeiter manipulieren Bilanzen und gelangen so an milliardenschwere Kredite von Banken und anderen Investoren. Als der Betrug auffliegt, verlieren Millionen Anleger weltweit auf einen Schlag all ihre in Wirecard investierten Ersparnisse und Investitionen.

- »Missbrauchsskandal«

  In der katholischen Kirche wurden und werden weltweit über Jahrzehnte, wenn nicht sogar Jahrhunderte Kinder sexuell missbraucht, während die Lehre der katholischen Kirche in moralischer Überlegenheit die 10 Gebote predigt.

Was denken Sie nun? Was fühlen Sie nun? Vielleicht fühlen Sie sich betrogen, verletzt, wütend, empört, enttäuscht? Dann sollten Sie nachvollziehen können, was es bedeutet, wenn Sie Ihre Versprechen nicht halten. Denn in allen oben stehenden Fällen wurden große Versprechungen gemacht, und in allen Fällen gab es moralische Dimensionen des Versprechens, welche die Verwerflichkeit der eigentlichen Motivation nur noch düsterer erscheinen lässt.

Entsprechende empirische Forschung dazu kommt von zwei deutschen Wissenschaftler*innen an der Universität Bayreuth, Dr. Johanna Held und Professor Claas Christian Germelmann, die sich genau mit der Frage beschäftigt haben, ob Menschen in der Lage sind, Täuschung in Werbung zu erkennen, und welchen Einfluss diese Erkenntnis dann auf die Einstellung des Menschen (Konsumenten) gegenüber Werbetreibenden hat.

In ihrer Doktorarbeit formuliert Johanna Held abschließende Marketingempfehlungen für Unternehmen:

»Im Verlaufe der Arbeit konnte gezeigt werden, dass Täuschung sich negativ auf das Unternehmen auswirkt und ebenso zu generalisiertem Misstrauen führen kann. [...]

In den empirischen Studien dieser Arbeit wurde gezeigt, dass sich das Gefühl, getäuscht worden zu sein, negativ auf die Einstellung zum Anbieter und zum Produkt auswirkt sowie darüber hinaus die Zufriedenheit und die Kaufabsicht für Produkte verringert. Tipton et al. (2009) erläuterten außerdem, dass sich die Offenlegung einer werblichen Täuschung durch die Regulierungsbehörde (insbesondere für Unternehmen mit hohem Marktanteil) negativ auf den Aktienkurs eines Unternehmens auswirkt und somit den Unternehmenswert maßgeblich beeinflussen kann (Tipton et al. 2009, 235 f.). [...]

Neben den kundenbezogenen Risiken, die finanzielle Verluste nach sich ziehen, müssen sich Unternehmen beim Gestalten ihrer Marketingkommunikation allerdings auch ihrer gesamtwirtschaftlichen und gesellschaftlichen Verantwortung bewusst werden. Die Studien von Darke und Ritchie (2007) deuten darauf hin, dass Täuschung von Unternehmen Skepsis beim Konsumenten zu Tage bringt und zu generalisiertem Misstrauen führen kann (Darke und Ritchie 2007, 120 ff.). Das Übertragen dieser Skepsis auf andere Anbieter führt möglicherweise auch zu finanziellen Verlusten anderer Unternehmen (Tipton et al. 2009, 240). Auch der Zufriedenheit kommt beim ›Täuschungsgeneralverdacht‹ von Konsumenten eine wichtige Rolle zu, denn es ist naheliegend, dass unzufriedene Kunden negativ gegenüber Interaktionen mit anderen Anbietern eingestellt sind. Dieser Zusammenhang ist beispielsweise in Schweden insbesondere relevant, da die Zufriedenheit von Konsumenten als Vorhersageindikator für die wirtschaftliche Entwicklung des Landes verwendet wird (Fornell 1992, 6) und negative Effekte dieses Indikators auf die gesamte wirtschaftliche Stimmung des Landes ›abstrahlen‹ können. Somit sollte es für die handelnden Unternehmen am Markt über ihre eigenen Interessen hinaus das Ziel sein, Kunden zufriedenzustellen.

Auf gesellschaftlicher Ebene beeinflusst Täuschung einerseits die Gemütslage von Individuen und wirkt sich andererseits auf das Wertesystem einer Gesellschaft aus. Wenn Konsumenten getäuscht werden und davon erfahren, besteht eine Diskrepanz zwischen ihren Erwartungen und der Produktleistung, was wiederum zu kognitiver Dissonanz führen kann (Oliver 2010, 267 ff.) [...]. Durch diese Inkonsistenz gelangen Konsumenten in den Zustand psychologischen Unbehagens (Oliver 2010,

267; 270). Held, Stieler und Germelmann (2017) [...] zeigten außerdem, dass die Kenntniserlangung über eine Täuschung bei Konsumenten Ärger über den Anbieter auslöst und Täuschung somit die moralischen Emotionen von Konsumenten beeinflusst (Held et al. 2017, 1160). Da Weiner (2014, 360 f.) Ärger als naheliegende Reaktion auf moralisches Fehlverhalten beschreibt, müssen sich Unternehmen bewusst sein, dass Konsumenten täuschende Unternehmenskommunikation auch moralisch bewerten. Ausgelöst durch die Wirtschaftskrisen der vergangenen Jahre (van Aaken und Schreck 2015, 7) ist das Bewusstsein für unternehmensethische Fragestellungen im Allgemeinen stark angestiegen. Somit ist heutzutage (vor allem durch die Salienz des Themas [Scheufele 2000, 299 f.]) mit einer schnelleren negativen Beurteilung von moralischem Fehlverhalten durch Konsumenten zu rechnen. Im Einklang mit der Theorie des Sozialen Lernens ist es ferner denkbar, dass Kunden, die häufig mit täuschender Kommunikation in Kontakt kommen, ihre moralische Beurteilung des Vorfalls anpassen und sich ihre Grenze zwischen dem was richtig und falsch ist verschiebt. Diese Verschiebung hätte zur Folge, dass Täuschung zur gesellschaftlichen Normalität wird. Eine mögliche Konsequenz daraus ist, dass Konsumenten selbst auf täuschende Kommunikation zurückgreifen, wenn sie mit einem Anbieter kommunizieren (Anthony und Cowley 2018). Somit wirken sich auch die gesellschaftlichen Konsequenzen erneut auf den Anbieter aus. Diese Ausführungen machen deutlich, dass aus gesellschaftlicher Sichtweise deshalb auf die Verwendung von täuschenden Praktiken verzichtet werden sollte.

Die Ausführungen zu den negativen Konsequenzen von Täuschung zeigen, dass Unternehmen anstreben sollten, sich ehrlich zu verhalten, denn auch wenn eine nicht entdeckte Täuschung den Eindruck über ein Produkt positiv verzerren kann, sollte das Ziel von Unternehmen keinesfalls die Abwägung zwischen positiven Effekten des täuschenden Werbematerials bis zu seiner Entdeckung und den negativen Effekten nach der Täuschungsentdeckung sein. Vielmehr lassen sich einige Handlungsempfehlungen für Unternehmen ableiten. Beispielsweise kann sich in einem von Misstrauen geprägten Markt ein Wettbewerbsvorteil von Unternehmen durch eine ehrliche Positionierung ergeben. Um Werbematerialien auf ihr Täuschungspotential zu überprüfen und potentielle Täuschungen zu vermeiden, sollten die Erwartungen, die ein Werbematerial erzeugt, im Rahmen von Konzepttests mit abgefragt werden und mit den tatsächlichen Produkteigenschaften abgeglichen werden.«[66]

Fassen wir einmal die zentralen Schlüsselerkenntnisse dieser Metastudie zusammen:

1. Manipulative, täuschende Werbung erzeugt eine negative Einstellung zum Anbieter und zum Produkt und verringert darüber hinaus die Zufriedenheit und die Kaufabsicht für das gesamte Produktgenre.
2. Wird die Täuschung öffentlich, wirkt sich das negativ auf den Aktienkurs aus und kann den gesamten Unternehmenswert maßgeblich beeinflussen.
3. Täuschungen von Unternehmen führen zu pauschaler Skepsis bei den Menschen, und diese Skepsis überträgt sich auch auf andere Anbieter, womit manipulative Werbung zur Vergiftung eines gesamten Marktes führen kann.
4. Die Kundenbedürfnisse ernst zu nehmen und in den Mittelpunkt der Marketingarbeit zu stellen, wirkt sich positiv auf das wirtschaftliche Klima ganzer Nationen aus.
5. Auf gesellschaftlicher Ebene beeinflusst Täuschung im Marketing die Gemütslage von Individuen, resultierend in psychologischem Unbehagen.
6. Täuschung von Unternehmen provoziert Skepsis beim Konsumenten und kann zu generellem Misstrauen führen, mit Implikationen für die gesamte Gesellschaft.
7. Konsumenten bewerten täuschende Unternehmenskommunikation ebenfalls moralisch.
8. Ausgelöst durch die Wirtschaftskrisen der vergangenen Jahre ist das Bewusstsein für unternehmensethische Fragestellungen im Allgemeinen stark angestiegen. Daher ist heutzutage mit einer schnelleren negativen Beurteilung von moralischem Fehlverhalten durch Konsumenten zu rechnen.
9. Kunden, die häufig mit täuschender Kommunikation in Kontakt kommen, richten ihre eigene moralische Beurteilung in der Gesellschaft möglicherweise grundsätzlich neu aus: Täuschung wird als gesellschaftliche Normalität wahrgenommen und als legitimes Mittel zur Verfolgung eigener Interessen übernommen.
10. Diese Ausführungen machen deutlich, dass aus gesellschaftlicher Sicht auf die Verwendung von täuschenden Praktiken aufgrund weitreichender

ökonomischer, gesellschaftlicher und sozialer negativer Folgen verzichtet werden sollte.

11. In einem von Misstrauen geprägten Markt kann sich durch eine ehrliche Positionierung ein Wettbewerbsvorteil von Unternehmen ergeben. In einem von Misstrauen geprägten Markt wird eine ehrliche Positionierung zum Wettbewerbsvorteil. Ehrlich, ethisch, authentisch – das ist in der Essenz, was es braucht, um als Unternehmen oder Organisation heutzutage einen positiven Beitrag zu leisten, der gleich dreifach belohnt wird:
12. Durch Akzeptanz und Respekt vom Kunden/Nutzer.
13. Durch die Stärkung der Glaubwürdigkeit und der Kraft des Marktes.
14. Durch die Manifestation von ethischer und sozialer Verantwortung in der Gesellschaft.

Womit wir gleich auch bei der Frage nach dem WHY wären, das Simon Sinek so formuliert hat: »Die Leute kaufen nicht, WAS du tust. Sie kaufen, WARUM du es tust.«[67]

SIMON SINEK UND DER GOLDENE KREIS

Simon bietet eine praktisches und einfaches Framework für seine Positionierungsstrategie: den Goldenen Kreis. In der Mitte des Goldenen Kreises befindet sich das »Warum«. Der nächste konzentrische Kreis beinhaltet das »Wie«, der äußerste Kreis schließlich das »Was«.

Jeder Mitarbeiter eines Unternehmens kennt ihr »Was«. Sie können ihre Produkte, ihre Branche und ihre Konkurrenten beschreiben. Einige Unternehmen wissen auch, »Wie« sie tun, was sie tun – ihre Alleinstellungsmerkmale und ihre Positionierung im Markt. Aber nur wenige Unternehmen kennen oder definieren ihr »Warum« – ihren Zweck, ihre Sache oder ihren Glauben.

Das Warum ist ihr Grund, zu existieren

Wir fühlen uns zu solchen Menschen und Organisationen hingezogen, mit denen wir unsere Überzeugungen, Wertvorstellungen und Glaubenssätze teilen. All diese Facetten eines Unternehmens, einer Marke oder einer Persönlichkeit werden in dem »Warum« verkörpert. Wenn Unternehmen darüber verkünden, wie fortschrittlich ihre Produkte sind, mögen sie attraktiv erscheinen, aber sie repräsentieren nicht unbedingt etwas, zu dem wir uns hingezogen fühlen. Aber wenn ein Unternehmen klar kommuniziert, warum es tut, was es tut, woran es glaubt, und wir an das Gleiche glauben, werden wir diese Produkte oder Marken gerne in unser Leben aufnehmen.

Wir brauchen eine neue Form der Leitbildgestaltung für Unternehmen und Organisationen

Es beginnt mit einem Versprechen meinerseits und an mich; an mich und für mich selbst. Ein Versprechen an einen Zustand, der noch nicht existiert und auf den ich mein Handeln, mein Unternehmen ausrichten und verpflichten werde, beim Aufbau zu helfen oder gar eigenständig zu erreichen.

Unser Verständnis von Commitment ist gleichermaßen die Reflexion unseres Ursprungs als auch ein Leitbild, das in unserer Wahrnehmung nicht nur richtig (gerecht und ehrlich) erscheint, sondern sich so *anfühlt*, sodass man bereit ist, dafür jegliche Opfer zu erbringen und die berühmte »Extrameile« zu gehen (lohnenswert).

Diese konsequente Orientierung kann sogar bedeuten, einen bestimmten Kunden (sogar ein ganzes Kundensegment) abzulehnen, auch wenn dieser guten Umsatz bringen würde, jedoch mit den eigenen Wertevorstellungen kollidiert. Im Privatleben kann das bedeuten, Karriereperspektiven dahingehend anzupassen, dass sie mit dem Anspruch der eigenen Verantwortung und Zuwendung für die Familie in Einklang sind.

Ein Commitment sollte so kraftvoll und von Bedeutung (Identifikation & Leitbild) sein, dass die Mitarbeiter sich dafür investieren, weil sie dann nicht mehr allein wegen des Gehaltsschecks zur Arbeit kommen, sondern weil sie einen Sinn in der Arbeit sehen und daraus eine intrinsische, tiefere Motivation erlangen. Und ein Mensch, der gerne Sport macht, richtet sein Interesse nicht nach den Produktionszyklen eines Sportartikelherstellers aus. Andersherum »wird ein Schuh draus«!

Auch die Aktionäre werden erkennen, dass Entscheidungen nicht im Sinne der Boni fallen, sondern im Sinne der nachhaltigen Entwicklung – für die Mitarbeiter, die Kunden, den Markt und die Gesellschaft.

Es bedarf eines klaren Commitments, das eine Reihe von Funktionen erfüllt:

- Es beschreibt, wie die Herausforderung aus dem zweiten C wie Challenge kollektiv und kollaborativ gemeistert wird.
- Ausgehend von der im letzten Abschnitt formulierten Vision lässt sich im Commitment die konkrete Mission des Anwendungsobjekts ableiten.
- Das Commitment enthält das Markenversprechen gemäß klassischer Markensteuerungsmodelle (vgl. Markensteuerrad nach Esch),[68] überbrückt jedoch deren systemimmanente Statik in der Verknüpfung mit weiterführenden Markenentwicklungsprozessen (d. h. zu den weiteren Cs in dem 7C-Modell)
- Das Commitment vereint das Team, die gesamte Belegschaft, alle Partner, Kunden, die Community und die Öffentlichkeit hinter der gemeinsamen Verpflichtung zur Investition in eine bessere Zukunft.

Begriffsdefinition: »Versprechen« (Commitment)

Haben Sie einmal Ihrem Kind ein Versprechen gemacht und es nicht gehalten? Dann haben Sie erlebt, wie verletzend und enttäuschend diese Erfahrung für das Kind war. Das Kind hat Ihnen vertraut, es als selbstverständlich betrachtet, dass Sie ihr Versprechen halten werden. Es liegt in der Natur der Sache, dass das so ist, denn bevor ein Kind lernt, dass es in dieser Welt kaum jemandem trauen kann, darf, sogar sollte, geht es davon aus, dass Sie meinen, was Sie sagen. Wenn Sie nun Ihrem Kind beispielsweise ein Eis versprechen, dafür dass es sein Zimmer aufräumt, wird es Ihnen nicht mehr so leicht glauben, wenn es dann kein Eis bekommt. Das blinde Vertrauen ist gebrochen oder zumindest angeknackst.

Vertrauen basiert darauf, Versprechen zu formulieren und sie zu halten. Wer in unserer Welt nach Vertrauenswürdigkeit strebt, und das sollte im

Lichte der heutigen wissenschaftlichen Erkenntnisse ob der Bedürfnisse der Märkte und Kunden wirklich jede Organisation tun, muss in der Lage sein, sein Versprechen auch zu halten.

Ein Versprechen ist das Bekenntnis des Einzelnen zu den Idealen einer Bewegung.

Ein Versprechen ist der Safespace einer Gruppe, Firma oder Freundschaft.

Ein Versprechen ist die Bereitschaft, Zeit und Energie für eine Aufgabe zu investieren, an die Sie glauben.

Ein Versprechen ist der Respekt und die Anerkennung, die wir miteinander teilen.

Ein Versprechen zu halten, ist ein wichtiges moralisches Prinzip, eine ungeschriebene gesellschaftliche Vereinbarung.

Ein Versprechen zu halten, ist eine Sache der Wertschätzung.

> »Weiter, Brüder und Schwestern: Was wahrhaftig ist, was ehrbar, was gerecht, was rein, was liebenswert, was einen guten Ruf hat, sei es eine Tugend, sei es ein Lob – darauf seid bedacht!«
> *(Bibelvers, Philipper 4:8)*

Workshop 3. C: Die Entwicklung und Erklärung unserer gemeinsamen Mission, hinter der wir uns mit allen Menschen verbinden, die unsere Ziele teilen

▶ **Ziel:** in der Arbeit mit dem dritten C wie Commitment definieren wir das Versprechen an die Welt (Mission Statement) und entwickeln die Schlüsselziele für das Anwendungsobjekt.

▶ **Teilnehmende:** Development-Team und Accountability Team.

▶ **Benötigte Ressourcen:** Ergebnisse aus Workshops 1 und 2, aufbereitet und konsolidiert in Online-Form oder digitalen Handouts für jedes Teammitglied. Flipchart/Whiteboard, Post-Its.

▶ **Format:** hybrid, rein virtuell oder alle in einem Raum.

▶ **Rollen:** Moderation hosted, Assistant dokumentiert (Notizen), alle anderen nehmen aktiv teil.

▶ **Dauer/Zeitraum:** zwei Workshops, jeweils 2–3 Stunden plus 1–2 Stunden Nacharbeit.

▶ **Zusammenfassung:** Workshop 1 durchläuft drei Teile, zwischen 30 und 60 Minuten je Abschnitt. Im ersten Teil verbalisieren wir die Schlüsselwerte (wir formulieren aktive Verben), im zweiten Teil verbinden wir die verbalisierten Werte mit unserer Utopie der besseren Welt (Vision), und im dritten Teil des ersten Workshops erarbeiten wir die Schlüsselelemente des Versprechens an uns selbst und an die Welt, bevor wir im vierten Teil des ersten Workshops aus diesen Schlüsselelementen unser konkretes Versprechen bzw. Commitment (Auftrag, Mission Statement) bauen.

Im Workshop 2 validieren wir im ersten Teil das Mission Statement, bevor wir im zweiten Teil konkrete Unternehmensziele für unser Anwendungsobjekt sammeln und sortieren (Infobox: Unterscheidung von Zielen, Strategien und Ergebnissen). Im letzten Teil prüfen wir, ob unser Modell funktioniert und Bestand hat, indem wir die Mission nach bestimmten Faktoren überprüfen und die Ziele mit dieser Mission abgleichen.

Workshop 1 / Teil 1

Moderation präsentiert die Schlüsselwerte aus dem »Challenge«-Workshop. Aufgabe des Teams ist es nun, innerhalb von 30 Minuten die vier bis sechs Schlüsselwerte von Substantiven in Verben umzuwandeln. Es ist ein hilfreicher Kniff, damit die mentale Übersetzung von »Werten« in »Mission« zu erleichtern. Das gibt uns auch eine erste Vorstellung davon, wohin die Reise uns führen soll, wie unser Versprechen an die Welt aussehen wird.

Die Aufgabe ist, aus jedem einzelnen Schlüsselwert einen aktiven, starken Satz zu formulieren, der beschreibt, wie wir uns proaktiv und wertschöpfend den Einsatz des Schlüsselwertes vorstellen.

Hier einige Beispiele:

- Aus **Ehrlichkeit** wird »Stets nach der Wahrheit streben, die Wahrheit schützen und immer bei der Wahrheit bleiben«.
- Aus **Loyalität** wird »Die Menschen, mit denen wir verbunden sind, bedingungslos und jederzeit zu schützen, zu unterstützen und ihnen beizustehen, egal was passiert«.
- Aus **Wertschätzung** wird »Anderen Menschen mit Respekt und Unvoreingenommenheit begegnen und dankbar für ihre Teilhabe und Initiative sein«.
- Aus **Zuversicht** wird »Einen positiven Ausblick auf das Leben zu gewinnen, egal wie schwierig die Lage ist, denn in jeder Schwierigkeit liegt eine Chance«.

Wir empfehlen, dass jedes Teammitglied diese Formulierung für sich macht und dann in der Gruppe vorstellt, sodass sich die Gruppe auf eine favorisierte Formulierung einigen kann oder aus mehreren Formulierungen eine von der Gruppe unterstützte Version entsteht.

Workshop 1 / Teil 2

Im nächsten Schritt legen wir die Sätze zu unseren Schlüsselwerten aus dem ersten Teil mit unserem Verständnis einer perfekten Welt übereinander: Wir projizieren unsere moralische DNA auf die Wunschrealität, weil wir auf diese Weise herausfinden, ob unsere Überzeugungen mit unserer Vorstellung bzw. authentischen Utopie zusammenpassen.

Dazu bricht man die Vision in einzelne Sätze herunter und »entschachtelt« diese zur Not, um einfache klare Aussagen zu bekommen. Hier das Vision Statement meiner eigenen Arbeit:

> *Wir sehnen/wünschen uns nach einer Welt, in der jeder Mensch die gleiche Chance bekommt.*«
> *Wir träumen von Verbundenheit und Ausgleich mit der Natur.*«
> *Unser Zusammenleben ist geprägt von Achtsamkeit, Liebe und Zuversicht.*«

Dann nehmen wir die oben aus den Schlüsselwerten formulierten Sätze aus Teil 1 und verbinden sie mit den aus dem Vision Statement heruntergebrochenen Sätzen. Je mehr augenscheinliche »Matches« diese Sätze hergeben, desto größer die Authentizität der Werte bzw. der Utopie; zum Beispiel:

(Element A: Satz, der aus dem Wert »Wertschätzung« entstand, s. o.)
> *Anderen Menschen mit Respekt und Unvoreingenommenheit begegnen und dankbar für ihre Teilhabe und Initiative sein.*«
(Element B: Satz, der aus dem Vision Statement heruntergebrochen wurde, s. o.)
> *Wir sehnen uns nach einer Welt, in der jeder Mensch die gleiche Chance bekommt.*«

Zusammengeführt könnte dieser Satz so aussehen:

> *Wir streben eine Welt an, in der es gleiche Chancen für alle gibt, und werben für ein von Respekt und Unvoreingenommenheit geprägtes Miteinander.*«

Workshop 1 / Teil 3

In diesem Teil geht es darum, weitere Schlüsselelemente des Versprechens an uns selbst (für das Glück) und an die Welt (für die Erfüllung) zu sammeln, um damit das Commitment noch präziser aus dem Stein des Diskurses zu schlagen.

Moderation zeigt Folien mit drei bis fünf der folgenden (oder ähnlichen) Fragen, alle Teilnehmer notieren Schlagworte. Nach jeder Frage werden die Schlagworte in der Gruppe geteilt und die zentralen Begriffe gemeinsam bestimmt und festgehalten.

- Wer sind wir?
- Warum gibt es uns?
- Warum tun wir (bzw. das Anwendungsobjekt), was wir tun?
- Was würde der Welt fehlen, wenn es uns nicht mehr gäbe?
- Für wen schaffen wir mit unserer Arbeit einen Wert?
- Was tun wir für uns selbst?
- Was tun wir für die Gesellschaft?
- Was ist der Nutzen unseres Handelns?
- Für welche (unbequeme) Wahrheit setzen wir uns ein?
- Welches Hindernis überwinden wir?
- Was macht uns einzigartig?
- Wie werden wir wirkungsvoll?

Moderation präsentiert die zentralen Begriffe. Fließender Übergang zu Teil 4 der Übung.

Workshop 1 / Teil 4

Alle Ergebnisse aus Teil 1, Teil 2 und Teil 3 sollten jetzt für alle Teilnehmer sichtbar sein, entweder auf einem Online-Whiteboard oder in einem Raum an der Wand oder der Leinwand. Die Moderation stellt nun die Aufgabe an alle Beteiligten, mithilfe der Elemente an der Wand ein Mission Statement zu formulieren. Das Commitment entsteht.

Jede teilnehmende Person entwickelt auf Basis der bisher erzeugten Elemente eine eigene Version des Mission Statements und stellt diese der gesamten Gruppe nacheinander vor. In kleineren Gruppen (drei bis vier Leute pro

Gruppe) wird dann pro Gruppe aus den Vorschlägen der Teilnehmer ein konsolidiertes Commitment entwickelt und dann wiederum der anderen Gruppe vorgestellt. Auf diese Weise erarbeitet man sich kollektiv zwei Versionen, auf die sich das Team – vorläufig – einigen kann. Im zweiten Workshop wird dann entschieden, welches Statement am wirkungsvollsten ist. Es kann im zweiten Workshop auch passieren, dass beide Statements fusioniert werden. Bevor wir aber dort weitermachen, finden sich in der Infobox eine Reihe grundlegender Hinweise, Tipps und Spielregeln, die beim Entwickeln des Commitments hilfreich sein können.

HINWEISE, TIPPS UND SPIELREGELN ZUM ENTWICKELN DES COMMITMENTS

Achten Sie bei der Entwicklung darauf, bewusst auf Begriffe oder Phrasen zu verzichten, die keine wirkliche Abgrenzungsqualität enthalten (auch wenn es zunächst wie eine schnelle Lösung wirkt, weil sich eine Gruppe leicht auf die allgemeingültigsten Begriffe einigen kann). Worte wie »Nachhaltigkeit«, »Effektivität« oder »Glaubwürdigkeit« mögen als Werte oder Attribute stark sein, jedoch helfen sie bei einem Mission Statement überhaupt nicht, die eigene Einzigartigkeit zu transportieren und dadurch auch die Existenzberechtigung zu unterstreichen, die durch die »Warum«-Fragen sehr effizient herausgefordert wird.

Kämpfen Sie für die Ecken und Kanten! Die Diskussionen können und sollen intensiv werden – es geht schließlich um Ihre gemeinsame Utopie und Mission, und da gehören starke Gefühle dazu.

Weitere Tipps für die Formulierung des perfekten Commitments:

- Es sollte grundlegend sein. Es wird klar, warum Ihre Organisation existiert.
- Es sollte nachhaltig sein; etwas, das sowohl für die Gegenwart steht, aber auch für absehbare Zeit Bestand hat (siehe Commitment als Anker für Strategie, unten).
- Stellen Sie bewusst die Originalität heraus, die Einzigartigkeit Ihrer Organisation.
- Es lässt sich leicht merken und hilft Mitarbeitern, potenziellen Mitarbeitern und Kunden, sich darauf zu stützen.
- Es ist kurz genug, um beispielsweise auf ein T-Shirt zu passen.
- Es ist motivierend und inspirierend.
- Es ist einladend, fördert aktive Teilhabe und Engagement.

Workshop 2

Es wird empfohlen, die beiden Workshops nicht an einem Tag, sondern an zwei aufeinander folgenden Tagen (mindestens aber in derselben Woche) stattfinden zu lassen. Das Commitment ist ein solch zentrales Instrument, dass alle Teilnehmer die Gelegenheit haben sollten, eine Nacht über die Ergebnisse zu schlafen.

Die Moderation präsentiert nun die beiden aus dem letzten Workshop generierten Commitment-Entwürfe und das Team diskutiert diese offen. Im Folgenden werden nun beide Versionen mithilfe einer kleinen Checkliste auf Herz und Nieren geprüft:

Check 1: Ist sie nachhaltig? Kann dieses Commitment dem kulturellen, politischen und/oder technologischen Wandel standhalten? Wenn beispielsweise in dem Commitment davon die Rede ist, »die beste Technologie im Markt zu entwickeln«, dann wird das durch den nicht vorhersehbaren technologischen Wandel kaum aufrechtzuerhalten sein. Denken wir daran, wie viele Unternehmen verschwunden sind, nur weil das Internet erfunden wurde. Das Commitment muss eine Grundlage besitzen und in Begriffen formuliert werden, die dauerhaft und durch technologischen, politischen und kulturellen Wandel nachhaltig belastbar sind.

Check 2: Ist Sie einladend? Ist Ihr Commitment eine Einladung an diejenigen, die ebenso an das glauben, an das Sie selbst glauben? Kommunizieren Sie mit ihrem Commitment die Offenheit, die Sie brauchen, um andere für Ihre Mission zu begeistern?

Intern: Wenn Sie bspw. verkünden, die beste Reisewebsite zu erstellen, bedeutet dies, dass die einzigen Personen, die daran mitarbeiten wollen, diejenigen sind, die eh schon Reisewebsites oder grundsätzlich Websites erstellen. Einem Buchhalter oder im Back Office Arbeitenden in ihrem eigenen Unternehmen beispielsweise *vermitteln Sie das Gefühl, nicht wirklich dazuzugehören.* Ihr Commitment muss also so formuliert sein, dass jede Person, egal welche Funktion und Rolle sie innerhalb des Unternehmens einnimmt, das Gefühl hat, *direkt zu dieser (gemeinsamen) Sache beitragen zu können* und somit auch ein Teil dieser Sache zu sein (Zugehörigkeit/Identifikation).

Öffentlich: Ebenso wird darüber auch das Unternehmen und ihr Commitment im Außen, von den Menschen und der Gesellschaft, glaubwürdig wahrgenommen, und die Menschen sind *darüber* in der Lage, sich mit dieser Haltung des Unternehmens (gewollt) zu verbinden und im besten Fall zu identifizieren.

Durch das Nutzen der jeweiligen Produkte und Services und durch ebenso persönliches »Repräsentieren« der Marke und Haltung (Logo etc.). Als Referenz dient hier das am häufigsten tätowierte Markenlogo der Welt: das Logo von Harley Davidson. Hier geht es primär nicht um Motorräder, sondern um ein Lebensgefühl (häufig als Symbol für Freiheit angesehen), mit dem sich das Publikum identifiziert.

Check 3: Ist sie wertschaffend? Wertschaffend bedeutet in unserem Verständnis, dass der Hauptnutzen an andere Personen geht und nicht (ausschließlich/primär) an die Mitwirkenden und sich selbst. Leadership bedeutet, dass der Hauptnutzen der Führung anderen als dem Leader selbst zugutekommen muss.

Geld verdienen und Profit machen ist absolut in Ordnung und wichtig. Man darf und sollte auch ehrgeizig sein, Gewinne zu erwirtschaften – jedoch sollte dies nicht der Hauptnutzen des Handelns sein.

Ein langfristig erfolgreicher Verkäufer arbeitet nicht für den eigenen Bonus (Hauptnutzen) – dieser Bonus ist ein Ergebnis, wenn er seinen Job entsprechend gut macht und dieser Job von Wert ist für andere – der Hauptnutzen eines guten Verkäufers sollte sein, anderen Personen dabei zu helfen, das zu bekommen/zu erreichen, was sie kaufen/erreichen möchten.

Für einen Investor muss der Hauptnutzen sein, seine Investition einer anderen Person zu geben, um dadurch sich und das, woran man gemeinsam glaubt, weiterzuentwickeln.

Somit ist der Hauptnutzen des Unternehmens, unabhängig davon, was es verkauft, ebenso einen Mehrwert für das Leben der Menschen darzustellen.

Diese Gedanken werden ihnen dabei behilflich sein, zu entscheiden, welches Statement als »Commitment« für ihre weitere Arbeit am besten geeignet ist.

Den letzten Schliff am Commitment kann das Development-Team dann auch ohne das Accountability Team durchführen. Da es sich bei dem Commitment jedoch um ein solch zentrales Statement handelt, ist es von größter

Wichtigkeit, dass die gesamte Leadership einer Organisation voll und ganz hinter diesem Versprechen an die Welt steht und vereint ist.

Ergebnis: Am Ende der beiden Workshops haben Sie ein klares Commitment formuliert und drei bis fünf konkrete Ziele entwickelt, die dieses Commitment in seiner Wirksamkeit bestätigen und somit messbar sein muss.

Ein paar Beispiele für gelungene Commitments (Mission Statement/Versprechen an die Welt). Erkennen sie die Marke dahinter?

- »To bring inspiration and innovation to every athlete in the world« (Nike: Der Satz fasst in sehr prägnanter Form zusammen, was Nike seinen Kunden und anderen Stakeholdern bietet.)
- »Tee trinkend die Welt verändern« (ChariTea produziert bio- und Fairtrade-Eistee und unterstützt soziale Projekte in den Anbauländern seiner Produkte.)
- »We make the sum of all human knowledge available to every person in the world« (Wikipedia)
- »Spread Ideas« (TED)

Einsatzmöglichkeiten der Ergebnisse
- Das Commitment bildet die Basis für die Arbeit mit dem nächsten, vierten C wie Competences.
- Das Commitment kann auch als »Purpose« der eigenen Organisation betrachtet werden (nur dass es auch eine Umsetzungsdimension beinhaltet).
- Das Commitment (auch: »Markenversprechen« »Leitbild« oder »Mission Statement«) kann für das 7C-Markensteuerungsmodell verwendet werden (aber auch für andere Markensteuerungsmodelle).
- Das Commitment kann (und sollte) ein zentrales Instrument zur Inspiration der »internen Community« sein. Es begründet die Unternehmenskultur. Sehr wertvoll sind Initiativen, die entweder von den Mitarbeiter*innen kommen, oder mit ihnen entwickelt werden, welche allen Mitarbeiter*innen die Chance gibt, sich über den Unternehmensalltag hinaus an sozialen oder gesellschaftlichen Projekten, die eben auch durch das Commitment ermöglicht werden, zu engagieren.

DAS COMMITMENT ALS ANKER FÜR STRATEGIE: JEFF BEZOS / AMAZON

Jeff Bezos, Gründer von amazon.com, beschreibt in einem Interview mit HBR zu einem Zeitpunkt, als Facebook gerade erst ein paar Jahre alt war und noch Jahre vor der Gründung von WhatsApp und Instagram, welche Rolle ein Commitment als strategischer Anker erfüllen kann: »Es hilft, seine Strategie auf etwas zu begründen, das sich nicht ändert«.

»It helps to base your strategy on things that won't change. When I'm talking with people outside the company, there's a question that comes up very commonly: ›What's going to change in the next five to ten years?‹ But I very rarely get asked ›What's *not* going to change in the next five to ten years?‹ At Amazon we're always trying to figure that out, because you can really spin up flywheels around those things. All the energy you invest in them today will still be paying you dividends ten years from now. Whereas if you base your strategy first and foremost on more transitory things – who your competitors are, what kind of technologies are available, and so on – those things are going to change so rapidly that you're going to have to change your strategy very rapidly, too.«[69]

- Somit ist das Commitment auch für etwaiges Employer-Branding relevant.
- Das Commitment übernimmt ebenfalls eine Kontrollfunktion, weil es die Ziele eines Unternehmens messbar macht (im Hinblick auf die Übereinstimmung mit der eigenen Mission).
- Es fungiert als Anker für strategische Entscheidungen.

Beispiele für Commitment

1. CASE/Yousef Hammoudah

Mein Commitment: Ich helfe Menschen und Organisationen dabei, ihre Bestimmung zu entdecken und ihr Potenzial wirkungsvoll und mit langfristiger Perspektive zu entfalten. Mit Leidenschaft, Kreativität und Empathie übersetze ich Erkenntnisse in Strategien, Modelle oder Narrative, um somit die Menschen für ein ethisches, verantwortungsvolles und liebevolles Miteinander zu begeistern.

2. CASE/Ben & Jerrys

Auch hier möchten wir nicht auf Ben & Jerrys als Best Practice verzichten. Dieses Unternehmen meint es wirklich ernst mit seinem Auftrag und bringt es wundervoll auf den Punkt, was Meaningful bedeutet, wie wir es verstehen:

> »Wir lieben es, Eiscreme herzustellen – aber unser Unternehmen zu nutzen, um die Welt zu verbessern, gibt unserer Arbeit ihre Bedeutung. Wir lassen uns von unseren Kernwerten leiten, damit mit allem, was wir tun in jedem Geschäftsbereich, die Menschenrechte und -würde vorangetrieben werden, soziale und wirtschaftliche Gerechtigkeit für in der Vergangenheit marginalisierte Gruppen hergestellt wird und das Ökosystem unserer Erde bewahrt und in Stand gesetzt wird. Mit anderen Worten: Wir nutzen Eiscreme, um die Welt zu verändern.«[70]

3. Case/Patagonia

Patagonia als Beispiel in einem Buch mit dem Titel *Meaning is the New Marketing* nicht zu erwähnen, wäre ein nicht zu entschuldigender Fehler. Patagonia kommt nun mal eine Art Pionierstatus als einer wirtschaftlichen Gesellschaftsform zu, die unsere Idee von ethischem Kapitalismus recht gut abbildet.

Patagonia geht so weit, dass sie ihre Existenz selbst als Aktivismus positioniert und somit jedem Käufer und jeder Käuferin nicht nur ein Gefühl von verantwortlichem Konsumverhalten vermittelt, sondern zu einer Kämpferin und einem Kämpfer für eine bessere Welt macht. Dafür bietet Patagonia sogar konkrete Lösungen an.

Aber lesen sie am besten selbst, welches Commitment Patagonia auf seiner Website zum Ausdruck bringt:

> »Wir sind im Geschäft, um unseren Heimatplaneten zu retten. Wir wollen die uns zur Verfügung stehenden Ressourcen – unsere Stimme, unser Unternehmen und unsere Community – nutzen, um etwas gegen die Klimakrise zu tun.«[71]

Im vierten C bestimmen wir die Fähigkeiten, Ressourcen und Partnerschaften, die
wir für die Umsetzung unseres Versprechens
benötigen. Hier bauen wir unser Team auf,
entwickeln es weiter oder organisieren es neu –
inspiriert von der gemeinsamen Mission und
ausgerichtet auf das Erreichen unserer Ziele.
Hier klären wir, welche Partnerschaften für
unsere Mission relevant und notwendig sind
und nach welchen Kriterien wir sie identifizieren und für unsere Sache begeistern können.

Die Wurzeln: Der Baum schlägt seine Wurzeln in die Tiefe, um alles, was er für ein
nachhaltiges Wachstum braucht, aus dem
Erdreich extrahieren zu können. Je mehr
wir aus dem Schatten in das Licht kommen, desto stärkere Wurzeln schlagen wir,
um stabil zu bleiben, wenn wir zu Gesundheit und Erfüllung wachsen.

Wo Marketing wirklich beginnt

Es gibt in Kuba ein Sprichwort, das lautet »Ein Licht, das von innen her leuchtet, kann niemand löschen«.

Howard Schultz, der Gründer und ehemalige CEO von Starbucks, hatte
eine ähnliche Idee. Ein Zitat, das ihm zugeschrieben wurde, liest sich etwa so:
»Seine Mitarbeiter wohlwollend zu behandeln sollte nicht als Kostenfaktor
betrachtet werden, der den Profit schmälert, sondern als kraftvoller Antrieb
für nachhaltiges Wachstum in einer Weise, die viel weitreichender ist, als es
sich ein einzelner Leader jemals vorstellen kann.«[72] Und damit beschreibt der
Starbucks-CEO recht genau, was den entscheidenden Unterschied zwischen
klassischem, werbegestütztem Marketing (Push) und »Meaningful« Marketing
(Pull) ausmacht.

DIE STARBUCKS CORPORATION

Die Starbucks Corporation versteht ihre Mitarbeiter als Teil ihrer Strategie, um Wettbewerbsvorteile zu erlangen und den Gesamterfolg des Unternehmens voranzutreiben.

Starbucks ist die weltweit erfolgreichste Kaffeemarke aller Zeiten. Bei Starbucks geht es bei Weitem nicht nur um Kaffee, sondern um das Zelebrieren des Markenerlebnisses. Im Mittelpunkt steht, wie sich die Kunden durch das Angebot der Marke fühlen und wofür die Marke in den Augen anderer Menschen steht (Pull).

Partner, nicht Mitarbeiter

Einer der Gründe, warum Howard Schultz kein Franchisemodell eingeführt hat, ist, dass er jedem Mitarbeiter zumindest einen Anteil an Starbucks anbieten wollte. Aus diesem Grund werden Mitarbeiter als »Partner« und nicht als Mitarbeiter bezeichnet.

Was haben unsere Mitarbeiter davon? Man möchte meinen, dabei gehe es nicht um Marketing, doch dabei ist genau diese Frage der Einstieg in die beste Marketing-Investition. Schultz macht aus seinen Mitarbeitern, seinen Baristas, eben »Partner« und gibt ihnen die Möglichkeiten der Entwicklung, um allen Kunden ein unvergessliches Erlebnis zu bieten. Das Management tritt regelmäßig mit den Mitarbeitern in Kontakt und kultiviert den »ehrlichen Austausch auf Augenhöhe«. Auf diese Weise bekommt Starbucks nicht nur besonders motivierte und wertgeschätzte Mitarbeiter, sondern lernt auch unglaublich viel von ihnen. Sie sind diejenigen, die tagtäglich im Austausch mit den Kunden stehen und durch ihre exzellente, unternehmensinterne Ausbildung das Kundenerlebnis hochwertig gestalten können und gleichzeitig am besten erkennen können, wie sich Kundenbedürfnisse entwickeln.

Diese Mitarbeiter sind in der Tat ein enormer Wettbewerbsvorteil. Und wir wissen es doch selbst: Wenn wir in einen Laden gehen und gut behandelt werden, kommen wir wieder und empfehlen ihn weiter. Wenn nicht, tun wir das Gegenteil. Somit wird klar, wie das eigene bedeutsame Marketingnarrativ durch die Organisation und Stärkung seiner eigenen Kompetenz (u. a. Mitarbeiter) entsteht, noch bevor auch nur irgendjemand das Wort »Marketing« in den Mund genommen hat. Denn Meaningful Marketing ist auch, dass Menschen den Wert als positiv und erfüllend erleben, den ein Unternehmen schafft und diesen Wert aufrichtig und proaktiv weiterempfehlen. Sie können sich vorstellen, wie viel teurer es ist, die fehlende Motivation oder Freundlichkeit jener Mitarbeiter über Werbung (Fireworks) kompensieren zu müssen, um Kunden bei der Stange zu halten.

Geld für Mitarbeiter ausgeben

Starbucks gibt erwiesenermaßen deutlich mehr für die Ausbildung und Weiterentwicklung seiner Mitarbeiter aus als der Wettbewerb und bietet ihnen weitreichende Aktienoptionen. Gleichzeitig investieren sie deutlich weniger Budget in klassische Werbung. Aber nicht nur die eigenen Mitarbeiter stehen im Fokus – Howard Schultz hat für Starbucks eine klare Mission:

To inspire and nurture the human spirit – one person, one cup and one neighbourhood at a time.

Die Menschlichkeit wird großgeschrieben

Schultz ist der Überzeugung, dass Starbucks offen sein muss für eine Zeit, in der sich die Anforderungen an Unternehmen verändert haben. Als Unternehmen mehr für die Gemeinschaften zu tun, mehr Wert zu schaffen, als Kasse zu machen, ist auch für die Kunden ein immer wichtigerer Faktor. Somit ist Starbucks ein Paradebeispiel dafür, wie eine konsequente Ausrichtung auf Wertschöpfung für die Menschen der neue Weg ist, um nachhaltig Wert zu schaffen. Aufgrund dieser langfristig ausgerichteten Haltung gilt dies besonders für Shareholder.

Weit über die eigenen Mitarbeiter hinaus bemüht sich Starbucks um eine ethische Wertschöpfung und stellt diese ins Zentrum seiner eigenen hochwertigen Positionierung. Die Marke fördert umweltfreundliche Projekte, konzentriert sich auf die Nutzung erneuerbarer Energiequellen und investiert in die Entwicklung energieeffizienter Anlagen. Während der Wasserverbrauch nach wie vor noch eine Schwachstelle darstellt, begegnet das Unternehmen jedoch den örtlichen Gemeinden kooperativ, um Ressourcen zu recyceln, die es nutzt. Jüngst wurde – nach Wellen des Protests – auch die Vermeidung von Single-Use-Plastikbechern bei Starbucks angegangen.

Hervorzuheben sind ebenfalls diverse Programme für die faire und nachhaltige Zusammenarbeit mit lokalen Kaffee-Farmern weltweit. Initiativen zu fairer Preisgestaltung, Präzision, verantwortungsvollem und umweltfreundlichem Einkauf wurden ebenfalls gestartet und im Interesse der Landwirte überwacht:

Unser Ziel ist es, dafür zu werben, das eigene Wertschöpfungssystem als Marketingplattform zu verstehen – alles dafür zu tun, entlang der gesamten Wertschöpfung den eigenen Idealen treu zu bleiben, da nur dieses Verhalten wirkliche Glaubwürdigkeit erzeugt, und Glaubwürdigkeit/Authentizität und Vertrauen auf dem heutigen Marktplatz die mit Abstand wichtigsten Faktoren für nachhaltige Markentreue oder Unternehmensrelevanz sind.

Die eigene Wertschöpfung ist das beste Testimonial

Im Push verlässt man sich auf die Außendarstellung und kreiert mit Werbefeuerwerken ein bestimmtes Bild von sich, das nicht selten – bislang zumindest – ausreichend war, um den projizierten Absatz der Produkte oder Dienstleistungen zu erreichen. Kurzfristig hilft das bei der Planbarkeit, weil man gemäß etablierter Konversionsraten und Analysen nachvollziehen kann, wie viel Media Spending für wie viel Umsatz sorgt, besonders bei Fast Moving Consumer Goods (FMCG). Messbarkeit wurde für die Werbeindustrie zum Erfolgsschlüssel – an keiner Stelle sind Marketingausgaben leichter zu rechtfertigen, leichter zu prüfen und zu optimieren als bei der Mediaplanung und Umsetzung. Sie können sich vielleicht vorstellen, wie durch die Nutzung von Künstlicher Intelligenz niemand mehr sicher ist vor Optimierung, denn auch die Ermittlung und Darstellung von KPIs (Leistungskennzahlen) ist für sich eine Kunst, die besonders die großen Mediaagenturen besser als alle anderen beherrschen und mit immer weitreichenderen Erfolgsversprechen auf Jagd nach den Budgets der Marketingentscheider gehen. Wie viel Fantasie, Kreativität und Empathie diese Entscheider aufbringen, entscheidet dann, wie weit man sich (doch lieber) auf Performance-Marketing-Faktoren stützt. Doch mit dem Erfolgszug von qualitativen Erfolgsmessmethoden, wie z. B. dem Net Promoter Score (NPS) und der Einsicht, dass gute NPS-Zahlen mit großer Zuverlässigkeit auch positive Marktanteilsentwicklungen und Umsätze versprechen, wird dem Faktor »Brand Value« mehr und mehr Aufmerksamkeit geschenkt und auch Relevanz beigemessen. Es ist der logische Schritt nach dieser Erkenntnis, dass in Zukunft mehr und mehr diejenigen Unternehmen erfolgreich sein werden, die besonders nachhaltig, gehaltvoll, sozial verantwortlich und wertschöpfend sind. Und dafür braucht es nicht unbedingt eine gute Werbung, sondern vor allem eine authentische und transparente Wertschöpfungskette.

NET PROMOTER SCORE

»The only path to profitable growth may lie in a company's ability to get its loyal customers to become, in effect, its marketing department.«[73]

Der Net Promoter Score (NPS) ist ein Marktforschungsinstrument, das von Fred Reichheld entwickelt wurde, dem die eingetragene Marke NPS in Zusammenarbeit mit Bain & Company und Satmetrix gehört. Der NPS ist eine inzwischen weitverbreitete Marktforschungskennzahl, die in Form einer einzelnen Frage an die Bedürfnisgruppe durchgeführt wird:

Wie wahrscheinlich ist es, dass Sie einer befreundeten Person ein Unternehmen, ein Produkt oder eine Dienstleistung (im Folgenden kurz »Bewertungsobjekt«) empfehlen würden? Beantworten sie die Frage bitte auf einer Skala von 1 bis 10. Mit 1 beschreiben Sie, dass sie es überhaupt nicht empfehlen würden, mit 10, dass sie dies unbedingt tun möchten.

Der NPS teilt die Antworten in drei Gruppen auf: Promoter des Angebots sind alle jene, die 9 oder 10 als Wert angeben. Zu »Kritikern« (Detractors) werden alle jene Stimmen gezählt, die einen Wert zwischen 1 und 6 angeben. Alles dazwischen (7 oder 8) wird als passiv bezeichnet und in der Kalkulation des NPS-Wertes unberücksichtigt gelassen.

Diese Kalkulation ist sehr einfach. Die Anzahl der Kritiker des jeweiligen Bewertungsobjekts wird von der Anzahl der Promotor abgezogen. Das Ergebnis der Berechnung wird in der Regel als Ganzzahl und nicht als Prozentsatz ausgedrückt und beschreibt den NPS. Dieser kann daher zwischen −100 (von z. B. 100 Befragten bewerteten 100 Leute ein Bewertungsobjekt mit Werten zwischen 1 und 6) bis +100 liegen (alle wählten entweder 9 oder 10). So gesehen ist es schon mal ein kleiner Erfolg, wenn das Bewertungsobjekt überhaupt positiv abschneidet, d. h. mehr Menschen auf diese Frage mit 9 oder 10 antworten als die Summe der Befragten, die einen Wert zwischen 1 und 6 auswählten.

Der NPS wird normalerweise als Indikator für die Kundenbindung (Loyalität) interpretiert und verwendet. In einigen Fällen wurde argumentiert, dass dies mit dem Umsatzwachstum im Vergleich zu Wettbewerbern korreliert, obwohl auch gezeigt wurde, dass die NPS-Werte zwischen den Branchen erheblich variieren. NPS wurde von Fortune-500-Unternehmen und anderen Organisationen weitgehend übernommen.

Befürworter des Net-Promoter-Ansatzes behaupten, dass die Punktzahl verwendet werden kann, um eine Organisation zu motivieren, sich stärker auf die Verbesserung von Produkten und Dienstleistungen zu konzentrieren. Ab 2020 werden Versionen des NPS jetzt von zwei Dritteln aller Fortune-500-Unternehmen verwendet.

Der Net Promoter Score hat natürlich auch seine Schwächen. Der Wert verrät einem Unternehmen nicht, wie der Wert zustande kommt; dafür braucht es weitere, tiefer gehende Forschungsarbeit, jedoch besticht das Modell durch die Grundkonzeption der Fragestellung.

NPS – Index der Relevanz

Denn wenn man sich die Frage genauer ansieht, erkennt man, dass es bei dieser Frage auch um den Grad der Identifikation geht, den Menschen für das Bewertungsobjekt aufbringen möchten. Denn heutzutage ist es immer auch eine Frage des sozialen Einflusses, somit die des sozialen Status im eigenen sozialen Umfeld: Eine Empfehlung auszusprechen, bedeutet nämlich, sich aktiv die die Qualitäten und Status-fördernden Facetten eines Bewertungsobjektes zunutze zu machen.

Das funktioniert dann am besten, wenn man sich von der Empfehlung eines Angebots verspricht, dass die ausgesprochene Empfehlung positiv auf die Wahrnehmung des Selbst Einfluss nimmt. Das sind die Gedanken, die uns durch den Kopf gehen, wenn wir über die Frage nachdenken, wie wahrscheinlich ist es, dass wir ein Angebot einem Freund empfehlen würden. Würde ich das empfehlen? Was würde das bedeu-

ten? Ich habe Verantwortung für meine Freunde, ich möchte ihnen nichts empfehlen, was schlecht für sie ist, da es dann auf mich selbst zurückfiele. Wenn die befreundete Person jedoch durch diese Empfehlung eine Aufwertung des eigenen Lebens (= Wert im Leben der Menschen) erfährt, dann hat dies auch positive Effekte auf die Weise, wie ich von dem/der Freund*in wahrgenommen werde.

Aus diesem Blickwinkel betrachtet, erforscht der Net Promoter Score also, wie groß die Identifkations*bereitschaft* ist, und unterstreicht somit genau die Relevanz und Wichtigkeit jener Arbeit des Bewertungsobjekts, die wir im 7C-Modell in den ersten drei Cs behandeln und welche im vierten C wie Competence, unter dem Unterbereich »Ressourcen«, als wichtiger Faktor (Forschungsdaten, Forschungsergebnisse) enthalten sind.

In unserem Wertschöpfungssystem übernehmen daher die zwei »Reflexionsmomente« vor der Forschung und nach der Entwicklung (vor der Promotion) eine essenzielle Funktion, weil sie dabei helfen, die universelle Empathie zu schärfen und den Grad zu justieren, nach dem die eigene Wertschöpfung auf die Schaffung von Werten für das Publikum ausgerichtet ist, da wir dort die tiefen, echten Bedürfnisse unseres Publikums entschlüsseln lernen. Je mehr es uns also gelingt, diese Abfrage nicht nur in Form anonymer Befragungssysteme zu implementieren, sondern durch den nachhaltigen Aufbau von Beziehungen zu einer Auswahl von aufrichtigen Stellvertreter*innen unseres Publikums zu kultivieren, desto stärker lassen sich diese Menschen auch in die Übersetzung der Erkenntnisse und die tiefere Ergründung von NPS-Ergebnissen einbeziehen.

From NPS to Community Building

Dieser kleine Prozess, den wir »mutual Understanding« in unserem Circle of Trust nennen und der die zweite Phase in unserem Beziehungsmodell beschreibt, bildet ebenfalls einen der Grundpfeiler der eigenen Brand Community, denn niemand fühlt sich so sehr als Teil einer Marke, eines Unternehmens, einer Bewegung oder einer Organisation als jemand, dessen Meinung regelmäßig und aufrichtig für die Ausrichtung der eigenen Arbeit hinzugezogen wird. Das Fundament für Markenloyalität liegt also in der konsequenten Ausrichtung des eigenen Wertschöpfungssystem auf die Lösung der Probleme der eigenen Community – dass dieser Prozess zu einem der innovativsten und effektivsten Formen des Marketings führen kann, beschreibt unser Best Practice, der Showcase der adidas Runners.

Authentische und transparente Wertschöpfung

Pull-Marketing fängt in unserem Verständnis jedoch schon bei der Ausgestaltung der Wertschöpfungskette an. Hier gilt es, vorausschauend all die Dinge, die nach außen (und in der Zukunft) versprochen werden, bereits während der Entwicklung, Herstellung, Lieferung und Lagerung nach innen hin einzuhalten.

Wenn andere über uns sagen, dass wir für etwas stehen, dem es sich zu folgen lohnt, dann hat das exponentiell mehr Marketingwirkung als jede bezahlte Werbung, denn sie ist echt, und Werbung ist per Definition erst mal gekauft. Und wenn diese anderen die eigenen Mitarbeiter sind, ist das umso glaubwürdiger, denn es gehört eher zum Alltag, dass sich Leute über ihren Arbeitgeber beschweren. Viel wichtiger ist aber: Wenn nicht einmal die eigenen Mitarbeiter glauben, was wir sagen, und dem folgen, wofür wir stehen, dann verwundert es nicht, warum in vielen Fällen so viel Geld in Werbung investiert werden muss.

Logistik, Personal, Infrastruktur, Rohstoffe – Alles Marketing

Es ist ihnen vermutlich schon klar, worum es in diesem vierten C wie Competences geht: darum, alles, was es zur Erfüllung der eigenen Mission braucht, zusammenzubringen. Das wären zum Beispiel Menschen und ihre Fähigkeiten, Partnerschaften und Ressourcen. Unter Ressourcen fällt alles, was nicht zu Fähigkeiten oder Partnerschaften gehört, zum Beispiel Rohstoffe, Intellectual Property, Logistik, Hardware, Patente oder digitale Assets wie Datenbanken, Server oder Daten.

Wir möchten diese Gedanken um eine Dimension erweitern. Nicht nur nach dem klassischen Begriff findet ein wesentlicher Teil der tatsächlichen Marketingarbeit genau in diesem Abschnitt statt. Ethische Verantwortung in der Zusammenstellung des eigenen Wertschöpfungssystems ist ein wesentlicher Bestandteil von Meaningful Marketing.

Positive Nutzerbewertungen – Die neue Währung im Marketing

Versuchen sie einmal, die eigenen Leute, die Partnerschaften, ihre ganz besonderen Methoden, ihre Qualifikationen oder ihre wundervolle Geschichte als Marketinginstrument im Sinne der Öffentlichkeitsarbeit zu sehen, nur dass es auch um Menschen geht, und diese sind selbstverständlich keine Objekte und erst recht keine Instrumente. Wenn wir sagen, dass sich der Perspektivwechsel lohnt, dann nicht, weil wir Buchhaltungskolleginnen für Unternehmens-Promotion zu nutzen gedenken, sondern weil eine glückliche Kollegin, egal in welcher Abteilung, mehr für den Ruf ihres Unternehmens tut als jede Werbung. Dabei spielt es keine Rolle, ob Sie ein global Player oder ein Drei-Personen-Start-up sind. Jede Person beeinflusst mit ihrer Meinung ein soziales Feld – in Zeiten der durchdringenden Digitalisierung ist dieses soziale Feld exponentiell größer und die individuelle Meinung mächtiger als je zuvor in der Geschichte des Marketing, denn während man früher mit seiner Meinung auf einen kleinen Kreis von Menschen limitiert war, den man einigermaßen regelmäßig persönlich traf, wird durch digitale soziale Kanäle, Plattformen und Netzwerke jedes Individuum zu einer Art Micro-Influencer. Dazu gehören neben den eigenen Mitarbeitern, Partnern, Kunden auch Interessierte, Fans, Bekannte, Verwandte und Freunde. Die Summe der Meinungen all dieser Menschen, die mit Ihrem Unternehmen direkt oder indirekt zu tun haben, ist so groß und das Verständnis von Peer-to-Peer-Empfehlungen so sehr gelernt, dass es inzwischen unmöglich ist, unfaires, nicht nachhaltiges, sozial verantwortungsloses Verhalten innerhalb eines Unternehmens geheim zu halten.

Es gibt inzwischen ähnlich viele Angebote, die genau jene Qualität von Unternehmen bewerten, wie jene Plattformen, in denen die Angebote der Unternehmen selbst bewertet werden. Reviews auf Google, Amazon oder den Social Networks gehören genauso dazu wie Plattformen, die Lehrer, Ärzte oder Arbeitgeber bewerten lassen. Und genau diese sehr schwer zu manipulierende Masse an Meinung zum eigenen Angebot bzw. zum eigenen Verhalten ist das zentrale Marketing-Spielfeld. Wie bereits mehrfach erwähnt, den Angaben anderer Nutzer traut man nun mal vielfach mehr als den Angaben des Anbieters selbst. Und während man über sich selbst immer in den höchsten Tönen spricht, muss man sich schon sehr bemühen, sein gesamtes Wertschöpfungssystem zu justieren, um auf diesem Spielfeld der Nutzerbewertungen und Reviews, der Sentiment-Analysen aus dem, was Menschen über die eigene Marke in sozialen Netzwerken sagen und schreiben, erfolgreich zu sein und positiv wahrgenommen zu werden.

Die Investition in die Entwicklung der Talente, für die Sie verantwortlich sind, die Qualität der Ressourcen, die Sie nutzen, die Nachhaltigkeit der Logistik, die Sie aufbauen, die Auswahl der Partnerschaften, die Sie in Ihrem Wirken aufbauen – all dies sind Entscheidungen, die den größten Einfluss auf Ihren Marketingerfolg haben. Jeder Slogan, jede Kampagne, jedes Testimonial, jedes Google Adword dieser Welt ist nur so gut wie das schwächste Glied in Ihrer eigenen Wertschöpfungskette. Denn was Sie bekommen, wenn Sie in der Werbung von Gerechtigkeit sprechen, Ihre Mitarbeiter, Partner oder Kunden ungerecht behandeln, können Sie sich denken – einen Shitstorm.

Die Wertschöpfung hingegen beschreibt, wie Sie wirklich sind, wie sich Ihr Unternehmen wirklich als Teil unserer Weltgemeinschaft präsentiert – jedoch nicht im Sinne der Marketingkommunikation, der durchgängig geprüften und polierten Außendarstellung, sondern wie Sie tatsächlich Ihren Wert erzeugen – und natürlich für wen!

Im Bereich Competences (Fähigkeiten und Ressourcen) bestimmen Sie, wie sie produzieren, liefern, arbeiten, mit ihren Mitarbeitern umgehen, Ressourcen organisieren Sie bestimmen dort, welches Material sie auswählen, mit welchen Partnern Sie agieren etc. Wenn die ersten drei Cs in unserem 7C-Modell Ihnen helfen, das eigene »WHY« zu entschlüsseln, dann steht das vierte C wie Competence ganz und gar für das »HOW«.

Während das WHY bei Sinek so viel bedeutender scheint als das HOW, ist es in unserem Verständnis nicht weniger wichtig für den Erfolg Ihrer Marketingarbeit. Denn in unserem Verständnis ist Glaubwürdigkeit das Fundament für Vertrauen und Vertrauen der zentrale Faktor für das nachhaltige Überleben einer Organisation, welche die Verbrauchs-/Konsum- und Empfehlungsmechanismen unserer Zeit sind. So gesehen passt genau genommen unser gesamtes 7C-Modell in die Mitte von Simon Sineks goldenem Kreis. Und andersherum spielt Ihr »WHY« in jedem der 7Cs eine entscheidende Rolle. Denn wir empfehlen, dass in allem was Sie tun, Ihr Charakter, Ihre Werte, Ihr Versprechen verstanden werden und Wirkung erzielen.

Begriffsdefinition Kompetenzen, Ressourcen, Partnerschaften (Competence)

Wie auch bei den anderen Cs ist der Begriff Competence sehr allgemein gehalten. Wir hatten bei der Arbeit an diesem Modell jedoch ein konkretes Verständnis davon, was Kompetenz ist.

Kompetenz

Kompetenz beschreibt für uns den Prozess, Fähigkeiten, Ressourcen und Partnerschaften effektiv, zielführend und erfolgreich aus dem inneren Zentrum heraus bei einer Problemlösung zum Einsatz zu bringen.

Uns hat besonders die Definition des deutschen Psychologen Franz Weinert inspiriert. Laut Weinert sind Kompetenzen »die bei Individuen verfügbaren oder durch sie erlernbaren kognitiven Fähigkeiten und Fertigkeiten, um bestimmte Probleme zu lösen, sowie die damit verbundenen motivationalen, volitionalen und sozialen Bereitschaften und Fähigkeiten, um die Problemlösungen in variablen Situationen erfolgreich und verantwortungsvoll nutzen zu können.«[74]

Kompetenz ist also mehr als nur Wissen, denn ohne praktische Skills, Kraft oder die Motivation, wirklich etwas verändern, Probleme lösen oder neue Ideen etablieren zu wollen, wird selbst die größte »Kompetenz« unwirksam bleiben. Unser Verständnis von Kompetenz schließt die Ganzheit unseres Seins ein, sie erlangt vollumfänglich durch die Verbindung von Körper, Geist und Seele ihre Wirkung, die wir brauchen, um Probleme ganzheitlich zu betrachten und zu lösen. So betrachtet, ist es für den Aufbau unserer Kompetenz unerlässlich, auf allen drei Ebenen zu entwickeln, auch in allen drei Unterbereichen: Fähigkeiten, Partner, Ressourcen. Auf diese Weise bilden Character, Commitment und Competence die Dimensionen, in die sich unser Verständnis von Wertschöpfung einordnet. Kompetenz bedeutet: Skills (Fähigkeiten, Mitarbeiter), Ressourcen (Wissen, Technologie, Infrastruktur), Partner (externe Anbieter).

Die Motivation ergibt sich aus: Character plus Commitment

Wertschöpfungskette

Unser Verständnis von Wertschöpfungskette ist vermutlich etwas philosophischer gelagert, als Sie es in ihrem Marketingstudium gelernt haben. Das Gabler-Wirtschaftslexikon definiert die Wertschöpfungskette als »Leistungskette, Value Chain. Managementkonzept von Porter (amerik. Betriebswirt, geb. 1947). Die Wertschöpfungskette stellt die zusammenhängenden Unternehmensaktivitäten des betrieblichen Gütererstellungsprozesses grafisch dar.«[75]

Das Modell von Porter, das bis heute als globaler Standard für Wertschöpfung in der Wirtschaft betrachtet wird, basiert auf einer vertikalen Achse, auf der fünf Primäraktivitäten nacheinander chronologisch durchlaufen werden, was den eigentlichen Wertschöpfungsprozess erzeugt. Diese fünf Elemente sind

1. interne Logistik,
2. Produktion,
3. externe Logistik,
4. Marketing und Verkauf sowie
5. Service.

Über diese fünf Elemente etabliert Porter weitere vier Ebenen, die er »Unterstützungsaktivitäten« nennt, welche den Wertschöpfungsprozess ergänzen und über die gesamte Breite des Wertschöpfungsprozesses reichen:

1. Unternehmensinfrastruktur
2. Human Ressource Management
3. Technologieentwicklung
4. Beschaffung

Nach Porter beinhaltet jede Unternehmensaktivität das Potenzial, Abgrenzung gegenüber dem Wettbewerb zu steigern, und ist nach Kosteneffizienzgesichtspunkten ein zentraler Faktor für die Steigerung von Gewinnmargen.[76]

Die Agilitätsbewegung hat diese Art von Wertschöpfungskette übernommen und daraus einen Kreis gemacht – im Prinzip mit denselben Schritten, jedoch in kleineren Abständen.

Meaningful Marketing basiert in unserem Verständnis auf den gleichen Prinzipien, die, darauf ausgelegt, schnell und viel über die eigene Wirksamkeit zu lernen und sich auf diese Weise schnell zu verbessern, um sich auf diese effektiv und erfolgsorientiert zu entwickeln. Wir betrachten jedoch die Ergänzung der Motivationsebene (jenseits von reinem HR-Management) als zentrales Element und positionieren diese Motivationsebene ins Zentrum des Wertschöpfungskreislaufs. Dieses zentrale Element entspricht Character, Challenge & Commitment, den ersten drei Cs des 7C-Modells. Aus dem Character entspringt die Challenge, aus der Challenge wiederum entsteht das Commitment.

Das Commitment ist das Herz der Wertschöpfung

Gemäß Weinerts Definition vom Kompetenz entspricht das Commitment dem Faktor »Herz«, oder den »damit verbundenen motivationalen, volitionalen und sozialen Bereitschaften und Fähigkeiten, um die Problemlösungen in variablen Situationen erfolgreich und verantwortungsvoll nutzen zu können«.[77]

Das vierte C wie Competence versteht sich als Rahmenwerk für Wertschöpfungsprozesse, wir nennen es das 7C-Wertschöpfungssystem. Es besteht aus sechs verschiedenen Phasen, die zirkulär in der gleichen Reihenfolge durchlaufen werden – unterteilt in die erste Stufe der Wertschöpfung, die ihren Fokus im Inneren (Phase 1 – Forschung, Phase 2 – Entwicklung & Design, Phase 3 – Herstellung) hat und die zweite Stufe der Wertschöpfung, die ihre Ebene im Äußeren hat (Phase 4 – Promotion, Phase 5 – Vertrieb/Experience, Phase 6 – Kundenbeziehungsmanagement/CRM).

DAS 7C WERTSCHÖPFUNGSSYSTEM TEMPLATE/CANVAS
(DAS 4. C, WIE »COMPETENCE«)

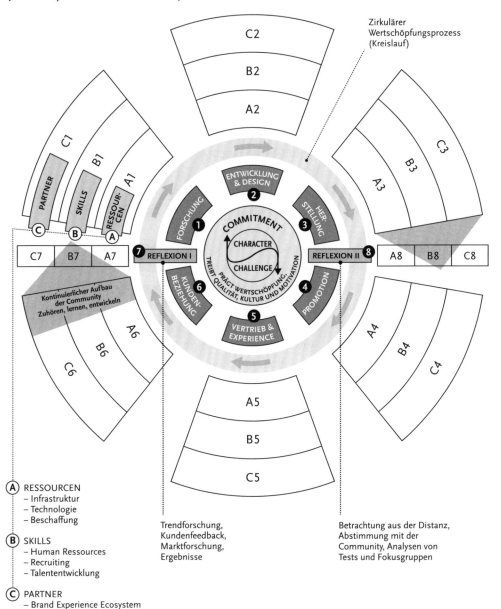

Zirkulärer
Wertschöpfungsprozess
(Kreislauf)

C2

B2

A2

C1

B1

A1

PARTNER

SKILLS

RESSOUR-
CEN

ⒸⒷⒶ

C7 B7 A7

⑦ REFLEXION I

Kontinuierlicher Aufbau
der Community
Zuhören, lernen, entwickeln

A6

B6

C6

C3

B3

A3

ENTWICKLUNG
& DESIGN ②

FORSCHUNG ①

HER-
STELLUNG ③

COMMITMENT

CHARACTER

CHALLENGE

PRÄGT WERTSCHÖPFUNG,
TREIBT QUALITÄT, KULTUR UND MOTIVATION

KUNDEN-
BEZIEHUNG ⑥

PROMOTION ④

VERTRIEB &
EXPERIENCE ⑤

⑧ REFLEXION II

A8 B8 C8

A4

B4

C4

A5

B5

C5

Ⓐ RESSOURCEN
– Infrastruktur
– Technologie
– Beschaffung

Ⓑ SKILLS
– Human Ressources
– Recruiting
– Talententwicklung

Ⓒ PARTNER
– Brand Experience Ecosystem

Trendforschung,
Kundenfeedback,
Marktforschung,
Ergebnisse

Betrachtung aus der Distanz,
Abstimmung mit der
Community, Analysen von
Tests und Fokusgruppen

Zu Beginn jeder Wertschöpfungsstufe gibt es eine »Reflexionszeit«, zwei Momente während des Wertschöpfungskreislaufs, in denen neue Erkenntnisse gesammelt und ausgewertet werden, qualitative Interviews geführt werden, um den Kompetenzfaktor für das Anwendungsobjekt zu optimieren.

Die erste dieser beiden Phasen bezieht Daten und Erkenntnisse von innen und außen mit ein – mit dem Fokus auf die innere Umsetzung. Von außen bezieht unsere Herangehensweise empirische Daten, Trendreports, bestehende Projekt-Reviews oder vorhandenes Dokumentationsmaterial mit ein. Von innen wird das Feedback des Teams, der engen Partner und aller Mitarbeiter kondensiert. Diese erste Reflexion beginnt noch vor der Forschungsphase und bildet ebenfalls den Abschluss eines jeden Wertschöpfungszyklus.

Die zweite Reflexionsphase ist ebenfalls nach innen und außen gerichtet und erforscht sowohl die Erkenntnisse der beteiligten Teams als auch die Resonanz von Prototypen oder Konzeptskizzen bei Testnutzern, um für authentische Kommunikation der Folgephase (Promotion) vorbereitet zu sein.

Jeder Schritt des Wertschöpfungssystems ist eine Chance, über Optimierungsmöglichkeiten hinsichtlich ökologischer Nachhaltigkeit, ethischer und sozialer Verantwortung nachzudenken, betrachten Sie es mal als ein niemals schließendes »Window of Opportunity«. Doch wirklich »meaningful« wird es erst, wenn der gesamte Wertschöpfungsprozess aus dem inneren Kern, aus Character, Challenge und dem Commitment entsteht. Nur wenn diese beiden Pole der Organisation wirklich verbunden sind, kann eine authentische Verkörperung von Purpose entstehen, nur dann grenzt man sich wirklich von jenen Unternehmen ab, die »Meaning« als »Gimmick« missverstehen.

Die Kompetenz bringt die Wertschöpfung zur Welt
Wie die Ringe einer Zwiebel umschließt nun die Kompetenz diesen zirkulären Wertschöpfungsprozess und macht ihn so zu dem Wertschöpfungssystem.

Diese drei verbindenden Ebenen sind

1. Skills (Talent Relation, Development & Recruiting)
2. Partnerschaften (Brand Experience Ecosystem)
3. Ressourcen (Infrastruktur, Technologie, Einkauf, digitale Assets)

Für jede der oben genannten sechs Phasen gibt es also eine Liste notwendiger Skills, Partnerschaften und Ressourcen (insgesamt 18 Felder).

Das Marketing-RaDaR von Forrester ist nun ein effizientes Model um als Plattform alle 18 Felder in ein »Brand Experience Ecosystem« zu übersetzen. Auf diese Weise erkennt man, dass auch in den Phasen 1–3 bereits Reichweite, Erlebnis und Beziehung entstehen kann. Somit entwickelt sich der Prozess zu einem zirkulären, agilen, multidimensionalen Wertschöpfungssystem, das gleichermaßen für kleine Influencer-Teams funktioniert wie für global tätige Organisationen.

Workshop 4. C: Die Analyse, Entwicklung und/oder Optimierung unserer gesamten Wertschöpfungskette und die Überführung in ein agiles Wertschöpfungssystem

▶ **Ziel:** In der Arbeit mit dem vierten C wie Competence optimieren wir unser Wertschöpfungssystem nach Gesichtspunkten der bedeutsamen Entwicklung von Werten für unser Publikum und erstellen ein Brand Experience Ecosystem, inspiriert vom Forrester-Marketing-RaDaR-Modell.

▶ **Teilnehmende:** Development-Team und Competence-Team

▶ **Benötigte Ressourcen:** alle Inhalte, Ressourcen oder Materialien, welche die bisherigen Wertschöpfungskette oder die bisherigen Konzepte zur Wertschöpfung und seinen Prozessen beschreiben. Eine Übersicht zu bestehenden Partnerschaften, Dienstleistern und Tools bzw. genutzten Drei-Party-Plattformen. Ausführliche Information zur eigenen Belegschaft, den internen, aber auch externen Kräften. Idealerweise stehen hier auch Information zur Reife ihrer Diversitäts- und Inklusionsbemühungen zur Verfügung.

▶ **Format:** hybrid, rein virtuell oder alle in einem Raum.

▶ **Rollen:** Moderation hosted, Assistant dokumentiert (Notizen), alle anderen nehmen aktiv teil.

- **Dauer/Zeitraum:** Der Umfang dieser Arbeit kann sehr unterschiedlich sein, je nach Größe und Umfang des Wertschöpfungssystems, daher empfehlen wir hier, in vier Phasen vorzugehen:

- **Phase 1:** Konsolidierung und Sondierung
  Ein Workshop (2–3 Stunden) im Entwicklungsteam mit Verantwortlichen aus den Bereichen Operations, HR, IT, Procurement etc., in dem es nur darum geht, die grundsätzliche Struktur der Wertschöpfung zu skizzieren.

- **Phase 2:** Wertschöpfungsanalyse, Forschung und Detaillierung
  Danach eine Serie von Workshops, die gleichermaßen als qualitative Forschung innerhalb und außerhalb des Unternehjmens verstanden werden sollte, um das Template unseres Wertschöpfungssystems mit hochwertigen Inhalten und Angaben zu füllen.

- **Phase 3:** Reinigung und Verdichtung des Wertschöpfungssystems
  Ein bis zwei Workshops im Entwicklungsteam, jeweils drei bis fünf Stunden um das gesamte Wertschöpfungssystem in sich zu prüfen, weiter zu konsolidieren und die zentralen, essenziellen Punkte in jedem der 18 Felder herauszuarbeiten, ohne die Vollständigkeit zu beeinträchtigen.

- **Phase 4:** Übersetzung ins Brand Experience Ecosystem
  Ein bis zwei Workshops im Entwicklungsteam, jeweils zwei bis drei Stunden, um das System in den Forrester RaDaR zu übertragen und dabei »Touchpoints« zu definieren, welche die zentrale Planungsumgebung für die spätere Kommunikationsstrategie darstellt.

- **Zusammenfassung:** Im ersten Workshop skizzieren wir die Grundstruktur der Wertschöpfungskette, wie sie derzeit beschaffen ist und ermitteln, welche Experten aus den verschiedenen Bereichen der Entwicklung es in der Folgephase braucht, um das Wertschöpfungssystem präzise und vollständig aufzusetzen. In der zweiten Phase werten wir alle Materialien, Forschungsergebnisse, qualitativen Insights aus und reichern sie mit Gesprächsergebnissen an, die wir durch Interviews mit Schlüsselprotagonist*innen für unsere Wertschöpfungsoptimierung führen. Im dritten Schritt konsolidieren wir die Masse der gesammelten und strukturierten Eingaben, gleichen sie an, sodass sie universell vergleichbar und nutzbar werden, und überprüfen/optimieren sie hinsichtlich unseres ethischen Kerns der ersten drei Cs. Im letzten Schritt übertragen wir zentrale Touchpoints der Wertschöpfung auf den Marketing-RaDaR und erschaffen auf diese Weise unser vollständiges Brand Experience Ecosystem, das uns für die gesamte Kommunikationsarbeit als zentrale Plattform dienen wird.

Vorgehensweise Teil 1
Moderation bespricht die Zielsetzung des ersten Workshops und präsentiert allen teilnehmenden Personen die bisherigen Ergebnisse der ersten 3 Cs: Character, Challenge und Commitment.

Wenn allen Beteiligten klar ist, worum es bei dieser Übung geht, beginnen wir, die aktuell existierende Wertschöpfungskette zu skizzieren. Hier nutzen wir bestehende Unterlagen, sollte es welche geben und diskutieren sie bzw. bringen sie mithilfe des Teilnehmer*innen-Kreises auf den neuesten Stand. Wir füllen gemeinsam alle Kompetenzen entlang der Wertschöpfung aus:

1. Forschung: Generierung von Insights
   - Skills (Empathie, Interviews, Assessment …)
   - Partner (…)
   - Ressourcen (…)
2. Entwicklung (von Produkten/Services/Storys oder Unternehmen)
   - Skills
   - Partner
   - Ressourcen
3. Herstellung/Produktion
4. Vertrieb/Sales
5. Promotion/Kommunikation
6. Customer Relationship Management

Wir diskutieren vor allem die zentrale Frage: Wird diese Form der Wertschöpfungskette, wie sie aktuell existiert, unserem Anspruch an ethischer, moralischer und sozialer Qualität gerecht, die wir in den ersten drei Cs etablieren konnten? Was müssen wir noch an der grundlegenden Prozesskette verändern, um diesem Anspruch gerecht zu werden? (Sichere unterste Zeile). Bei der Gelegenheit besprechen wir ebenfalls, welche Teilnehmer*innen für die zweite der Entwicklung notwendig sind (Spezialisten, Experten etc.).

Vorgehensweise Teil 2:

Wir erstellen eine Liste mit allen benötigten Fachkräften, Impulsgeber*innen, Spezialist*innen entlang der existierenden Wertschöpfungskette und organisieren mit ihnen eine Reihe von Workshops. In kleineren Teams oder Unternehmen ist es vermutlich ausreichend, mit einer Gruppe die gesamte Kette durchzugehen und gemeinsam die Kette in das System zu übersetzen. Bei größeren Unternehmen ist es ratsam, die Arbeitsgruppen nach den Prozesselementen zu segmentieren, sodass es einen Workshop pro Wertschöpfungsphase gibt. In beiden Fällen werden bestehende Prozesse und Strukturen in Frage gestellt:

- Entspricht die Art, wie wir Dinge tun, unserem Werteverständnis (Character Check-in)?
- Helfen wir das definierte Problem zu lösen (Challenge Check-in)?
- Hilft es uns, unser Versprechen an die Welt einzulösen (Commitment Check-in)?

Gemeinsam werden diese Fragen für die grundlegenden Prozesse besprochen und gemeinsam Optimierungspotenziale definiert, die in eine neue Version des Template der Wertschöpfungskette eingetragen werden (s. Abbildung oben).

Vorgehensweise Teil 3

Zurück im kleinen Entwicklungskernteam werden die Ergebnisse des zweiten Workshops zusammengeführt, kondensiert und die essenziellen Punkte in das neue Template übertragen, in dem die Kette zu einem Kreislauf wird. Auf Basis dieser nun zirkulären Darstellung findet dann eine erneute Prüfung statt, um herauszufinden, ob diese optimierte Form der Wertschöpfungskette den ersten drei Cs gerecht wird. Als zusätzlicher Faktor bietet sich an, eine vierte Ebene entlang des gesamten Kreislaufs hinzuzufügen: die Ebene der Erfolgsmessung.

Hier fügen wir pro Phase ein, nach welchen Kriterien oder KPIs wir den Erfolg der Arbeit in den entsprechenden Abschnitten des Wertschöpfungssystems messen können. Hier empfiehlt es sich, diese Kriterien auch für die beiden Reflexionsphasen zu definieren. Im Wertschöpfungssystem sollte die KPI-Definition auf einer eigenen Ebene entlang der gesamten Wertschöpfungskette für alle acht Phasen (sechs Wertschöpfung plus zwei Reflexion) mitbestimmt werden.

Vorgehensweise Teil 4
Im letzten Teil übersetzen wir die Ergebnisse/Touchpoints in den Forrester Marketing-RaDaR. Wir betrachten im Team jedes einzelne der 24 Felder (sechs Phasen plus zwei Reflexionsmomente auf drei Ebenen: Reach/Depth/Relationship) und ermitteln, welche Touchpints sich daraus für das Brand Experience Ecosystem (Marketing-RaDaR) ergeben.

DAS FORRESTER MARKETING RADAR ODER AUCH: DAS BRAND EXPERIENCE ECOSYSTEM MODEL

Der Forrester Marketing-RaDaR ist in drei Ebenen untergliedert:

1. ÄUSSERE EBENE: REACH/REICHWEITE

Die äußere ebene: Reach/Reichweite definiert die Touchpoints (Kontaktpunkte/Berührungspunkte), die helfen, Aufmerksamkeit für das Anwendungsobjekt zu generieren. Im klassischen Sinne wird hier Werbung genutzt, z. B. Außenwerbung oder online über Google-Adwords, Banner oder Advertorials. Ebenso sind Partnerschaften mit Influencern inzwischen ein Standard in der Generierung von Aufmerksamkeit für das eigene Angebot. Betrachtet man jedoch die Mechanik der Aufmerksamkeit, dann sind sowohl Influencer als auch Werbung grundsätzlich nicht vertrauenswürdig, da das Publikum erkennt: Hier wurde jemand bezahlt, um etwas positiv zu präsentieren. Mit etwas Tiefe und Kreativität lassen sich aber aus dem Wertschöpfungssystem noch weitere praktikable Ansätze finden, um Reichweite zu generieren. Arbeitet man z. B. mit Trendforschern, Special-Interest-Influencern, Kulturinstituten etc. zusammen, um seine eigene Forschung zu betreiben, dann kann man darüber nachdenken, wie man gemeinsam die Erkenntnisse der Forschung visualisiert und über Infografiken auf deren (Online- oder Offline-)Plattformen publiziert. Das ist für alle Beteiligten attraktiv: Die Forscher und Influencer haben einen spannenden Case mit Insights, über die sie berichten können, das Anwendungsobjekt erscheint in einem Kontext der Forschung, was auf einen qualitativen Anspruch hindeutet und somit die Relevanz des eigenen Angebots begründet oder erhöht, und Sie erhalten zusätzliche Reichweite durch die eingebundenen Partner. Das Besondere an dem RaDaR ist auch, dass die Touchpoints-Ebenen in Verbindung miteinander stehen. Sie sollten also in jeder Bespielung eines Touchpoints die Verbindung zur nächsten Touchpoint-Ebene im Auge haben. Jeder REACH-Touchpoint sollte also im besten Falle das Publikum durch seine Aktivierung zu der aktiven Teilnahme an einem Erlebnis auf der DEPTH-Ebene inspirieren, somit erhält der Touchpoint eine konkrete Funktion, welche über die reine Aufmerksamkeitserzeugung hinausgeht: Es geht um die Konversion zu einer persönlichen Begegnung mit dem interessierten Menschen, potenziellen Kunden oder begeisterten Fan.

2. INNERE EBENE: DEPTH/Erlebnis

Der innere Ring beschreibt genau die Ebene, auf der die persönliche Begegnung stattfindet. Idealerweise ist diese Begegnung tatsächlich persönlich, d. h. sie findet in einem Büro, Laden, Store, Coffeeshop, Messestand, bei einer Veranstaltung oder in einem Brand Experience Space statt (siehe MADE- oder RUNBASE-Cases) – das gibt Ihnen die Möglichkeit, in einem zwischenmenschlichen Austausch zu kommen und wirklich empathisch zu arbeiten: zuzuhören, die Bedürfnisse des Publikums kennenzulernen, Fragen zu stellen und ein Gespür für Lernpotenziale zu bekommen (Was können wir besser machen, wie können wir unsere Wertschöpfung optimieren). Doch auch ohne menschliche Schnittstelle, z. B. über Apps, Dialogsysteme, Großveranstaltungen, Sportevents, Umfragen, eigene E-Commerce-Plattformen oder bei Handelspartnern, ist es möglich, einen bestmöglichen Eindruck zu hinterlassen, sodass hier die Konversion von Erlebnis zu einer Beziehung erreicht wird, denn das ist für die DEPTH-(Experiences-)Ebene der primäre Zweck.

3. MITTLERE EBENE: RELATIONSHIPS/ Beziehungen

Wenn also gemäß des RaDaRs alle bisherigen Touchpoint-Erlebnisse positiv waren, dann ist ihr Publikum an einer längerfristigen Bindung interessiert. Das ist nicht gleichzustellen mit Loyalität, denn dafür muss wiederum während der Beziehungsphase und in den Beziehungs-Touchpoints eine solch gute Arbeit geleistet werden, dass ihr Publikum zu Kunden wird und ihre Kunden zu Markenpromotern. So entsteht Loyalität, die übrigens auch sehr »ansteckend« ist – im positiven Sinne –, d. h. eine aufrichtig überzeugte Kundin bringt in aller Regel weitere interessierte Personen in das

Brand Experience Ecosystem. Dieser Effekt wird auch »Word of Mouth« genannt, weil sich die Menschen die Empfehlung untereinander weitergeben – ein Ergebnis, das dem Net Promoter Score seine Grundlage verleiht.

Wertschöpfungs-phase	Reach (Reichweite)	Depth (Erlebnis)	Relationships (Beziehung)
Forschung	z. B. Trendforscher	z. B. Online-Umfragen	z. B. Community-Foren
Entwicklung & Design	z. B. Brand Ambassador/Design Kollaboration mit bekanntem Künstler	z. B. Workshops mit ausgewählten Nutzern	z. B. kollaborative Entwicklungsarbeit
Herstellung	z. B. Agenturen	z. B. Makerlabs	z. B. offene Produktionswerkstätte
Promotion & Kommunikation	z. B. Medienpartner	z. B. Roadshow, Messe-Experiences	z. B. Community Management in Facebook-Gruppen
Vertrieb & Experience	z. B. Handelspartner (d. h. deren Kommunikationsreichweite)	z. B. Handelsaktionen	z. B. Crowdfunding-Projekte (Kickstarter)
Kundenbeziehungs-management/CRM	z. B. loyale Kunden selbst	z. B. VIP-Experiences für loyale Kunden	z. B. Key Account Management
Reflexionsmoment	z. B. öffentliche Umfragen und Forschungsprojekte	z. B. Think Tanks oder Workshops	z. B. Trendforschung in der Community

Ergebnis: Am Ende der Arbeit mit dem vierten C wie Competence verfügen Sie über ein nach Bedeutung und Nachhaltigkeit ausgerichtetes Wertschöpfungssystem und ein davon abgeleitetes Brand Experience Ecosystem; über Ihr zugeschnittenes Marketing-RaDaR, das Sie später für die Ausgestaltung Ihrer Kommunikationsstrategie als perfekte Grundlage einsetzen können.

Einsatzmöglichkeiten der Ergebnisse

- Die Competence bildet die Basis für die Arbeit mit dem nächsten, fünften C wie Contribution.
- Das Wertschöpfungssystem dient als Grundlage für die Optimierung von Prozessen, Workflows oder Personalstrukturen.
- Die Competence (als Wissen, Fähigkeiten, Ökosystem) kann für das 7C-Markensteuerungsmodell verwendet werden (aber auch für andere Markensteuerungsmodelle).

Beispiele für Competences

1. CASE / Yousef Hammoudah
Meine Kompetenzen stellen sich wie folgt dar:

- *Ressourcen*: Fachliteratur, wissenschaftliche Studien, inspirierende Arbeiten anderer Marketingexperten, Best practice Showcases, Lexika, Wikipedia, Google, Podcasts, Online-Plattformen für Reichweite wie LinkedIn, Blog (meaningisthenewmarketing.com), Social-Media-Profile, Facebook, YouTube, Conventions, Messen, Veranstaltungen
- *Fähigkeiten*: Achtsamkeit, Schreiben, Forschung, Prozessentwicklung, Marketing, Coaching, Mentoring, Leadership, Projektmanagement, Kreativität, Ethik, Philosophie, Storytelling, Public Speaking
- *Partnerschaften*: Co-Autoren, Verlag (Campus), Medienpartnerschaften, Designer, adidas (best practice)
- RaDaR
- *Reichweiten-Touchpoints*: Meine Social-Media-Profile, Campus-Verlag, das Buch, LinkedIn, Medienpartnerschaften, befreundete Influencer
- *Depth-Touchpoints*: Speaking-Events (Konferenzen, Messen), Online-Live-Events, Virtual Q&As, Veranstaltungen etc.
- Relationship-Touchpoints: Social Media

2. CASE/adidas Three Loop Strategy

Die adidas Three-Loop-Strategie konzentriert die Aufmerksamkeit des Sport-artikelherstellers auf die Verwendung von wiederverwerteten Materialien, um sicherzustellen, dass diese dem Circular-Economy-Gedanken entsprechen, und, wo immer dies nicht möglich ist, sicherzustellen, dass die regenerativen Materialien mit minimalem Umweltschaden in die Natur zurückgeführt werden können.

Dafür hat adidas die neue Three Loop Strategy eingeführt, die wunderbar auf den Punkt bringt, wann eine Anpassung des Wertschöpfungssystems für die Treue zu den eigenen Werten notwendig sein kann. Die Marke hat sich der Nachhaltigkeit verschrieben wie keinem anderen »Cause«, und mit dem Three-Loops-Konzept wird sowohl Plastikmüll vermieden als auch die Bemühungen um Circular-Produkte weiter vorangetrieben. Die Marke bekennt sich zur Nachhaltigkeit, indem sie ihre Drei-Schleifen-Strategie zusammen mit einer Reihe anderer Methoden zur Schonung der Umwelt einführt.

Die Strategie wird Teil des neuen Circular Business Models von adidas sein, das darauf abzielt, die Lebensdauer eines Produkts durch Vermietung, Reparatur, Re-Commerce oder Upcycling in neue Produkte zu verlängern. Dazu arbeitet adidas an der Schaffung innovativer nachhaltiger Materialien und Verfahren zur Entwicklung der kreisförmigen Zukunft des Sports. Durch ihre Bemühungen hofft die Sportmarke, nachhaltige Kleidung und Schuhe zu einem Mainstream-Thema zu machen.

Die Three-Loops-Strategie basiert auf drei Säulen:

- *Recycled Loop*
  2015 hat adidas in Zusammenarbeit mit Parley for Oceans den ersten Laufschuh aus recyceltem Kunststoffabfall entwickelt. Aus dieser Partner-schaft heraus führten sie Primeblue- und Primegreen-Performance-Stoffe ein. Diese Polyester-Performance-Stoffe zeichnen sich durch einen 100-pro-zentigen Recyclinganteil aus. Anstatt jungfräuliches Polyester oder anderes neu entwickeltes Material für die Herstellung des Produkts zu verwenden, wird adidas recycelbare Rohstoffe aus einer anderen verfügbaren Quelle beziehen.

- *Circular Loop*

  Wenn Sie am Ende ein Produkt nur aus recycelten Materialien herstellen, erstellen Sie am Ende immer noch ein Produkt, das schließlich auf einer Mülldeponie landet. Dies beendet Plastikmüll nicht. Aus diesem Grund ist die zweite Schleife von Adidas die kreisförmige Schleife, bei der es darum geht, ein Produkt herzustellen, das neu hergestellt werden soll. Dies bedeutet, dass alle Elemente dieses Produkts recycelt und dann wieder in die Lieferkette aufgenommen werden. Ein Beispiel hierfür ist der Futurecraft Loop-Laufschuh von adidas, der zu 100 % aus TPU (thermoplastischem Polyurethan) besteht.

- *Regenerative Loop*

  adidas erkennt an, dass selbst durch das Recycling von allem und das Entwerfen von Produkten, die neu hergestellt werden sollen, einige davon wahrscheinlich nicht wieder in die Produktionskette zurückfließen. Deshalb ist es ihr oberstes Ziel, sicherzustellen, dass diese Materialien schließlich mit minimalem Umweltschaden in die Natur zurückgeführt werden können.

  adidas hat mit Unternehmen wie Bolt Threads zusammengearbeitet, um Produkte aus natürlichen Materialien herzustellen, die biologisch abgebaut werden können. Dies beinhaltet die Herstellung neuer Garne aus Protein, die für bestimmte Zwecke hergestellt werden können. Letztes Jahr präsentierte die Sportmarke in Wimbledon ein Tenniskleid, das sie mit Stella McCartney entworfen hatte. Das gesamte Kleidungsstück wurde aus diesem biofabrizierten Nano- bzw. Mikrosilber hergestellt.

  adidas hat sich verpflichtet, innerhalb des nächsten Jahrzehnts mehr zu tun, um Plastikmüll zu beenden.[78]

Im fünften C bestimmen wir unseren Wertbeitrag für das Leben der Menschen, für die wir uns investieren, für unsere Kunden, Partner, Freunde, Fans und Follower. Der Wertbeitrag ist ein entscheidender Teil im jeweiligen Wertschöpfungssystem und verbindet das Unternehmen mit seinen Nutzern. Er ist das Ergebnis eines ganzheitlichen Entwicklungsprozesses. Im vierten C wie Competence wurde aus diesem Kern ein Wertentwicklungsprozess, der in dem Wertbeitrag, der hier definiert wird, zur Wirkung kommt.

Die Früchte: Der Baum wächst gesund und spendet eine reiche Ernte. Wenn wir konsequent in unser gesundes und nachhaltiges Wachstum investieren, ernten wir die gesündesten und besten Früchte, mit denen wir unsere Kultur und das Zusammensein unterstützen können, so wie das Feuer.

Der entscheidende Unterschied

Am 4. September 2012 findet in Charlotte, North Carolina, der Demokratische Nationalkonvent in der Time-Warner-Cable-Arena statt. Dort bestätigt die Demokratische Partei auf ihrem Parteikonvent, dass Präsident Barack Obama und sein damaliger Vizepräsident (und heutige Präsident) Joe Biden zur Wiederwahl bei den nationalen Wahlen 2012 in den Vereinigten Staaten antreten werden. Michelle Obama hält die Abschlussrede, von der danach viele behaupten, es sei eine der besten politischen Reden aller Zeiten gewesen. Ihr Statement: »Success isn't about how much money you make. It's about the difference you make in people's lives.«

Welchen Unterschied man im Leben der Menschen macht, entscheidet über Erfolg. Doch was bedeutet das eigentlich konkret?

Allgemein gesprochen ist ein Wertbeitrag etwas, das uns dabei hilft, ein besseres Leben zu führen. Das sind in erster Linie Freunde, Wissen und eine Infrastruktur, in der wir gut leben können. Aber auch ein Produkt kann ein

Wertbeitrag sein oder ein Erlebnis, auch ein Service, eine Plattform, es kann eine App sein, ein Instagram-Kanal oder eine Funktion eines TV-Geräts. Ein klarer und nachhaltiger Wertbeitrag ist wichtiger denn je.

Ein Wertbeitrag ist ein *Versprechen*, das geliefert, kommuniziert und anerkannt werden muss. Ein Wertbeitrag muss aus dem charakterlichen Zentrum, dem Wertesystem, entspringen und durch die Competence ermöglicht werden. Es liegt genau in der Schnittstelle zwischen dem, was Sie besonders gut können, und dem, was ihr Publikum besonders mag und wichtig findet. Sie werden aus den Augen ihres Publikums nicht an Ihrem Character, nicht an Ihrer Herausforderung und nicht an Ihrem Commitment gemessen. Erst recht nicht an Ihren Möglichkeiten – nein, Sie werden daran gemessen, welchen Unterschied Sie im Leben der Menschen machen, besonders im Gegensatz zu anderen Anbietern, die mit Ihnen im Wettbewerb stehen. Deswegen steht das fünfte C wie Contribution für den Unterschied, den Sie im Leben der Menschen machen können oder auf dem globalen Marktplatz.

Zur Vermeidung von Missverständnissen: Der Begriff »Wertbeitrag« wird auch in der Betriebswirtschaftslehre im Einkauf verwendet, um ein Beitragsplus im Beschaffungswesen zu bestimmen. Wir meinen jedoch wie oben beschrieben jenen Beitrag, den das Anwendungsobjekt ins Leben seines Publikums bringt, mit dem es sein Leben bereichert.

Kaufentscheidungen werden zunehmend wertebasiert

Gemäß einer groß angelegten Studie des Forschungsinstituts Capgemini (durchgeführt im Jahr 2020 mit 7 500 Teilnehmer*innen und 750 Unternehmen aus neun Ländern) lässt sich belegen, dass fast 80 % aller Deutschen beim Einkauf mehr Wert auf soziale Verantwortung, Inklusivität und Umweltfreundlichkeit legen. Und die Studie geht noch weiter: Nahezu zwei Drittel der Befragten (64 %), geben an, es mache sie »glücklich«.

Hinzu kommt, dass die Auswirkungen der Covid-19-Pandemie das Bewusstsein und Engagement bei der Auswahl der Produkte und Dienstleistungen nachhaltig beeinflussen: »67 Prozent der Verbraucher sehen die Verknappung natürlicher Ressourcen kritischer, aufgrund der Corona-Krise, 65 Prozent wollen sich die Folgen ihres Konsums im «New Normal» bewusster machen.«

»Bislang haben viele Organisationen Nachhaltigkeit wie ein Nice-to-have behandelt«, so Martin Arnoldy, Leiter von »Konsumgüter und Handel« bei Capgemini in Deutschland. »Die Corona-Pandemie hat nun jedoch weltweit den Wunsch nach Authentizität und Verantwortung verstärkt, insbesondere bei großen Unternehmen.«

Die Sehnsucht nach Sinn ist kein flüchtiges Phänomen, dafür hält sich das Thema Purpose-Marketing schon viel zu lange im öffentlichen Diskurs. Und nun liefert uns die Marktforschung solche Zahlen – Zahlen, die schließlich alle zum Nachdenken bringen sollten.

Laut oben genannter Studie beeinflussen »Nachhaltigkeitsaspekte heute das Konsumverhalten von mehr als der Hälfte der Bevölkerung: Rund jeder zweite Verbraucher (48 Prozent in Deutschland, 53 Prozent international) wechselt zu weniger bekannten Marken, wenn diese nachhaltiger sind. Mehr als die Hälfte der Verbraucher (52 Prozent) geben an, dass sie eine emotionale Bindung an Produkte oder Organisationen haben, die sie als nachhaltig wahrnehmen. Darüber hinaus erwägt mehr als die Hälfte der Befragten (64 Prozent der Deutschen, 68 Prozent international) zunehmend lokale Produkte, die sie für sicherer und nachhaltiger halten.«

Demgegenüber steht der Umstand, dass sich die Unternehmen aus dieser Studie zwar in der Mehrheit ebenfalls intensiv mit den Fragen der Nachhaltigkeitsoptimierung auseinandersetzen, bei der Umsetzung konkreter, unternehmensweiter Initiativen hingegen oft eher hilflos scheinen:

»Drei von vier (75 Prozent) der CPR-Organisationen geben an, dass sie über eine Strategie, sowie die Infrastruktur und Ressourcen verfügen, um die Bemühungen um Nachhaltigkeit und Kreislaufwirtschaft voranzutreiben. Wenn es jedoch darum geht, unternehmensweite, effektive Initiativen umzusetzen, ist dies weniger als einem Viertel der Organisationen gelungen.«[79]

Marketing sollte wissen, was Menschen heute als wertvoll empfinden

Um besser zu verstehen, wie sich Verbraucherpräferenzen und -prioritäten sowie die daraus resultierenden Auswirkungen auf Marken ständig ändern, führte das IBM Institute for Business Value in Zusammenarbeit mit der

National Retail Federation eine Forschungsstudie mit 18 980 Verbrauchern in 28 Ländern durch. Dabei fragten die Marktforscher nach Einkaufsgewohnheiten, Faktoren der Marken- und Produktauswahl, Konsummustern und der Bereitschaft, das Verhalten aufgrund verschiedener persönlicher Werte und Überzeugungen zu ändern.

Die Ergebnisse sind ebenso eindeutig wie in der ähnlich gelagerten Studie von Capgemini:

- Das Einkaufsverhalten der Menschen hat sich grundlegend geändert.
- Einkaufen wird impulsgesteuerter und mobiler, allerdings auch immer mehr ein Ausdruck der eigenen Haltung.
- Da sich Menschen zunehmend für soziale Zwecke einsetzen, suchen sie nach Produkten und Marken, die ihren Werten entsprechen.
- Fast 60 % der Teilnehmer sind bereit, ihre Einkaufsgewohnheiten zu ändern, um die Umweltbelastung zu verringern.
- Fast 80 % Befragten geben an, dass Nachhaltigkeit für sie wichtig ist.
- Und von jenen, die Nachhaltigkeit sogar für sehr wichtig bzw. extrem wichtig halten, sind wiederum 70 % bereit, einen Aufpreis von durchschnittlich 35 % für Marken zu zahlen, die nachhaltig und umweltbewusst sind.

Die meisten Teilnehmer*innen der Studie (81 %) fallen in eins von zwei Segmenten: preisorientierte Kunden, die in erster Linie darauf bedacht sind, auf ihre Kosten zu kommen und Marken nach Preis und Zweckmäßigkeit auswählen, und wertebasierte Kunden, die Marken anhand ihrer Übereinstimmung mit ihren persönlichen Werten auswählen und dafür sogar mehr bezahlen würden. 57 % der Teilnehmer*innen sind bereit, ihre Kaufgewohnheiten zu ändern, um negative Umweltauswirkungen zu verringern. Werte sind also genauso wichtig wie Rabatte!

#wirsindmehr (Wir sind wirklich mehr)

All diese international angelegten Studien haben eins gemein: Sie bestätigen das Bild der aufgeklärten Nutzer*innen, die sich über ihre Konsumverantwortung bewusst sind und eine hohe Erwartungshaltung in Sachen Ethik,

Nachhaltigkeit und soziale Verantwortung aufweisen. Und sie belegen, dass diese Nutzer in der Überzahl sind, dass sie die Mehrheit ausmachen, dass das der neue Mainstream ist. »Geiz ist Geil« ist heute nicht mehr konsensfähig.

Doch wie kommt man nun zu dem perfekten Wertbeitrag? Reicht es, die Cola mit Stevia zu süßen, das Logo grün zu färben? Ein Wertbeitrag ist nicht nur das Produkt oder die Dienstleistung, die Sie dem Kunden liefern möchten – es ist der Bestandteil Ihres Unternehmens, der ein Problem löst, das Wettbewerber nicht lösen können, oder nicht so wie sie lösen können. Augenscheinlich geht es besonders um Fragen der Nachhaltigkeit und sozialer bzw. gesellschaftlicher Verantwortung.

Ihre Einzigartigkeit und Alleinstellung im Markt erreichen Sie nicht über kluge Kampagnenslogans oder -motive, auch wenn die natürlich ebenso wichtig sind. Jedoch reichen ein gutes Mission Statement oder die »richtigen« Unternehmenswerte heute nicht mehr aus, um sich im Markt wirklich und nachhaltig abzugrenzen. Ihr Wertbeitrag sollte sinnstiftend auf die Probleme eingehen, die Sie für Menschen lösen möchten, und die Art, wie sie dieses Problem lösen, ist entscheidend.

Wie bereits im vierten C wie Competence erläutert, ist das Wie bei der Entwicklung dieses Wertbeitrags besonders wichtig. Eine aus recyceltem Plastik entwickelte Wasserflasche sollte nicht in einer Verpackung aus Single-Use-Plastik geliefert werden. Autohersteller, die sich der Zuverlässigkeit und Nachhaltigkeit verschreiben, sollten besser keine Testverfahren manipulieren, um außergewöhnlich gute Abgaswerte kommunizieren und somit einen signifikanten Wettbewerbsvorteil erlangen zu können. Politiker sollten sich besser nicht soziale Gerechtigkeit auf die Fahnen schreiben, bei der Bezahlung der eigenen Haushaltshilfe jedoch Dumpinglöhne zahlen und obendrein Steuern hinterziehen. All diese Beispiele finden so oder so ähnlich in aller Regelmäßigkeit statt. Und alle Beispiele haben eine Sache gemeinsam, sie vernichten das teuerste Gut, das in unserer heutigen Zeit mit Geld nicht zu kaufen ist: Vertrauen beim Publikum, in der Öffentlichkeit und bei potenziellen Kunden.

Wie Sie Vertrauen in Ihren Wertbeitrag schaffen können

Loyalität zu einer Marke ist ohnehin ein Auslaufmodell – wie mehrfach in diesem Buch beschrieben. Markentreue und Kaufentscheidungen ihrer potenziellen Kunden hängen in hohem Maße von detaillierten Produktinformationen ab, die Sie bereitstellen – auf dem Angebot selbst, aber auch unabhängig von dem Angebot. Investieren Sie in die Transparenz zu Produktionsmethoden, Arbeitsbedingungen und der Rückverfolgbarkeit von Ausgangsmaterialien. Zeigen Sie Ihr Engagement für Nachhaltigkeit und Umweltverantwortung, indem Sie Details zu operativen Prozessen der Herstellung, Dienstleistung sowie zur Verwaltung Ihrer Nachhaltigkeitsagenda angeben.

Geben Sie den Interessenten Ihres Angebots die Chance, selbst einen Beitrag zu leisten

Als Unternehmen einen Wertbeitrag zu leisten, der gleichermaßen die Bedürfnisse des Publikums bedient und einen universellen Mehrwert bietet, ist ein guter Start, um eine vertrauensvolle Begegnung mit potenziellen Kunden, Interessenten, Partnern oder Mitarbeitern zu kultivieren. Noch besser ist es, den Wertbeitrag selbst so zu öffnen, dass Menschen sich selbst engagieren können. Ein gutes Beispiel dafür ist die Run-For-The-Oceans-Aktivierung von adidas, die jedes Jahr Millionen Menschen weltweit die Möglichkeit gibt, über das gemeinsame Laufen auf die Verschmutzung der Weltmeere mit Plastik hinzuweisen. Die Möglichkeiten des Engagements, das die Marke bietet, ist vielschichtig:

- Durch die Teilnahme am Lauf Aufmerksamkeit auf das Thema lenken.
- In Community-Aktionen der adidas Runners (in über 65 Städten weltweit) gemeinsam Strände, Parks oder Stadtgebiete von Müll reinigen (Plogging) und so aktiv (und ja, auch öffentlichkeitswirksam) an der Lösung des Problems teilzuhaben.
- Informative und nützliche Inhalte der Marke zu teilen, die ein plastikfreies Leben inspirieren.
- Produkte der Marke zu kaufen, die teilweise oder vollständig aus recycelten Materialien hergestellt wurden.

RUN FOR THE OCEANS. EINE PLATTFORM FÜR GLOBALE NACHHALTIGKEITSKOLLABORATION

adidas organisiert jedes Jahr den »Run For The Oceans« als weltweite Lauf-Initiative, die uns alle zu Botschaftern macht für das große Problem der Verschmutzung unserer Meere mit Plastik. Bei adidas bleibt es jedoch nicht bei dieser Fireworks-Aktivierung. Sie ist ein gutes Beispiel, wie Fireworks Sinn machen können: Denn die Woche der weltweiten Run-For-The-Oceans -Aktivierung, die seit 2016 jährlich zur Zeit der World Ocean Days stattfindet, ist eine Erinnerung daran, dass wir alle unser Verhalten ändern müssen, um unsere Weltmeere vor Plastikmüll zu retten. Ständig noch mehr Plastik zu produzieren, das über kurz oder lang auf den Müllhalden und schließlich im Meer landet, ist nicht mit den Werten der Marke zu vereinbaren.

Im Jahr 2015 ging adidas eine Partnerschaft mit der Umweltorganisation Parley for the Oceans ein mit dem Ziel, Plastikmüll in der Produktion ihrer Sportbekleidung als Ressource zu nutzen und die Kunden auf das Problem aufmerksam zu machen, um gemeinsam das Problem des Plastikmülls anzugehen und die Meere zu retten.

Im Jahr 2019 hat adidas 11 Millionen Paar Schuhe aus recyceltem Kunststoff, der an Stränden und Küstenregionen gesammelt wurde, hergestellt. Das ist mehr als doppelt so viel wie 2018. Laut adidas hat die Partnerschaft mit Parley alleine bis zu dem Zeitpunkt mehr als 2 800 Tonnen Kunststoff aufgehalten, die Ozeane zu erreichen.

Abfälle direkt von den Stränden oder Küstengebieten zu sammeln und zu verwerten, war eine völlig neue Herausforderung, weswegen adidas in Parley einen Partner gesucht und gefunden hat, der über ein weltweites Netzwerk verfügt, um an den Stränden den Müll, der zum Rohstoff für Neues wird, zu sammeln. Der Abfall wird sortiert und der so gewonnene Kunststoff wird zu einer adidas-Verarbeitungsanlage geschickt. adidas verwendet Plastikflaschen, die Polyethylenterephthalat oder PET enthalten. Und wenn es etwas ist, das adidas nicht verwenden kann, wie Kappen und Ringe, werden diese zu normalen Recyclinganlagen geschickt.

Die Verarbeitungsanlage zerkleinert, wäscht und entwässert den Kunststoff und produziert kleine Plastikflocken. Die Flocken werden erhitzt, getrocknet und abgekühlt und in kleine Pellets geschnitten. Normalerweise wird Polyester aus Erdöl hergestellt, aber Adidas schmilzt diese Pellets und macht daraus eine Form von Polyestergarn. Adidas verwendet dieses so gewonnene Plastik in Schuhen und Kleidung wie Trikots. Jeder Artikel der adidas-x-Parley-Kollektion besteht zu mindestens 75 % aus abgefangenem Meeresmüll. Das Erstaunliche dabei ist: Die Produkte stehen ihren aus nativem Kunststoff entwickelten Geschwistern in Sachen Performance in nichts nach. Sie erfüllen immer noch die gleichen Leistungs- und Komfortstandards wie die anderen Produkte von adidas.

Das Ziel der Marke mit den drei Streifen ist es, bis 2024 alles reine Polyester durch recyceltes Polyester zu ersetzen. Derzeit verwenden mehr als 40 % der adidas-Produkte recyceltes Polyester. Mit aus Ozeanplastik hergestellter Kleidung wurde in Trikots von Bayern München, in Laufschuhen, mit denen Weltrekorde erreicht wurden, in Lifestyle-Klassikern wie Superstars oder Stan Smiths eingesetzt, von Instore-Requisiten wie Kleiderständer, Bügel und Accessoires ganz zu schweigen.

Selbstverständlich wird durch diese Wertschöpfungsumstellung die Verschmutzung der Ozeane nicht vollständig verhindert. Durch das Waschen von Polyesterkleidung können Mikrofasern entstehen, die im Meer landen können. adidas schlägt daher vor, dass Kunden ihre Kleidung seltener waschen, kaltes Wasser verwenden und die Maschine jedes Mal vollständig füllen.

Dies ist jedoch nur der erste Schritt. adidas entwickelt sich und sein Versprechen ständig weiter und arbeitet zum Beispiel auch an Produkten, die eine vollständige Wiederverwertung aller verwendeten Materialien erlauben, und forscht an neuen, natürlichen Materialien, wie ein auf Pilzkulturen basierendes »Leder«.

Wertbeitrag für Kunden vs. Wertbeitrag für Ihre Mitarbeiter

Die Ausrichtung ihres Wertbeitrags ist nicht nur für Ihre Kunden essenziell, selbstverständlich gilt dies auch für Ihre Mitarbeiter oder jene, die Sie für Ihr Unternehmen gewinnen wollen. Sie sind es, die Ihnen schlussendlich dabei helfen müssen, Ihren Wertbeitrag auch wirklich wertvoll zu gestalten. Es ist daher zentral, dass Sie Mitarbeiter in Ihr Team holen, die sich mit diesen Werten und den Idealen, aus denen heraus Sie agieren, auskennen und wohlfühlen, damit sie Ihnen dabei helfen können, Ihr Versprechen an die Welt einzuhalten.

Begriffsdefinition Wertbeitrag

Wenn wir über den »Wertbeitrag« schreiben, sprechen wir von drei Ebenen, in denen dieser zur Wirkung kommt. Diese drei Ebenen bilden unser Wertbeitragsmodell.

1. Emotionaler Wertbeitrag
2. Rationaler Wertbeitrag
3. Universeller Wertbeitrag

Ideal ist ein Wertbeitrag, wenn er in allen drei Kategorien wirkt. Hier ein kleines, imaginäres Beispiel: Stellen Sie sich mal einen Sportschuh vor, der vollständig aus wiederverwertbaren Materialien besteht und durch die Elektrizität aus erneuerbaren Energien hergestellt wurde. Mittels innovativer Technologie ist der Schuh einer der leistungssteigernden Produkte am Markt und on top wurde er noch in Zusammenarbeit mit einer Nachhaltigkeitsaktivistin entwickelt, die für die Cradle-to-Cradle-Ökonomie wirbt, nebenbei sehr erfolgreich elektronische Musik produziert und Nachhaltigkeits-Designermode vertreibt. Somit sieht der Schuh auch noch umwerfend aus.

Als Kunde hätten Sie zum einen einen emotionalen Wert: Sie spüren, dass Sie am Puls der Zeit sind und was Gutes für die Umwelt tun. Sie fühlen sich unabhängig und frei, genau wie die Autonomie der Produktwertschöpfung es vorlebt. Sie tragen Verantwortung, für sich, für die Zukunft, für die Gesellschaft und sind dennoch modisch, innovativ und cutting edge design.

Dann wäre da zum anderen ein rationaler Wert: Der Schuh macht Sie einfach schneller. Er fühlt sich gut an. Die Dämpfung ist ausreichend kraftvoll, die Energierückgewinnung erfrischend stark und auch die Sohle hat perfekten Grip.

Und zu guter Letzt kommt der universelle Wert: Der Schuh wurde komplett aus pflanzlichen und nachwachsenden Rohstoffen entwickelt, ist 100 % vegan und außerdem kann jeder Bestandteil zu 100 % wiederverwertet werden. Damit leisten Sie tatsächlich einen Wertbeitrag zur Entlastung der Umwelt, oder, besser gesagt, der Schuh leistet ihn.

Die drei Funktionen Ihres Wertbeitrags

1. Er beschreibt, welches Problem des Kunden Sie lösen können:
   Ermitteln Sie dabei, wie hoch die Analogie ist, von den im zweiten C wie Challenge definierten Problemen und Herausforderungen, die aus Ihrem eigenen Kern stammen, zu denen, die Sie ihren Kunden zusprechen. Je höher die Überschneidung, desto authentischer wird es Ihnen gelingen, Ihre Kundenprobleme zu lösen und einen hohen Wertbeitrag mit Ihrem Anwendungsobjekt zu erzielen.

2. Er beschreibt den konkreten Wert, den ein Mensch mit ihrer Hilfe bekommt:
   Wie oben definiert unterscheiden wir hier in drei Bereiche: emotional, rational und universell. Ihr Wertbeitrag sollte den Anspruch haben, in allen drei Bereichen konkrete Benefits für Ihr Publikum zu erzeugen. Dadurch steigt die Wahrscheinlichkeit, dass Ihr Anwendungsobjekt in sich eine hohe Empfehlungsquote erzeugt, ohne dass sie über Anreize oder teure Werbekampagnen für den Abverkauf sorgen müssen.

3. Er beschreibt, wie Sie sich vom Wettbewerb absetzen:
   Wenn sich der Ursprung Ihres Wertbeitrags, aus Ihrem Character stammend, der gemeinsamen Herausforderung stellend und in ihrem Commitment klar formuliert, vollständig in Ihrem Wertbeitrag abbildet, dann ist die Wahrscheinlichkeit sehr groß, dass Sie Ihre natürliche Einzigartigkeit identifizieren konnten. Sie verfügen dann über eine starke Alleinstellung, ohne diese künstlich z. B. durch die Preisgestaltung oder unnötige Extra-Gimmicks (»Jetzt 10 % mehr Inhalt!«) herstellen zu müssen.

Workshop 5. C: Die Bestimmung des konkreten Wertbeitrags unseres Anwendungsobjekts

▸ **Ziel:** In der Arbeit mit dem fünften C wie Contribution entwickeln wir auf Basis des im vierten C ausgestalteten Wertschöpfungssystems unser Angebot für die Welt, mit dem wir unser Versprechen an die Welt einzulösen gedenken.

▸ **Teilnehmende:** Development-Team und ausgewählte Personen aus dem Competence-Team.

▸ **Benötigte Ressourcen:** alle verfügbaren Forschungsergebnisse ihrer bisherigen Arbeit, die dabei helfen, ihr Publikum zu differenzieren. Darüber hinaus benötigen Sie das (aus dem Competence-Workshop entwickelte) finale Wertschöpfungssystem auf einer Leinwand oder einem Bildschirm. Eine Auswahl an Magazinen, Zeitungen, Heften etc. sowie Klebestifte, DIN-A3-Blätter oder (halbe) Flipcharts, Stifte, Scheren für die Erstellung von Persona-Moodboards.

▸ **Format:** hybrid, rein virtuell oder alle in einem Raum.

▸ **Rollen:** Moderation hosted, Assistant dokumentiert (Notizen), alle anderen nehmen aktiv teil.

▸ **Dauer/Zeitraum:** zwei Workshops von jeweils ca. 2–3 Stunden.

▸ **Workshop 1:** Vorstellung/Auffrischung des Wertschöpfungssystems (aus dem vorangegangenen Workshop) und Entwicklung von Personas für die Wertermittlungsarbeit.

▸ **Workshop 2:** Entwicklung des Wertbeitrags auf Basis unseres Wertbeitragsmodells (s. o.), ausgerichtet auf die im ersten Workshop entwickelten Personas.

▶ **Zusammenfassung:** In der ersten Runde macht sich die Gruppe daran, noch mal das Wertschöpfungssystem als Ganzes zu durchdringen. Danach werden Personas entwickelt; sie bilden die Grundlage für die Ausgestaltung unseres Wertbeitrags. Im zweiten Workshop wird die Gruppe in zwei Teams aufgeteilt. Ein Team wendet sich der Nutzerperspektive zu, das andere Team betrachtet die Aufgabenstellung aus der Perspektive des Anwendungsobjekts. Im ersten Teil des Workshops werden in beiden Gruppen die gleichen Aufgaben behandelt, um die erforderlichen Wertefaktoren zu bestimmen – die der im ersten Workshop entwickelten Personas und die des Anwendungsobjekts. Im zweiten Teil des Workshops werden die Ergebnisse vorgestellt, diskutiert und zusammengeführt, um den konkreten Wertbeitrag des Anwendungsobjekts zu bestimmen.

Workshop 1: Vorgehensweise

Intro/Rückblick (Wertschöpfungssystem): Zuerst wird von der Moderation die Vorgehensweise erklärt und zusammenfassend auch das Wertschöpfungssystem als Ergebnis aus der Arbeit mit dem vierten C wie Competence erklärt. Die Vorstellung des Wertschöpfungssystems kann sehr ausufernd sein, weswegen wir Ihnen empfehlen, sich bei der Erläuterung der Ergebnisse auf die Ausrichtung des Systems zum Wertbeitrag zu fokussieren.

Erstellung von Personas: Im nächsten Schritt folgt die Bestimmung des relevanten Publikums, für die der Wertbeitrag gedacht ist, also im herkömmlichen Sinne Ihre »Zielgruppe« (auch wenn wir das Wort nicht gerne mögen). Es ist notwendig, ein gemeinsames Verständnis zu erlangen, für wen Sie mit Ihrem Anwendungsobjekt einen Wertbeitrag leisten wollen, bevor Sie über die Eigenschaften eines solchen Wertbeitrags diskutieren. Um an diese Publikumsdefinition zu kommen (sie wird auch eine zentrale Rolle im sechsten C wie Culture übernehmen), nutzen wir das Konzept von sogenannten Personas.

Bevor sie sich an die Arbeit mit den Personas machen, sollten die Teams die Möglichkeit gehabt haben (oder an dieser Stelle bekommen), Forschungsergebnisse und qualitative bzw. empirische Daten und Informationen aufzu-

WAS SIND PERSONAS UND WARUM SIND SIE WICHTIG?

Personas sind fiktive Charaktere, die Sie auf Basis Ihrer Erkenntnisse, Forschungsergebnisse und intuitiven Vorstellungen erstellen. Sie helfen Ihnen, verschiedene Benutzertypen darzustellen, die Ihren Service, Ihr Produkt, Ihre App, das Erlebnis, das Sie schaffen oder Ihre Marke auf ähnliche Weise nutzen könnten.

Das Erstellen von Personas unterstützt Sie dabei, Bedürfnisse, Erfahrungen, Verhaltensweisen und Ziele der Benutzer zu identifizieren, um einen Wertbeitrag entwickeln zu können, der schlussendlich sowohl einen emotionalen, als auch rationalen und universellen Mehrwert für ihr Publikum schafft.

nehmen und zu verarbeiten, die Ihnen dabei helfen können, zu verstehen, wer genau ihr Publikum ist.

Split der Gruppe: Vor Beginn der tatsächlichen Gruppenarbeit wird die Gruppe in zwei gleich große Teams aufgeteilt. Es sollten pro Team nicht mehr als fünf bis sechs Leute teilnehmen, um die richtige Teamgröße für gute Ergebnisse nicht zu überschreiten. Auf diese Weise kann jede Gruppe eine (maximal zwei) Persona entwickeln, und in der Summe sind es zwei bis vier, eine gute Größe, um hochwertige Ergebnisse zu erhalten. Achten Sie jedoch bei der Ausarbeitung der Personas darauf, dass sie wirklich unterschiedlich genug sind, um verschiedene Facetten ihres Publikums zu erschließen.

Wie erstellen wir unsere Personas? Stellen Sie in beiden Teams folgende Fragen und sammeln Antworten möglichst von jede/-r Teilnehmer*in, um die Breite ihres Teams in den Ergebnissen abzubilden.

1. *Wer bist du?*
   Sie suchen nach Details wie »Redakteurin, die für einen großen Verlag arbeitet« oder »Vater einer vierköpfigen Familie, der den Haushalt schmeißt«. Versuchen Sie die Perspektive Ihrer Person im Kontext der Auswahl und Verwendung Ihres Produkts einzunehmen.

2. *Was ist dein übergeordnetes Ziel deines Schaffens?*
Hier können Sie nachvollziehen, wie Ihr Produkt oder Ihre Dienstleistung tatsächlich in das Leben Ihrer Benutzer und Kunden passt. Warum kaufen oder benutzen sie es? Welche Aufgabe versuchen sie damit zu erledigen, welches Problem versuchen sie zu lösen? Für die Redakteurin ist es die effiziente, hochwertige und transparente inhaltliche Arbeit und für den Vater ist es die Balance zwischen Aufmerksamkeit für die Kinder und Zeit für sich selbst.

3. *Was hindert dich daran, dieses Ziel zu erreichen?*
An welcher Stelle im Prozess Ihrer persönlichen Wertschöpfung benötigen Sie Unterstützung und wie sollte diese aussehen? Ihr Angebot kann z. B. der Redakteurin dabei helfen, mittels einer Software ihre Recherche zu vereinfachen, zu dokumentieren oder Abnahmeprozesse zu beschleunigen. Für den Vater kann es eine Online-Plattform sein, die andere Eltern mit Kindern im gleichen Alter in der Nachbarschaft verbindet, sodass man sich gegenseitig unterstützen kann.

Erstellung von Moodboards: Ein weiterer, sehr beliebter und ebenfalls äußerst reichhaltiger Weg, um seine Persona auszugestalten, ist das Erstellen von Moodboards. Jedes Team erhält eine Auswahl an Magazinen (idealerweise ein Heft pro Person), und in einer vorgegebenen Zeit (z. B. 15 Minuten) können die Teilnehmenden intuitiv alle Bilder, Worte, Gesichter, Objekte, Fotos etc. mit einer Schere herausschneiden. Der Grundgedanke muss dabei die Erstellung der Persona bleiben, also bleiben Sie mit Ihrer Aufmerksamkeit bei der zu erstellenden fiktiven Person, um das Moodboard nicht zu beliebig werden zu lassen. Hier kommt es auf die Auswahl der Magazine und Zeitungen an. Am besten kaufen Sie solche, die schon von ihrer Ausrichtung in das Themenspektrum des Anwendungsobjektes passen.

Eine weitere Viertelstunde wird den Teams dann dafür gegeben, auf dem DIN-A3-Blatt (jede Gruppe macht pro Persona ein Blatt) aus allen herausgeschnittenen Elementen eine Collage zusammenzustellen (mit Klebestift auf das Blatt geklebt). Das Moodboard sollte dann im Team dazu verwendet werden, um die drei oben stehenden Fragen zu beantworten. Darüber hinaus hilft das

Moodboard den Teams dabei, im nächsten Schritt gemeinsam folgende drei weiteren Fragen zu beantworten:

1. *Welche Themen sind für dich in deinem Leben relevant?*
   Diese Frage hilft dabei, ein Verständnis des kulturellen Umfelds zu erlangen, in dem Ihr Publikum verankert ist.

2. *Welche Tools und Plattformen nutzt du für deine Arbeit, deine Hobbys, deine Kommunikation?*
   Die Antworten aus dieser Frage helfen dabei, die Schlüssel-Touchpoints des Brand Experience Ecosystem zu bestimmen, über die Sie Ihr Publikum am effektivsten erreichen bzw. in Kontakt mit ihm bleiben.

3. *Was ist deine Vorstellung von einer perfekten Welt?*
   Hier erfahren Sie, inwiefern Ihre Mission (und Vision) mit den universellen Bedürfnissen Ihres Publikums in Einklang ist oder ob es im Hinblick auf eine der beiden Faktoren Anpassungsbedarf gibt.

Die Antworten auf diese Fragen sind besonders für das sechste C wie Culture essenziell, helfen allerdings auch schon in dieser Phase, um wirklich den eigenen Wertbeitrag möglichst effektiv und gehaltvoll zu gestalten.

Idealerweise bauen Sie sich nun für jede entwickelte Persona ein »Persona-Profil« mit möglichst vielen der ermittelten Details (siehe Abbildung). Diese Persona-Profile werden Ihnen an einigen Stellen Ihrer Marketing-Wertschöpfung behilflich sein.

Im Abschluss stellen nun beide Gruppen ihre Personas der jeweils anderen Gruppe vor (max. 3 Minuten pro Profil). Es werden Fragen gestellt und Details diskutiert, bis am Ende alle Personas von allen Teilnehmern verstanden und akzeptiert sind.

Workshop 2: Vorgehensweise

Wenn alle Personas fertiggestellt sind und idealerweise als Moodboards und Persona-Profile an der Wand/dem Bildschirm »hängen«, geht es in die nächste Runde, die Bestimmung konkreter Bedürfnisse (Personas) und Wertangebote (Anwendungsobjekt). Wir arbeiten mit den beiden im ersten Teil des Workshops etablierten Gruppen weiter (wahlweise können die Teams auch neu zusammengestellt werden). Beide Gruppen bekommen nun die folgende Liste mit Aufgaben, die gemeinsam zu erledigen sind (Zeit: ca. 30 Minuten für die Beantwortung der Fragen). Eine Gruppe bekommt alle Personas und arbeitet mit diesen Profilen, die andere Gruppe beschäftigt sich eher mit dem Wertschöpfungssystem und leitet den Wertbeitrag konkret ab.

Gruppe 1, Aufgabe a) Bedürfnisanalyse: Beschreiben Sie die Bedürfnisse Ihrer Persona im Kontext des Anwendungsobjekts (je nachdem, ob das Anwendungsobjekt einen Mehrwert im Privaten, Beruflichen, beim Sport oder beim Vergnügen bietet, gilt es nun, die Bedürfnisse aus dieser Perspektive zu bestimmen) nach den drei Unterbereichen:

1. Emotional: Wie möchte sich die Persona fühlen?
2. Rational: Welchen Nutzen benötigt Ihre Persona?
3. Universell: Welchen Beitrag wünscht sich Ihre Persona für die Welt?

Gruppe 1, Aufgabe b) Erfüllungsdefinition: Hier geht es darum, zu beschreiben, was die Persona über die Grundbedürfnisse aus a) hinaus für das Gefühl der vollumfänglichen Erfüllung braucht. Wie lässt sich Ihre Persona positiv beeinflussen, über die Erwartungshaltung gegenüber dem Anbieter hinaus? Was wäre eine wünschenswerte, perfekte Überraschung?

Gruppe 2, Aufgabe a) Wertbeitragsdefinition: Beschreiben Sie den Wertbeitrag im Sinne des Anwendungsobjekts, unterteilt in die drei Unterbereiche:

1. Emotional: Welchem emotionalen Mehrwert ermöglicht Ihr Wertbeitrag? Und warum?

2. Rational: Welchem rationalen Mehrwert ermöglicht Ihr Wertbeitrag? Und warum?
3. Universell: Welchem universellen Mehrwert ermöglicht Ihr Wertbeitrag? Und warum?

Gruppe 2, Aufgabe b) Das Wertbeitragsoptimum: Hier geht es darum, zu beschreiben, welchen Wow-Effekt ihr Anwendungsobjekt erzeugen kann, wenn es bestmöglich ausgerichtet bzw. genutzt wird. Es kommt darauf an, die Potenziale des Wertangebots unseres Anwendungsobjekts zu erforschen und die obere Grenze der Möglichkeiten zu eruieren.

Zum Abschluss werden auch hier wieder beide Teams aufgefordert, ihre Ergebnisse dem jeweils anderen Team zu präsentieren (max. 5–10 Minuten pro Team). Gemeinsam wird dann eine Delta-Analyse vollzogen. Dies sollte ein offener Austausch sein mit dem Ziel, eine klare Definition des Wunsch-Wertbeitrags für das Anwendungsobjekt zu ermitteln. Folgende Fragestellung kann dabei helfen, diese Diskussion zu moderieren:

- An welchen Stellen gibt es eine hohe Überschneidung von Bedürfnis und Wertangebot?
- An welchen Stellen wird das Bedürfnis nicht ausreichend vom Wert-Angebot befriedigt?
- An welchen Stellen ist das Wertangebot für die eigentliche Bedürfnislage des Publikums irrelevant?
- Hat das Wertangebot das Potenzial, das Publikum nachhaltig zu erfüllen (glücklich zu machen)?
- Ist der Wow-Faktor des Wertangebots wirklich relevant für das Publikum?

Abschließend wird das Wertangebot des Anwendungsobjekts gemäß der drei Bereiche kollaborativ ausgestaltet und fixiert. Abschließend wird das Wertangebot (Ihr Produkt, Dienstleistung, Erlebnis, App, Plattform etc.) zusammenfassend in wenigen Sätzen ausformuliert, wenn möglich mit Namen, Untertitel und unter Einbeziehung der Wertbeitrags-Definiton.

Ergebnis: Im Ergebnis verfügen Sie nun über eine klare Publikumsdefinition in Form Ihrer Schlüsselpersonas sowie einer Wertbeitragsdefinition, die ihr Angebot (Produkt, Dienstleistung, Erlebnis …) konkretisiert.

Einsatzmöglichkeiten der Ergebnisse

- Die Contribution bildet die Basis für die Arbeit mit dem nächsten, sechsten C wie Culture.
- Die Wertbeitragsdefiinition fungiert als Grundlage für die Erstellung von Promotion-Material und Instrumenten, für Storytelling und Kommunikation.
- Die Contribution kann für das 7C-Markensteuerungsmodell verwendet werden (aber auch für andere Markensteuerungsmodelle).
- Die Personas helfen bei der Entwicklung von User-Journeys, Ausgestaltung von Use-Cases etc. in allen Bereichen der Wertschöpfungskette.
- Personas helfen bei der Definition des Publikums (auch »Zielgruppe«).

Beispiele für Contribution

1. CASE/Yousef Hammoudah
Mein Wertbeitrag sind gehaltvolle, sinnstiftende und wertschaffende Strategien, Literatur, Modelle und Inspiration für Menschen, die mit ihrer Arbeit und ihrem Narrativ nachhaltig, verantwortlich und fair sein wollen und dadurch erfolgreich. So gelingt es mir, den globalen Diskurs, der die Summe all jener Narrative subsumiert, ebenfalls positiv zu beeinflussen.

2. CASE/Ørsted, Dänemark
Bei der 2020er Ausgabe der Rangliste für Organisationen, die sich am meisten für nachhaltige Geschäftspraktiken einsetzen, die auf dem Weltwirtschaftsforum in Davos bekanntgegeben wurde, fand sich völlig überraschend ein Energieunternehmen, dessen Wertbeitrag historisch auf besonders umweltbelastende Weise entwickelt wurde. Ørsted ist das erste Energieunternehmen, das je den ersten Platz in diesem Ranking einnahm, und kletterte seit 2018 um ganze 69 Plätze nach oben. Grund dafür ist sicherlich die Art und Weise, wie

es sein Geschäftsmodell in den letzten zehn Jahren neu erfunden hat. Ørsted hat sein Kerngeschäft von einem ziemlich kohleintensiven Energieversorger zu einem fast reinen Erneuerbare-Energie-Versorger umgestaltet.

Kein Wunder, dass Ørsted ganz oben auf der Liste stand: Durch die Veräußerung seiner Sparte für fossile Brennstoffe und die Investition in Offshore-Windenergie konnte das Unternehmen die CO_2-Emissionen um 83 % senken, und die Hälfte des globalen 100-Nachhaltigkeitsindex des Unternehmens hängt von den Einnahmen aus Produkten und Dienstleistungen ab, die der Umwelt oder der Gesellschaft zugutekommen. »Die Transformation ist jetzt an einem Punkt angelangt, an dem der überwiegende Teil unserer Energieerzeugung aus erneuerbaren Quellen stammt«, verkündete Henrik Poulsen, CEO und Präsident von Ørsted. Das Unternehmen lege Wert auf ökologische Nachhaltigkeit. »Wir glauben, dass es sehr dringend ist, auf den Klimanotfall zu reagieren, und es war das treibende Ziel unseres Unternehmens, zu einer Welt beizutragen, die ausschließlich mit grüner Energie betrieben wird. (…) Wir waren sehr energisch und hatten große Dringlichkeit, unser Unternehmen zu verändern, weil wir grundsätzlich der Meinung sind, dass es Zeit ist, echte Maßnahmen zu ergreifen.«[80]

Im Rahmen seiner Transformation hat das Unternehmen 20 Nachhaltigkeitsprogramme ins Leben gerufen, darunter eine Dekarbonisierungs-Initiative mit dem Ziel, bis 2023 kohlefrei zu werden. Die Offshore-Windparks des Unternehmens versorgen mehr als 13 Millionen Menschen mit Ökostrom und sollen bis 2030 50 Millionen erreichen.

Im sechsten C *bestimmen wir die Kultur, in der wir uns entwickeln, in der unser Publikum zu Hause ist und in der wir mit unserer Arbeit Werte schaffen. Nach einem langen Weg der Selbstfindung und Erschließung unserer Aufgaben, Prozesse und Potenziale, nachdem wir Klarheit erlangt haben darüber, wie wir im Leben des Einzelnen einen positiven Beitrag leisten können, nehmen wir nun die Makro-Perspektive ein, zoomen aus und betrachten unser Verhältnis zum großen Ganzen, zur Summe des Einzelnen und der Einzelnen, der Gemeinschaft, in der die Summe unseres Beitrags eine nachhaltige, positive Veränderung ermöglicht.*

Die Früchte werden von den Tieren (oder uns Menschen) genutzt und verspeist, nur die Kerne (Samen) bleiben übrig und landen an den verschiedensten Stellen wieder auf dem Boden. Die nicht genutzten Früchte werden zu fruchtbarer Erde, die Kerne hingegen schaffen eine neue Generation von Bäumen, die aus ebenjener Erde (Kultur) entspringt. Die Grundlage für die Veränderung.

Aus den Früchten unseres Baumes konnten wir unseren Kreis an Menschen nähren, dem wir mit unserem Schaffen eine Grundlage für ein friedliches und gemeinschaftliches Leben in Fülle und Sicherheit ermöglichen. Die restlichen Früchte fallen zu Boden und werden dort wieder zu der Erde, aus der sie kommen. Doch neue Pflanzen entstehen, wo wir die nicht verdaulichen Teile der Frucht wieder auf die Erde geben.

»Culture eats strategy for breakfast« (Peter Drucker)

Wir hoffen, Sie kennen Peter Drucker. Sie sind ihm sicherlich wissentlich oder unwissentlich bei Ihrer Arbeit begegnet, denn er gilt als einer der Management-Vordenker des (letzten) Jahrhunderts, z. B. auch als Mitbegründer der Management-by-Objectives-Schule. Management by Objectives (MBO) ist ein strategisches Managementmodell, das darauf ausgerichtet ist, die Leistung einer Organisation zu verbessern, indem Ziele klar definiert werden, auf die sich sowohl das Management als auch die Mitarbeiter*innen gemeinsam verpflichten. Nach der Theorie fördert das Mitspracherecht bei der Zielsetzung und den Aktionsplänen die Teilnahme und das Engagement der Mitarbeiter sowie die Ausrichtung der Ziele im gesamten Unternehmen. Nico und ich haben in unseren (addiert ca. 50) Jahren der Erfahrung im Geschäft kaum eine berufliche Station erlebt, in der diese Art des Managements nicht eingesetzt wurde.

Peter Drucker hat sie in seinem 1954 erschienenen Buch *The Practice of Management*[81] erstmals der Öffentlichkeit vorgestellt. Was Sie eventuell nicht wussten ist, dass Drucker Österreicher war, der in Hamburg studierte und – auch wegen seiner jüdischen Abstammung – 1933 nach England und später in die USA auswanderte, wo er es mit seinen Arbeiten als Lehrer, Professor, Berater, Dozent und Buchautor zu Weltruhm brachte. Das Zitat aus der Überschrift hat es in sich, auch wenn es nicht so weitreichend gemeint war, wie wir es gerne präsentieren möchten, aber dazu später. Um nachvollziehen zu können, was wir damit genau meinen, erstmal ein Blick zurück auf Peter Druckers Jugend.

Zu den frühen Einflüssen Druckers gehörte der österreichische Ökonom Joseph Schumpeter, ein Freund seines Vaters, der Drucker mit seinen Ausführungen zu Innovation und Unternehmertum nachhaltig beeindruckte. Auch John Maynard Keynes gehörte zu den Schlüssel-Impulsgebern Druckers. Drucker hörte Keynes 1934 in einer Vorlesung in Cambridge. »Mir wurde plötzlich klar, dass Keynes und alle brillanten Wirtschaftsstudenten im Raum in erster Linie am Verhalten von *Gütern* interessiert waren«, beschrieb Drucker seinen Eindruck, »während ich am Verhalten von *Menschen* interessiert war.«[82]

Dies ist der für uns entscheidende Unterschied und dies macht Druckers Arbeit grundsätzlich so ansprechend, zeitlos und wirkungsvoll, denn genau wie Vordenker à la Covey (der übrigens viele Berührungspunkte zu Drucker hatte und ihn häufig als Inspiration nennt) verstand Drucker seine wirtschaftliche Arbeit grundsätzlich ausgerichtet auf einer Wertebasis, die das Fundament jeglicher Wertschöpfung darstellt. Werte sind ein zutiefst menschlicher Faktor, wie auch beschrieben in der Arbeit von Kotler, den wir bereits in der Marketingeinführung ausführlich erwähnten.

Kotler half bei der Schaffung des Bereichs des sozialen Marketings, der sich darauf konzentriert, Einzelpersonen und Gruppen dabei zu helfen, ihr Verhalten in Richtung eines gesünderen und sichereren Lebensstils zu ändern. Er schuf auch das Konzept des »Demarketings«, um die Reduzierung der Nachfrage zu unterstützen, außerdem die die Konzepte »Prosumer«, »Atmosphären« und »gesellschaftliches Marketing«.

Doch zurück zu Drucker: In den 70 Jahren seines Schaffens hat er sich stets auf die Beziehungen zwischen Menschen fokussiert, im Gegensatz zum zahlengetriebenen Diskurs der von Keynes beeinflussten Management- und Marketingwelt. Druckers Bücher waren voller Lektionen darüber, wie Organisationen das Beste aus Menschen herausholen können und wie Arbeiter in einer modernen Gesellschaft, die um große Institutionen herum organisiert ist, ein Gefühl von Gemeinschaft und Würde finden können.

Drucker war für Kotler (wie auch für uns und Covey) eine große Inspiration. Besonders zum Themengebiet Meaningful Marketing ist uns bei den Recherchen eine Präsentation Kotlers in die Hände gefallen, die auf eine wundervolle Weise nicht nur beschreibt, in welchem Verhältnis Drucker und Kotler standen, sondern auch, wie beide das Fundament prägten, auf dem wir heute unser Meaning-is-the-new-Marketing-Gebäude zu bauen gedenken.[83]

Ganz besonders die Zitate von Drucker, die Kotler gesammelt, haben uns begeistert – weil sie so einfach und klar sind:

»The aim of marketing is to know and understand the customer so well the product or service fits him and sells itself.«
»The aim of marketing is to make selling unnecessary.«[84]

All diesen inspirierenden Gedanken haben etwas entscheidend Gemeinsames: die Wertebasis. Jene, die uns miteinander verbindet. Jene, die das Menschsein qualifiziert, jene, die uns einen gemeinsamen Nenner gibt, auf den wir uns verständigen können. Jene, die uns Identität ermöglicht, jene, die jede Form von Kultur begründet.

»Culture eats strategy for breakfast« – Drucker meinte damit, dass unabhängig davon, wie stark Ihr strategischer Plan ist, seine Wirksamkeit von Mitgliedern Ihres Teams eingeschränkt wird, wenn Sie nicht die richtige Kultur teilen. Wenn es darauf ankommt, sind es die Menschen, die den Plan umsetzen, die den Unterschied ausmachen, und nicht die Strategie.

Wir gehen noch einen Schritt weiter: Ohne ein kulturelles Verständnis und vor allem ohne den Respekt für die kulturelle Identität Ihres Publikums ist die Wahrscheinlichkeit der erfolgreichen Umsetzung einer Geschäfts- oder Marketingstrategie sehr gering. Mit Strategie hingegen, mit einem ausgeprägten Verständnis für die Kultur ihres Publikums, ist Ihre Chance auf Erfolg deutlich größer. Vermutlich ist genau das einer der Gründe, warum Marken wie Zappo's (Online-Schuhhandel, wurde von Amazon gekauft), Zara, Krispy Kreme, Trader Joe's, Kiehl oder eben Starbucks auch ohne echten Marketingplan erfolgreich waren; sie haben alle in der einen oder anderen Form auf die Qualität des kulturellen Erlebnisses gesetzt, ihre Sales- oder Store-Mitarbeiter als Marketingteam ausgebildet und in Qualität investiert, über die die Menschen reden, denn das ist, was Kultur ausmacht: ein gemeinsamer Nenner.

Begriffsdefinition: Kultur

Professor Dr. Ansgar Nünning, Professor für Englische und Amerikanische Literatur- und Kulturwissenschaft an der Justus-Liebig-Universität Gießen, u. a. Gründungsdirektor des »International Graduate Centre for the Study of Culture«, schreibt in einem Artikel für das Bundesamt für politische Bildung:

»Bereits die Herkunft des Wortes ›Kultur‹, das vom lateinischen ›colere‹ (pflegen, urbar machen) bzw. ›cultura‹ und ›cultus‹ (Landbau, Anbau, Bebauung, Pflege und Veredelung von Ackerboden) abgeleitet ist, also aus der Landwirtschaft stammt, verweist auf einen zentralen Aspekt sämtlicher Kulturbegriffe: Sie bezeichnen das ›vom Menschen Gemachte‹ bzw. ›gestaltend Hervorgebrachte‹ – im Gegensatz zu dem, was nicht vom Menschen geschaffen, sondern von Natur aus vorhanden ist.«[85]

Weitergehend lernen wir über die Funktionen von Kultur:

»Insgesamt unterstreicht gerade die Vielfalt der Kulturbegriffe die Einsicht, dass ›Kultur‹ als ein diskursives Konstrukt zu begreifen ist, das auf unterschiedlichste Weise begriffen, definiert und erforscht werden kann. Eine wichtige Funktion von Kultur besteht darin, dass ›sie nach innen hin integrativ, nach außen hin hierarchisch und ausgrenzend funktioniert‹. Einerseits trägt Kultur zur individuellen und kollektiven Identitätsbildung bei; andererseits gehen die für Kulturen kennzeichnenden Standardisierungen des Denkens, Fühlens und Handelns oft mit einer Ausgrenzung des Anderen einher. Der Kulturbegriff verleitet dazu, Kulturen zu stark als homogene Gemeinschaften wahrzunehmen und ihre interne Heterogenität zu vernachlässigen. Dem wirken neue Ansätze, die sich mit Inter-, Multi- und Transkulturalität beschäftigen, entgegen.«[86]

Sie sehen, die Möglichkeiten der kulturellen Identitätsschöpfung sind unbegrenzt, und sie funktionieren in alle Richtungen. Eine (politische/aktivistische) Bewegung zum Beispiel besteht aus einer Gruppe von Menschen, die identitätsstiftende Gedanken kultivieren und eine Reihe weiterer Menschen mit diesen Gedanken überzeugt bzw. begeistert und sie somit in ihrer Identität erweitert. Wenn jeder Mensch die Möglichkeit bzw. Freiheit hätte, sich einer solchen Bewegung anzuschließen, wäre es ein inklusives Kulturphänomen. Dazu gehören beispielsweise die internationale Nachhaltigkeitsbewegung »Fridays for Future« oder die antirassistische »Black Lives Matter«-Bewegung.

Jedoch kann die Mechanik der »Überzeugung« gleichermaßen äußerst manipulativ sein und eine kulturelle Identität über die Abgrenzung zu anderen provozieren, was eine der Erklärungen ist, wie es einer Gruppe von antisemitischen, größenwahnsinnigen Mördern um Adolf Hitler in den 30er Jahren gelingen konnte, mit – zur damaligen Zeit regulären Mitteln – an die Macht zu kommen und den Judenhass als staatlich verankerte Denkweise kultivieren zu können, ohne dass sich ein größerer Teil der Bevölkerung dagegen auflehnte. Es waren einsame Gruppen, die sich dieser Diktatur des Abgrunds entgegenstellten, dafür fast ausnahmslos mit ihrem Leben zahlten und auf ihre besondere Weise eine eigene Kultur prägte: die Kultur der Weißen Rose. Die Geschichte der Geschwister Scholl verkörpert all die Dinge, die uns wichtig sind: dass wir verlässlich sind, im Sinne der Unbestechlichkeit, im Sinne der Treue zu den eigenen Idealen, die Vertrauen überhaupt erst möglich machen!

Workshop 6. C: Die Kultivierung des Anwendungsobjektes.
Die Grundlage für Gemeinschaft, der Beginn einer Bewegung oder
das Fundament Ihrer (Brand) Community

▶ **Ziel:** Im sechsten C wie Culture entdecken wir die gemeinsame Basis Ihres Publikums, identifizieren die Treiber für Wachstum und Relevanz Ihrer Idee und geben der Kreativität Ihrer Botschafter eine Bühne.

▶ **Teilnehmende:** Development-Team und Kulturschaffende, Trendforscher, »Local Heroes« oder Kulturexperten aus dem Competence-Team, die sich mit dem (potenziellen) Publikum des Anwendungsobjekts gut auskennen.

▶ **Benötigte Ressourcen:** Alle Moodboards und alle Personaprofile von dem vorherigen Workshop an der Wand und zentrale Forschungsergebnisse zum Wunschpublikum als Handouts. Im besten Falle haben Sie die Information bzw. Forschungsdetails zur Hand oder bereiten diese vor.

▶ **Format:** hybrid, rein virtuell oder alle in einem Raum.

▶ **Rollen:** Moderation hosted, alle nehmen aktiv teil, recherchieren für sich und dokumentieren ihre Erkenntnisse auf einem Online-Board (z. B. Google Docs, SharePoint, MS Teams, andere Echtzeitplattformen wie z. B. Miro).

▶ **Dauer/Zeitraum:** kollaboratives Erforschen 2–8 Stunden plus 1–2 Stunden Nacharbeit.

▶ **Zusammenfassung:** Alle Teilnehmer verfügen über einen eigenen Computer mit Online-Zugang – entweder in einem Konferenzraum oder dezentral über Teams/Zoom (es geht auch die Kombination, also hybrid). Im ersten Schritt werden gemeinsam die drei bis fünf Schlüsselthemen bestimmt. Im zweiten Schritt werden auf Basis dieser Schlüsselthemen Bedürfnisgruppen lokalisiert und identifiziert und im dritten Schritt deren kreativer Ausdruck ausgewertet. Die Ergebnisse werden gesammelt, zusammengestellt, im Team diskutiert und konsolidiert und dann auf die essenziellen Ergebnisse verdichtet.

Vorgehensweise Teil 1: Themenbestimmung (ca. 30–45 Minuten): Der Moderator stellt noch einmal der Gruppe die Personas vor und erklärt die Vorgehensweise. Für jede Persona sollte sich dann mindestens eine teilnehmende Person melden, um diese in ihrer Recherche zu bearbeiten. Im besten Falle teilen sich die Teilnehmer*innen auf die Personas auf, so dass alle gleichmäßig auf die Personas aufgeteilt sind. Sollten unter den Personas bestimmte Prioritäten festgelegt worden sein, dann ist es natürlich okay, wenn die etwas wichtigeren Personas von mehr Teilnehmer*innen bearbeitet werden als die weniger wichtigen. Zu guter Letzt sollte jede Persona mindestens von einer, besser noch zwei oder mehr aufgenommen werden.

Nun beginnt die erste Runde der Auswertung. Auf Basis der Personas und der detaillierten Betrachtung der Profile werden nun konkrete Themen und Begriffe gesammelt, die inhaltliche Anker der betreffenden Personas abbilden und den Bezug zum Anwendungsobjekt erschließen.

Fiktives Beispiel: Anwendungsobjekt ist eine spanische True-Crime-Netflix-Serie, die nun auch in Deutschland beworben werden soll.

Persona 1 – Helga: 25-jährige Kunststudentin aus Barcelona, lebt in Hamburg. Mag Techno-Partys, lebt in einer WG und hat die Serie schon in Spanien gesehen, will sie, um Deutsch zu lernen, aber erneut auf Deutsch schauen. Veganerin, verdient ab und zu etwas Taschengeld beim Online-Poker, trinkt gerne Schnaps und liebt True Crime. Keiner ihrer Freunde schlägt sie bei Fortnite.

Persona 2 – André: 38-jähriger Software-Ingenieur aus Kassel, produziert Apps und arbeitet frei. Lebt mit Frau und sechsjährigem Sohn in der City. Netflix hilft ihm, den Kopf frei zu kriegen. Mag alles, was spannend ist, das liegt in seinem Naturell. Er spielt auch gerne Rollenspiele mit Freunden (und das schon, seit er vierzehn ist), Assassins Creed auf der Xbox und liebt Dark Metal.

Mögliche Themen und Begriffe wären in diesem Fall:

- True Crime
- Netflix
- Software
- Techno
- Poker
- Role-Play
- Barcelona
- Berlin
- Engineer
- Fortnite
- Apps
- Assassins Creed
- Dark Metal

Beschränken Sie sich jedoch nicht nur auf diese Begriffe, schauen Sie sich unbedingt die Moodboards an und generieren in einer kleinen Blitz-Brainstorm-Runde (jeder Teilnehmende hat 30 Sekunden Zeit, frei und intuitiv aus den Moodboards soziokulturelle Themen und Begriffe zu extrahieren).

Im nächsten Schritt können Sie die Themen und Begriffe gruppieren, nach der vorangehenden Liste ergibt sich folgende Gruppierung:

- Poker, Role-Play, Fortnite, Assassins Creed = 4 × Gaming (2 × pro Persona: hohe Relevanz)
- Berlin, Barcelona = 2 × Metropolen (beides von einer Persona, daher weniger relevant)
- Dark Metal, Techno = 2 × Musik-Subkultur (hohe Relevanz, aber recht schwammig)
- Software, Engineer, Apps = 3 × Digital (alles von einer Persona, daher weniger relevant)
- Netflix, True Crime = 2 × TV Entertainment (naheliegend, da die Personas um das Anwendungsobjekt herum entwickelt wurden)
  In der Summe lässt sich zusammenfassen:
- Gaming (höchste Relevanz)
- Musik-Subkultur (zweithöchste Relevanz)
- Metropolen
- Digital
- TV/True Crime

Auch wenn Helga und André auf den ersten Blick nicht wirklich viel gemeinsam haben, lassen sich – abseits von dem True-Crime-Genre selbst – recht offensichtliche gemeinsame Nenner identifizieren: nämlich Gaming und Musik-Subkultur. Auf diese Weise konnten Sie in zwei einfachen Schritten nicht nur diese beiden zentralen soziokultureller Felder erschließen, sondern drei periphere kulturelle Felder, die für Ihre weitere Recherche hilfreich sind.

Es empfiehlt sich, Ihre Themenliste auf die drei bis fünf zentralen Themenwelten zu reduzieren. In diesem Falle wären das:

1. TV (Netflix/Disney+/Amazon Prime) True Crime
2. Gaming (PC/Konsole)
3. Musik-Subkultur (Techno/Metal)

Diese Themen nennen wir im Weiteren »kulturelle Klammern« oder kurz: Schlüsselthemen.

Vorgehensweise Teil 2: Bedürfnisgruppenbestimmung (Plausibilitätsprüfung der Personas, ca. 30–180 Minuten)
Sollte Ihr Publikum zu der Nutzergruppe von Social-Media-Plattformen wie Facebook, TikTok, Twitter, YouTube oder Instagram gehören, lohnt es sich, die wichtigsten Hashtags des thematischen Feldes Ihres Anwendungsobjektes zu recherchieren und sich 30 bis 40 Profile verschiedener Instagram-Accounts anzusehen, die diesen Hashtag nutzen. Hier lernen Sie enorm viel über die kulturellen Schnittmengen: Achten Sie auf die Bilder, die gepostet werden, auf die Texte, auf die Kommentare, die Likes, und schauen Sie in die Tiefe, um zu erkennen: Was funktioniert gut für diese Menschen, was sorgt für Resonanz (Engagement, Likes, Kommentare, Shares), was geschieht eher im Subtext, was sind kollektive Feinde etc. Gehen Sie auf kulturelle Erkundungstour und lassen Sie sich dabei gern mal treiben.

Geben Sie also Ihre Schlüsselthemen bei diesen Plattformen ein und machen sich auf die Suche nach kulturellen Identitätsklammern, nach wiederkehrenden Mustern, Verhaltensweisen, Sprachformen etc. Dokumentieren Sie, was Ihnen auffällt, und vor allem, welche Art von Profilen sich hinter diesen Schlüsselthemen verbinden. Betrachten Sie dabei vor allem folgende Fragen:

• Sind ihre Personas tragfähig?
• Repräsentieren diese wirklich die Kultur ihres Anwendungsobjektes?
• Haben Sie alle relevanten Personas abgedeckt oder fehlen Ihnen noch Profile?

Nach Abschluss dieser Arbeit sollten Sie neben den 3–5 Schlüsselthemen nun auch Ihre 4–5 Personas haben, die durch die Plausibilitätsprüfung validiert wurden und nun einigermaßen vollständig Ihre Bedürfnisgruppe abbilden.

Vorgehensweise Teil 3: kreativer Ausdruck (30–180 Minuten)
Im letzten Teil des Workshops fokussieren Sie sich auf den kreativen Ausdruck Ihrer kulturellen Szene. Hierbei spielt Sprachlichkeit eine wichtige Rolle (welche helfen kann, die eigene Tonalität zu justieren, ohne sich willkürlich irgendeiner Szene anzupassen, zu der sich keine glaubwürdige Verbindung aus dem eigenen Kern herstellen lässt, denn das wäre »kulturelle Anmaßung« und wird überhaupt nicht gern gesehen). Jedoch geht es auch um Ausdrucksformen (Foto, Video, Text) und Stil. Wenn Sie die Grundzüge dieser kreativen Ausdrucksformen identifizieren konnten, dann widmen Sie sich noch mal verstärkt den Plattformen, auf denen diese Menschen sich besonders gerne austoben, und ihren führenden Köpfen, den Genre-Leadern, den Influencern der respektiven Szene. Eventuell finden Sie das eine oder andere Profil, das zu Ihnen passt, ohne zu generisch oder unpassend zu sein.

Ergebnis: Im Ergebnis haben Sie nun eine Übersicht zu den Schlüsselthemen, eine Handvoll geprüfter Personas als Repräsentation ihrer wichtigsten Bedürfnisgruppen (= Ihr Schlüsselpublikum) und eine konkrete Vorstellung von der kreativen Ausdrucksform jener Protagonist*innen, die das kulturelle Genre ihres Anwendungsobjektes prägen.

Abschlussbemerkungen: Am wirksamsten ist diese Arbeit, wenn

- Sie dezidierte Consumer-Research-Experten oder Trendforscher in der Arbeitsgruppe für diesen Abschnitt hinzuziehen;
- Sie bereits bestehende Marktforschungsergebnisse, Trendreports, Zielgruppencluster etc. in die Arbeit einfließen lassen und somit bestehende Daten um die Erkenntnisse aus diesen Workshops ergänzen oder sie gegen die vorliegenden Materialien prüfen;
- Sie mittels qualitativer Interviews mit Personen aus dem kulturellen Feld direkt tiefer gehende Konversationen führen konnten.

Denken sie bei all dem daran: Dokumentieren Sie ihre Reise. Nehmen Sie die virtuellen Sessions auf. Machen Sie Fotos der Workshops, und archivieren Sie diese Information. Es handelt sich um wertvolle Daten, die Sie mit Sicherheit zu einem späteren Zeitpunkt noch einmal benötigen werden.

Einsatzmöglichkeiten der Ergebnisse

- Die Culture bildet die Basis für die Arbeit mit dem nächsten, siebten C wie Change.
- Die Definition der kulturellen Treiber und Bedürfnisgruppen fungiert als Plattform und Toolkit für die Erstellung von Promotion-Material und Instrumenten, für Storytelling und Kommunikation.
- Die Culture kann für das 7C-Markensteuerungsmodell verwendet werden (aber auch für andere Markensteuerungsmodelle).
- Culture Definition ermöglicht die Determinierung des Publikums (auch »Zielgruppe«).
- Aus den sechs bisherigen Cs lässt sich ein wunderbares Team-Manifest entwickeln.

Hilfreiche Tools

Die meisten wichtigen Plattformen bieten Ihnen hilfreiche Tools, und viele ermöglichen es Ihnen, Ihren Webverkehr zu analysieren. Dies sind nur einige Beispiele, die sich als nützlich erweisen können: Facebook Audience Insights, Google Trends, Twitter Analytics, Claritas, Keyhole, Followerwonk.

Beispiele für Culture

1. CASE/Yousef Hammoudah
Meine kulturelle Basis besteht aus:

- Meinen Schlüsselthemen, z. B. Persönlichkeitsentwicklung, Achtsamkeit, Nachhaltigkeit, Marketing, Inklusion
- Mein Publikum sind wachstumsorientierte Menschen mit Hang zur Selbstoptimierung (25–99 Jahre) und orientierungssuchende Business-Newbies, Studenten und Young Urban Professionals (18–27 Jahre)
- Mein kreativer Ausdruck sind Frameworks, Modelle, Infographiken, Bücher, Literatur, Blogs, YouTube, Videos, Ted Talks, Fotografie, Instagram, Facebook (Quotes), functional/educational Content (Meditationen, Workouts, Academy Material)

2. CASE/Old Spice Guy

Eine der beliebtesten viralen Werbekampagnen in der Geschichte, die ebenfalls während eines Super Bowl Adbreaks an die Öffentlichkeit gelangte, gehört dem Old Spice Guy. Es war ein viraler Hit und wurde als Internet-Phänomen weltweit zelebriert. Der Grund, warum wir diesen über zehn Jahre alten Case als Culture Best Practice erwähnen, ist, wie mit der Idee von Kultur gearbeitet wurde. Wieden & Kennedy, die Agentur hinter der Serie an Spots, hat mit ihrem transmedialen Konzept reaktives Marketing in die Social-Media-Ära übergeführt. Denn Monate später, als die Kampagne anscheinend ihren Höhepunkt erreicht hatte, schob die Agentur eine der denkwürdigsten Social-Media-Kampagnen hinterher: einen zweitägigen Marathon mit hochwertigen, personalisierten Videoantworten auf Fragen der Fans auf Twitter und YouTube – online eingerichtet, gedreht und online in Mustafas eigenem Badezimmer veröffentlicht.

Jede Videoantwort, die von einem kleinen Team aus vier Autoren, einem Kamerateam und der Heldenfigur der Kampagne produziert wurde, behielt den Humor bei. Innerhalb von 48 Stunden erzielte Old Spice fast 11 Millionen Videoaufrufe, was für die damalige Zeit wirklich sensationell war.

Die Old-Spice-Guy-Kampagne hat die Messlatte für die Herangehensweise anderer Unternehmen und Agenturen an virale Werbung gesetzt, indem sie sich zuerst auf die Fans konzentrier, ihre Themen, ihren kreativen Ausdruck übernommen und zu einem integralen Teil des eigenen Narrativ werden lassen.

Im siebten C

beobachten wir die Veränderung, die durch unsere Arbeit in den ersten 6 Cs beeinflusst wurde.

Die Veränderung: Unsere Kerne und die von anderen landen irgendwann alle wieder im Boden und schaffen dort eine neue Generation von Vegetation, die aus ebenjener Erde (Kultur) entspringt. Die Grundlage für die Veränderung, mit der aus ödem Brachland ein neuer Wald, ein autonomes, lebensspendendes Ökosystem entstehen kann, ist vollendet, ein neuer, ewiger Kreislauf der Fruchtbarkeit, Erneuerung und des Wachstums ist geboren.

Wo Früchte sind, kommen auch andere und bringen ihre Früchte mit. Unser Baum ist groß geworden, er trägt viele Früchte und zieht anderes Leben an. Gemeinsam kultivieren wir dieses Land rund um unseren Baum und schaffen eine heterogene, widerstandsfähige, sichere Umgebung, in der wir in erfüllter Symbiose mit der fortwährenden Veränderung wachsen und gedeihen – bis auch wir irgendwann wieder ein Teil dieser Erde, ein neuer Teil unserer Kultur werden können.

»Man kann nicht zwei Mal in denselben Fluss steigen« (Heraklit)

Heraklit beeinflusste mit seinen kryptischen und nichtsdestotrotz visionären Lehren die spätere altgriechische Philosophen-Generation rund um Sokrates, Aristoteles und Platon. Seine Schwäche für Wortspiele und verschlüsselte Ausdrücke sowie paradoxe Elemente seiner Philosophie brachten ihm in der Antike den Beinamen »Der Obskure« ein.

Wie es zu seiner Zeit üblich war, entwarf man – besonders als Philosoph – die großen Gleichnisse, um sich der Magie des Universums, des Lebens, des Seins und all seiner Widersprüche irgendwie annähern zu können. »Obskur« oder »dunkel« waren so betrachtet ja eigentlich noch erwartbare Begriffe, um einen erstaunlich weitsichtigen Denker wie Heraklit zu beschreiben.

Denn je limitierter die wissenschaftlichen Möglichkeiten waren, um die Sonderbarkeit des Seins zu durchdringen, desto mehr verschrieb man sich damals der hohen Kunst der Philosophie, um das gleiche Ziel zu erreichen. In diesem Narrativ bestand laut Heraklit die Welt aus Feuer und aus der Einheit von Gegensätzen als Reflexion des Seins. Während sein Mitstreiter Parmenides (Mitbegründer der Metaphysik und der Ontologie) an die statische Natur des Universums glaubte, war Heraklit bekannt für sein Beharren auf allgegenwärtiger Veränderung – in der Philosophie als »Fluss« oder »Werden« bekannt – als charakteristisches Merkmal der Welt oder auch als »panta rhei«: Alles fließt.

»Die einzige Konstante im Leben ist die Veränderung« (Heraklit)

Für Heraklit war Veränderung nicht nur Teil des Lebens, in seinem Verständnis war Veränderung mit dem Leben gleichzusetzen. Heraklits Erbe lässt vermuten, dass er damit meinte, dass die menschliche Existenz hauptsächlich durch »Konflikt der Gegensätze« möglich wird, durch das Zusammenkommen und Zurückziehen opponierender Kräfte. Während die Menschen diesen Konflikt der Gegensätze beklagen und ihn mit »Leiden« gleichsetzen, bemerkte Heraklit, dass derselbe Prozess auch die natürliche Welt formt: »Alle Dinge entstehen durch Opposition, und alle sind im Fluss wie ein Fluss«. Sein Fazit: Es gibt also keinen Grund, Streit zu fürchten oder zu vermeiden, denn Konflikte sind die wesentliche Kraft im Leben, die uns überhaupt im Sein bestätigt.

Und an dieser Stelle kündigen wir schon mal an, dass unser Spannungsbogen der 7Cs genau so zu Ende gehen wird, wie er begonnen hat: Dort, wo wir in der Analyse des »Selbst« begonnen haben, dort, wo wir in der Tiefe zwischen dem Licht der Theaterbühne und dem Schatten des Unbewussten unsere Quelle der Kraft verorteten, dort setzt auch Heraklit das Kraftzentrum an. In seinem Falle ist der Konflikt der Gegensätze vergleichbar mit dieser Quelle der Kraft, die die Veränderung zu Folge hat, ja, die Veränderung ist, wie oben beschrieben, der eigentliche Weg, nicht das Ziel. Und auch hier können wir unseren gedanklichen Hauptkreis schließen, denn das siebte C wie Change ist nichts anderes als das Testament einer erfolgreichen Kultivierung der echten Gegensätze in unserem eigenen, tiefsten Sein.

Auch der Dalai Lama ergänzt unseren Diskurs um die Empfehlung: »Öffne der Veränderung deine Arme, aber verliere dabei deine Werte nicht aus den Augen.«

Sich gegen Veränderung zu sträuben, in unserer verrückten Zeit heute wohl mehr denn je, kostet viel Kraft und wirft uns leicht aus der Bahn. Der Veränderung die Arme zu öffnen, heißt natürlich auch, sie in unser Leben einzuladen, und dafür machen wir uns nun bereit, denn schließlich ist sie der Motor, der alles zum Laufen bringt.

Raus aus der Stagnation

Lassen sie uns das Konzept von Veränderung vertiefen. Dass sich etwas verändert hat, merken wir oft gar nicht, wenn wir uns sehr nah an der Veränderung selbst bewegen und diese sehr langsam geschieht. Wir können daher nicht wirklich sagen, ob unser Kind von einer Woche auf die nächste um wenige Zentimeter gewachsen ist, da dieses leichte Wachstum von Tag zu Tag oder Woche zu Woche selbst kaum messbar ist. Wenn wir jedoch ein Kind aus der Verwandtschaft jahrelang nicht mehr gesehen haben, sind wir nicht selten erstaunt über die enorme Veränderung, die dieses Kind in dieser Zeit vollzogen hat. Um Veränderung bewusst zu verstehen, haben wir uns in der Evolution unglaublich viele Dinge ausgedacht. Zum Beispiel das Konzept, Zeit in Einheiten zu unterteilen wie Stunden, Tage, Wochen oder Monate. Das Konzept von Entfernung, Größe, Gewicht – alles Funktionen, die uns dabei helfen, Veränderung greifbar zu machen, ausgehend von der Initialbewertung des Status quo. Braucht es also auch für unsere Arbeit in den 7Cs Messgrößen, um unser Wirken messbar zu machen?

Schließlich ist unser Wirken ausnahmslos und von A bis Z auf Veränderung ausgerichtet. Wir investieren alles, um die Veränderung selbst als Status quo zu manifestieren, so sensibel sind wir auf die Statik zu sprechen.

Bis weit über 2 000 Jahre nach Heraklits Lebenszeit hat sich die Welt nicht ansatzweise so sehr verändert wie in den letzten 25 Jahren (bzw. wir Menschen, nicht die Welt selbst). Und umso mehr ist heute genau wie damals die Veränderung unsere einzige Konstante. Und in beiden Fällen können wir es festmachen an Dingen, die wir messen können, wie z. B. den Umstand, wie lange man brauchte, um von A nach B zu kommen. Zu Zeiten vor Heraklit, also ca. 600 v. Chr. bis gegen Ende des 19. Jahrhunderts, waren womöglich in beiden Fällen Pferde als Transportmittel für Menschen die schnellste Option, über Land zu reisen. Wir sprechen hier also über mehrere Tausend Jahre, in denen im besten Falle zwischen 50 und 100 km pro Tag zurückgelegt werden konnten. Im Vergleich dazu hat sich seit den 80er Jahren bis heute die Zuggeschwindigkeit, mit der wir über Land fahren können, von 125 km/h auf über 400 km/h mehr als verdreifacht, in 30 Jahren. Wohlgemerkt sprechen wir über Distanzen pro Stunde, nicht pro Tag. Da es keine Ausdauerprobleme bei Zügen gibt, nehmen wir einmal den schnellsten Zug, den es aktuell auf Planet Erde gibt, den Transrapid aus Shanghai, der es auf satte 430 km/h bringt. Fährt man also einen Tag, 24 Stunden, mit diesem Zug über Land (angenommen, es gäbe eine entsprechend lange Strecke), käme man über 10 000 km weit. Während man in einem Zeitraum von Zigtausenden Jahren bis vor ca. 130 Jahren also recht ähnliche Distanzen pro Tag zurücklegen konnte, hat sich die Distanz, die man in einem Tag schaffen kann, in diesen 130 Jahren von maximal 100 km zu maximal 10 000 km verhundertfacht. Was für ein rasanter Anstieg. Es gibt weitere Veränderungsalgorithmen, die wie wir messen können, die beweisen, dass unsere Welt immer schneller, größer, krasser wird: Rechenleistung, Speichergröße, Speicherkapazität usw. Für die Quantifizierung der Veränderung gibt es sogar ein eigenes Gesetz – das mooresche Gesetz:

»Das mooresche Gesetz besagt, dass sich die Komplexität integrierter Schaltkreise mit minimalen Komponentenkosten regelmäßig verdoppelt. (…) Unter Komplexität verstand Gordon Moore, der das Gesetz 1965 formulierte, die Anzahl der Schaltkreiskomponenten auf einem integrierten Schaltkreis. Gelegentlich ist auch von einer Verdoppelung der Integrationsdichte die Rede, also der Anzahl an Transistoren pro Flächeneinheit. Diese technische Entwicklung bildet eine wesentliche Grundlage der digitalen Revolution.«[87]

Veränderung muss also messbar sein

Auf diesen Gedanken sind in der Ökonomie natürlich bereits einige schlaue Menschen vor uns gekommen, so auch Peter Drucker. In sein Hauptwerk *Management By Objectives* möchten wir jetzt noch tiefer einsteigen.

Management by Objectives (MBO) beschreibt, wie spezifische Ziele innerhalb einer Organisation bestimmt werden, die das Management den Mitarbeitern vermitteln kann. Anschließend wird dann vom Management entschieden, wie jedes Ziel nacheinander erreicht werden soll. Auf diese Weise können Führungskräften eine Herausforderung nach der anderen meistern, ohne das Arbeitsumfeld zu sehr zu strapazieren, denn der Prozess spricht natürlich auch den Mitarbeitern einen Teil der Erfolge zu und begünstigt so ein positives Arbeitsumfeld.

Ein wichtiger Bestandteil von MBO ist die Messung und der Abgleich von tatsächlich erbrachter Leistung zu vorher vereinbarten Zielen. Und die Erfahrung des Systems zeigt, das wenn Mitarbeiter selbst an der Zielsetzung beteiligt sind, die von ihnen geforderten Ziele häufiger und zuverlässiger erreicht werden. »What gets measured, gets done«, war eines der Credos von Drucker.

Andrew Stephen Grove war ein ungarisch-amerikanischer Geschäftsmann und Ingenieur. Er war zuerst der dritte Mitarbeiter und später der dritte CEO der Intel Corporation und verwandelte das Unternehmen in den weltweiten Marktführer im Halbleitersegment. Er übernahm Intel 1987 als CEO – und jetzt raten sie mal, von wem? Genau! – von Gordon Moore. Die Welt ist klein, nicht wahr?

Zurück zu Andy Grove. Er war schon bei Intel, als er das MBO-Konzept von Drucker weiterentwickelte und daraus OKRs entwarf: »Objectives and Key Results«. Das war eine revolutionäre Weiterentwicklung, wie die Business-Welt bald feststellen sollte. OKRs haben das Top-Down-Managementsystem auf den Kopf gestellt: Plötzlich wurden die Arbeitnehmer nach dem bewertet, was sie erreicht hatten, nicht nach ihrem Hintergrund, Abschluss oder Titel. Bei OKRs sind Ziele und Ergebnisse erst mal voneinander getrennt worden und das Ergebnis (Key Results = Schlüsselergebnis) ist wichtiger als bloße Ideen. Grove, der sich aus dem kommunistischen Ungarn herausgekämpft hatte und 1997 der »Mann des Jahres« des Time Magazins wurde,

OKRS AM BEISPIEL DER 2-°CELSIUS-KLIMASCHUTZBEWEGUNG

Die globale Erderwärmung auf weniger als zwei Grad Celsius bis zum Jahr 2100 gegenüber dem Niveau vor Beginn der Industrialisierung zu begrenzen, ist das Ziel der internationalen Klimapolitik. Ein gutes Beispiel dafür, wie Veränderung selbst das Ziel sein kann.

Ebenfalls ein gutes Beispiel, um den Unterschied zwischen Objective (Ziel) und Key Result (Schlüsselergebnis) zu veranschaulichen, ist das Ziel der Pariser Vereinbarung zum Klimawandel, den Klimawandel aufzuhalten, um die Menschheit zu retten. Der Planet Erde würde es auch bzw. erst recht ohne uns Menschen schaffen, die nächsten paar Milliarden Lichtjahre in Ruhe weiter zu rotieren.

Das Ziel reflektiert also den großen Plan: *Klima retten!*

Das Schlüsselergebnis lautet demnach: *Die Erderwärmung bis zum Jahr 2100 auf unter zwei Grad Celsius zu halten.*

Entsprechende Initiativen wären zum Beispiel die schnellere Umsetzung der Energiewende, radikale Umstrukturierungen in der Großindustrie hin zu einer nachhaltigen Herstellung und Logistik.

Dieses Konzept von Objectives and Key Results ist nicht nur ein weltweit angewandtes, einfaches Modell, um Geschäftsbetrieb und Entwicklung sinnstiftend, wertschöpfend, kollaborativ und nachhaltig zu organisieren, sondern auch grundlegend, um Veränderung zu kultivieren. Aus diesem Grund beinhaltet die Arbeit an unserem 7. C wie Change auch die Einrichtung, Überprüfung, Anpassung und Neuausrichtung von Zielen gemäß der Grundideen von OKRs.

war ein lebender Beweis dafür. Ein Intel-Historiker drückte es so aus: »Er war eine Art wandelnder OKR.«

Die Behauptung von Grove, dass die Arbeitnehmer für die Festlegung ihrer eigenen Ziele verantwortlich sein könnten und dass jedes Mitglied eines Unternehmens zählt, vom CEO bis zum Praktikanten, war etwas, das er selbst praktizierte und nicht nur predigte. Grove, ein Mann, der als warmherzig und einfühlsam, aber auch fordernd und anspruchsvoll beschrieben wurde, war entschlossen, den Menschen zu helfen, sich selbst zu helfen.

Ein weiterer Mann, der damals bei Intel arbeitete und ebenfalls glühender Anhänger des OKR-Konzepts wurde, war John Doerr. Ihm wird zugeschrieben, den Google-Gründern auf die OKR-Methode aufmerksam gemacht zu haben.

Heute lässt sich mit Fug und Recht behaupten: Das Google Imperium ist aus OKRs entstanden.

Begriffsdefinition: Veränderung, Ziele, Ergebnisse und Initiativen

Veränderung: bedeutet, etwas anders zu machen oder sich zu ändern. Es bedeutet zu variieren oder zu modifizieren. Ebenfalls kann es bedeuten, entweder einen wesentlichen Unterschied zu machen, der zu einem Verlust der ursprünglichen Identität führen kann, oder eine Sache durch eine andere zu ersetzen. Veränderung kann auch Unbeständigkeit bedeuten – oder eben Wandel.

Unbeständigkeit wiederum ist auch bekannt als das philosophische Problem des Wandels. Es ist ein philosophisches Konzept, das in einer Vielzahl von Religionen und Philosophien, wie bei Heraklit, behandelt wird.

Ziele/Objectives (O): Ein Ziel ist ein Konzept von Zukunft oder ein gewünschtes Ergebnis, das sich eine Person oder eine Gruppe von Menschen vorstellen, planen und zu erreichen verpflichten. Manche bemühen sich, Ziele innerhalb einer begrenzten Zeit zu erreichen, indem sie Fristen festlegen. Ein Ziel ähnelt in etwa einem Zweck oder einem gewünschten Abschluss einer Entwicklung. Das Ziel kann ein Objekt sein, entweder ein physisches Objekt oder ein abstraktes Objekt, das einen Wert in sich trägt. Ziele müssen klar, inspirierend und gleichzeitig ambitioniert, aber realistisch zu erreichen sein. Die goldene Regel bei der Formulierung von Zielen lautet, dass jede (für das Ziel) relevante Person in der Lage sein sollte, das Ziel selbst und die Motivation hinter dem Ziel auf einen Blick zu verstehen. Stellen Sie sich Ihr Ziel als qualitative Aussage vor über das, was erreicht werden soll. Ein Ziel sollte signifikant, konkret und handlungsorientiert sein, um die Organisation in die gewünschte Richtung zu steuern. Das Ziel ist ein wünschenswerter, ehrgeiziger Zustand, der ein angestrebtes Ergebnis qualitativ beschreibt. Ein Ziel gibt allen eine klare

Richtung vor und soll sie motivieren, darauf hinzuarbeiten. Es sagt Ihnen im Grunde, wohin Sie wollen und ist der endgültige Zustand, der Ort oder das Objekt, das Sie erreichen möchten.

Schlüsselergebnisse/Key Results (KR): Ergebnisse beschreiben die Hebel, mit denen Sie Ihr Ziel erreichen. Diese müssen *messbar* sein. In der Management-Lehre wird betont: Wenn es keine Zahlen enthält, ist es kein Key Result. Die Schlüsselergebnisse sagen Ihnen, ob Sie auf dem richtigen Weg sind, um an Ihr Ziel zu gelangen. Die wichtigsten Ergebnisse haben normalerweise einen Start- und einen Zielwert, anhand derer Sie messen können, wie Sie sich Ihrem Ziel nähern. Dadurch wissen Sie immer, wie nah Sie an Ihrem endgültigen Ziel sind.

Ein Schlüsselergebnis ist messbar und überprüfbar. Es gibt immer eine Schwarz-Weiß-Antwort, ob dies erreicht wurde. Das Festlegen von drei KRs für ein Ziel ist ein vernünftiger Ausgangspunkt.

(Marketing-)Initiativen: Es ist zwar üblich, aber nicht zielführend, wenn Ihre Schlüsselergebnisse die genauen Arbeitsaktivitäten beschreiben, die Sie ausführen. Deutlich besser geeignet ist jedoch die Ausführung in »Marketinginitiativen«. Die Marketinginitiativen sind Projekte, die ihnen helfen, die Ergebnisse zu erreichen. Sie stellen eine klar definierte Hypothese dafür dar, welche Art der Investition (finanziell, physisch, materiell, intellektuell) den größten Einfluss auf die Erreichung Ihres Schlüsselergebnisses haben wird.

Zusammengefasst: Angenommen Ihr Ziel (Objective) ist, sich bei einem Strandurlaub an der Ostsee so richtig zu entspannen. Schlüsselergebnisse für diese verlockende Mission sind zum Beispiel die 500 km, die Sie zurücklegen müssen, um dorthin zu kommen. Ein weiteres Schlüsselresultat ist die Mindestdauer von zwei Wochen, die Sie brauchen werden, um wirklich zu entspannen (beides klar messbare Ergebnisse). Initiativen wären hier die Hotelbuchung für das Zimmer mit Meerblick, die Tankfüllung, das Reisegepäck inklusive Buch, Sonnenbrille und Badeshorts – im besten Falle.

Wir möchten an dieser Stelle nicht tiefer in die Materie der OKR einsteigen, da es schlicht und ergreifend ein eigenes Genre ist. Für eine Einführung in das Themenfeld empfehlen wir den TED Talk von John Doerr.[88]

Zum Abschluss eine kleine Übersicht/Checkliste, die ihnen hilft, das siebte C wie Change (Veränderung) richtig anzupacken und messbar zu machen:

- Legen Sie Ihren Fokus bei der Planung darauf, welchen Output/welche Leistung die Einzelpersonen in Ihrem Unternehmen generieren sollten (Definition der Schlüsselresultate).
- Messen Sie den Fortschritt von Einzelpersonen und Teams, und vergleichen Sie Ihre Ergebnisse regelmäßig mit dem ursprünglichen Plan (Regelmäßige Reviews).
- Stimmen Sie Prioritäten und Milestones regelmäßig zwischen Personen und Teams ab.
- Steigern Sie den Fokus auf die wichtigsten Ziele und reduzieren Sie Ablenkungen durch dringende, aber weniger wichtige Ziele.
- Bringen Sie Transparenz in das Unternehmen.
- Ermöglichen Sie das Erreichen ehrgeiziger Ziele, indem Sie diese aufschlüsseln.

Workshop 7. C: Die Ausgestaltung der Ziele (Objectives), Ergebnishebel (Key Results) und Marketing-Initiativen unseres Anwendungsobjekts

▶ **Ziel:** Im siebten C wie Change geben wir dem Wandel ein Gesicht, programmieren unser Navigationssystem und schaffen die Grundlage für die weitere Entwicklung (zum Beispiel für die Entwicklung einer 7C-basierten Meaningful-Marketingstrategie).

▶ **Teilnehmende:** Development-Team (optional, aber idealerweise mit dem Accountabilty Team oder einer Repräsentation dieses Teams).

▶ **Benötigte Ressourcen:** Character, Vision Statement (aus dem Challenge-Workshop), Commitment (Mission Statement), Wertschöpfungssystem, Wertbeitrag (Contribution), Publikumsdefinition (Culture).

▶ **Format:** hybrid, rein virtuell oder alle in einem Raum.

▶ **Rollen:** Moderation hosted, Assistenz dokumentiert, alle anderen Teilnehmer in der aktiven Teilhabe.

▶ **Dauer/Zeitraum:** 2–3 Stunden plus 1–2 Stunden Nacharbeit.

▶ **Zusammenfassung:** Auf Basis des Commitments und der Wertschöpfungsübersicht wird einerseits das große Ziel (Objectives) definiert (gedanklich liegt das in der Mitte zwischen der Mission und der Vision), und andererseits werden konkrete Schlüsselergebnis-Ebenen etabliert und mit Key Results gefüllt, bevor dann unter Berücksichtigung des Wertschöpfungssystems die Initiativen dazu gesammelt und strukturiert werden.

Vorgehensweise Teil 1

Alle bisherigen Workshopergebnisse hängen an der Wand und/oder sind als (digitale) Handouts für alle Teilnehmer*innen verfügbar.

Die Moderation stellt kurz alle bisherigen Ergebnisse vor – es reicht in vereinfachter Form, da das Entwicklungsteam alle zentralen Punkte durchlaufen hat und das Accountability Team die zentralen Aspekte der jeweiligen Ergebnisse verstehen muss.

Moderation geht dann noch mal konkret auf das Commitment (Mission Statement) ein, das von den Teams erarbeitet wurde. Zum Aufwärmen wird jede teilnehmende Person noch mal explizit gefragt: »Was bedeutet das Commitment für Dich? – Warum ist es wichtig?«

Alle Teilnehmer*innen können eine kurze Antwort (max 1 Minute) formulieren.

Die Gründe, warum diese Übung an den Anfang gestellt wird:

- Zum einen sind durch die Erarbeitung der restlichen Cs nach dem Commitment weitere, prägende Erkenntnisse, Ideen und Gedanken entstanden, die eventuell eine Anpassung des Commitments notwendig machen.
- Zum anderen ist es auch noch mal hilfreich, die Vertreter*innen des Accountability Teams zu hören, weil sie diesen weiteren Reifeprozess nicht durchlaufen haben und durch die Gegenüberstellung dieser Perspektiven noch mal zusätzliche Klarheit in das Commitment kommt.

Das ist jetzt der passende Zeitpunkt für letzte Anpassungen an Ihrem Versprechen.

Die Antworten werden vom Moderator/Assistant gesammelt und auf einer (virtuellen) Flipchart dokumentiert.

In der zweiten Runde wird jeder teilnehmenden Person die Frage gestellt: »Welches Ergebnis erreichen wir, wenn wir das Commitment bzw. unser Versprechen an die Welt einhalten?«

Wieder sollten alle Teilnehmer*innen eine kurze Antwort (max. 1 Minute) formulieren, und ebenfalls wird hier durch die Assistenz dokumentiert.

Gemeinsam werden aus diesen Ergebnissen ein oder mehrere Zielsätze formuliert. (Achten sie hier unbedingt darauf, dass diese Zieldefinitionen keine Schlüsselergebnisse oder gar Initiativen oder strategische Elemente sind, sondern starke Zielstatements. Werfen Sie einen Blick zurück auf die Begriffsdefinition weiter vorne.)

Vorgehensweise Teil 2

Bilden Sie nun pro vorgeschlagener Zieldefinition eine Gruppe. Wenn es nur eine Formulierung gibt, dann bilden sie trotzdem mindestens zwei Gruppen aus der gesamten Teilnehmerschaft. Jede Gruppe hat 15 bis 20 Minuten Zeit, die Zielsätze mit der folgenden Checkliste abzugleichen und ggfs. anzupassen.

Danach stellen alle Gruppen ihre angepassten, finalen Zielformulierungen vor, und alle Teilnehmer*innen bewerten und diskutieren diese, bis sie sich auf einen der Vorschläge einigen (wenn die Gruppe bis zu sechs Mitglieder insgesamt hat, kann auch gemeinsam eine optimale Zieldefinition auf Basis der Vorschläge erarbeitet werden).

Lassen Sie sich von folgender Checkliste leiten:

1. *Das Ziel bildet unsere Werte ab.*
   Effektive Ziele basieren auf hohen Werten und Ethik. Wir müssen daher unsere Grundwerte verinnerlichen, bevor wir uns auf die Festlegung von Erfolgszielen einlassen. Studien haben gezeigt, dass es je mehr wir unsere Grundwerte und Prinzipien aufeinander abstimmen, desto wahrscheinlicher ist, dass wir von unseren Zielplänen profitieren.[89]

2. *Das Ziel ist realistisch.*
   Das Erkennen und Akzeptieren unserer Fähigkeiten ist ein wesentlicher Aspekt der Zielsetzung, da sie Raum für Selbstbeobachtung schafft und dazu beiträgt, realistische Erwartungen an uns selbst zu stellen. Ein praktischer Kniff ist, sich die Werte (Stärken) und Herausforderungen (Schwächen) anzuschauen und zu prüfen, inwiefern unser Ziel diese Stärken ausnutzt und unsere Schwächen berücksichtigt.

3. *Das Ziel reflektiert unser Verständnis von Erfolg.*
   Schauen Sie sich die Erfolgsdefinitionen aus dem ersten C wie Character noch einmal genau an und überprüfen Sie, ob die »metaphysische« Definition von Erfolg sich auch in ihrem Ziel reflektiert oder ob es einen Widerspruch hervorbringt. In diesem Falle ist es ratsam, weiter an der optimalen Zieldefinition zu arbeiten.

4. *Das Ziel ist ein Ergebnis unseres Commitments.*
Im Commitment formulieren wir unser Versprechen an die Welt im Einklang mit unseren Werten und den Herausforderungen. Unser Ziel ist dann erreicht, wenn unser Versprechen eingelöst wurde; dementsprechend sollte unser Ziel logischerweise dieses Ergebnis unseres Commitments inhaltlich abbilden.

5. *Das Ziel als Erweiterung ihres Wertschöpfungssystems.*
Betrachten Sie ihr Wertschöpfungsmodell noch einmal genau: Passt ihr Ziel zu dem von Ihnen entwickelten System? Lässt es sich mit den Ihnen zur Verfügung stehenden Fähigkeiten, Partnerschaften und Ressourcen optimal verwirklichen? Anders herum, hilft ihnen das Ziel dabei, zu überprüfen, ob ihr Wertschöpfungssystem tatsächlich gut genug aufgestellt ist? Hier haben Sie im Betriebsmodus der 7Cs die Möglichkeit, ihre Wertschöpfung an die Zieldefinition anzupassen.

6. *Das Ziel bringt ihren Wertbeitrag zur Wirkung.*
Schauen Sie sich einmal an, wie Ihr Wertbeitrag aussieht, und eruieren Sie, inwiefern dieser Wertbeitrag in ihrer Zielformulierung zur Geltung kommt. Der Wertbeitrag sollte, wie der Begriff schon sagt, einen entscheidenden Beitrag leisten, durch das Ziel in die Wirksamkeit zu gelangen. Wenn das nicht der Fall ist, dann überlegen Sie in der Gruppe gemeinsam, ob das an dem Wertbeitrag liegt oder daran, dass Ihr Ziel noch nicht vollendet ist.

7. *Das Ziel inspiriert Ihr Publikum.*
Ihr Commitment sollte idealerweise die Menschen begeistern, Ihnen auf Ihrer Reise zu folgen, Sie zu begleiten, sich zu engagieren. Dabei ist die Definition eines klaren Ziels entscheidend. Schauen Sie daher noch einmal genau in das Ergebnis ihres Culture-Workshops und betrachten die Publikumsgruppen, die Themen und die Formen des kreativen Ausdrucks, bevor Sie überprüfen, ob diese drei Aspekte Ihrer Kultur auch in ihrem Ziel zur Geltung gelangen.

DIE EVOLUTION DER WIRKSAMKEIT

Character ①	Challenge ②	Commitment ③	Competence ④	Contribution ⑤	Cuture ⑥
Wer ich bin	Warum ich so bin	Wonach ich strebe	Wie ich das schaffe	Was dabei entsteht	Wer mir dabe hilft

Statisches Fundament			Dynamischer Kreislauf		
Was mir wichtig ist	Was mich daran hindert, erfüllt zu sein	Was ich ändern will	Was ich dafür brauche	Was ich dafür gebe	Was mich mit andern verbin

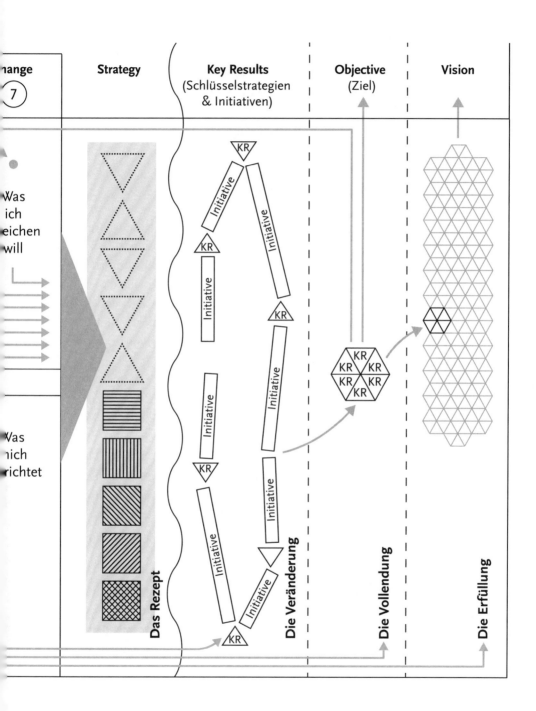

8. *Das Ziel beschreibt die Vollendung ihres Anwendungsobjektes.*

   In der Chronologie ihrer Entwicklung mit den 7Cs beschreibt das Ziel die Vollendung Ihrer Reise. Die Schlüsselergebnisse als Konsequenz ihres Handelns (Initiativen) leiten sich von diesem Konzept der Vollendung ab. Sie schließen hier also einen großen Kreis, der alles enthält, was Sie ausmacht (siehe Abbildung), was Sie antreibt und was Sie mit Gleichgesinnten verbindet.

9. *Das Ziel ist der Fixstern für Ihre Strategieentwicklung.*

   Betrachten Sie einmal Ihr Anwendungsobjekt mit ein bisschen Distanz und erinnern sich daran, wie das Anwendungsobjekt entstanden ist, welche Bilder, Gedanken, Ideen Sie mit dem Anwendungsobjekt verbunden haben, wie es sich anfühlte, darüber nachzudenken. Erinnern Sie sich an die frühen Bilder, die Sie im Kopf hatten und betrachten Sie ihr Ziel aus dieser ursprünglichen Perspektive. Hilft Ihnen Ihr Ziel dabei, aus all den bisher entwickelten Bausteinen eine kraftvolle, effektive und erfolgreiche Strategie zu entwickeln? Erfüllt Ihr Ziel diese Funktion? Dann sind Sie auf einem sehr guten Weg.

10. *Das Ziel ist ein passendes Puzzlestück im großen Bild der Vision.*

    Nehmen Sie noch einmal die Vision aus dem Challenge-Workshop zur Hand und betrachten das Statement aus dem Blickwinkel der Zieldefinition: Passt es in diese Vision? Hilft es dabei, diese Vision zu ermöglichen? Dieser Umstand ist enorm wichtig, um Ihr Ziel auch nachhaltig für alle beteiligten Kräfte intern und extern inspirierend und wirksam zu halten.

Beispiele für starke Ziele in Resonanz zum Commitment des Unternehmens

1. CASE/Nike

- *Commitment:* »Unsere Mission ist es, die uns antreibt, alles zu tun, um das menschliche Potenzial zu erweitern. Wir tun dies, indem wir bahnbrechende Sportinnovationen schaffen, unsere Produkte nachhaltiger machen, ein kreatives und vielfältiges globales Team aufbauen und positive Auswirkungen auf die Gemeinden haben, in denen wir leben und arbeiten.«[90]

- *Objective*: »Unser Ziel ist es, unseren Aktionären einen Mehrwert zu bieten, indem wir ein profitables globales Portfolio des Markengeschäfts mit Schuhen, Bekleidung, Ausrüstung und Accessoires aufbauen.«[91]
- *Auswahl an Key Results (Nachhaltigkeit):*
  - Innovation: Nike nutzt in eigenen US-Produktionsanlagen aktuell zu 100 Prozent Energie aus erneuerbaren Quellen. Partnerunternehmen aus der Textilverarbeitung reduzierten ihren Wasserverbrauch um 30 Prozent und übertragen den Zielwert, den sich Nike für 2020 gesetzt hatte, deutlich. Die wichtigsten Partner von Nike konnten nahezu die gesamten Produktionsabfälle für die weitere Verwendung nutzen.
  - Initiativen: Nike hat sich konkret das Ziel gesetzt, Mädchen vollständige Chancengleichheit zu ermöglichen; dafür wurde eigens in der Partnerschaft mit dem olympischen Komitee der USA ein spezielles Trainingsmodul entwickelt, das Freizeit-Coaches dabei hilft, ein Programm speziell für weibliche Athleten zu entwickeln.
  - *To Every Athlete in the World*: Mithilfe des »Made-to-Play«-Konzepts werden Kinder dazu angeregt, an sportlichen und anderen Aktivitäten teilzunehmen. Über 6 700 Mitarbeiter leisteten dafür allein 2020 in 29 Ländern mehr als 60 000 ehrenamtliche Stunden für das Projekt.[92]

2. CASE/ChariTea

- *Versprechen:* »Tee trinkend die Welt verändern.«[93] ChariTea produziert Bio- und Fair-Trade-Eistee und unterstützt soziale Projekte in den Anbauländern seiner Produkte.
- *Ziel:* »Der Lemonaid & ChariTea e. V. wurde als sozialer Arm eines Social Businesses gegründet. Damit bildet der Verein die Grundlage für das Konstrukt von Lemonaid und ist damit das SOCIAL in einem Social Business. Die Hauptaufgabe des Vereins ist die Entwicklungszusammenarbeit mit den lokalen Projektpartner*innen in den aktiven Projektländern wie z. B. Mexiko und Sri Lanka. Die Verwaltung der Spendengelder und Auswahl neuer Projektparter*innen – und natürlich auch mit der Welt da draußen in Kontakt zu sein und die Arbeit unserer Projektpartner*innen vor Ort sichtbar zu machen.«[94]
- *Initiativen:* »Hand in Hand die Wurzel zur Selbstständigkeit anpacken«;

»Smarte Förderung für Frauen in Darjeeling«; »Let's farm together! Wie Motivation für Jobs in der Landwirtschaft geschaffen werden«.

3. CASE/Wikipedia

- *Commitment:* »We make the sum of all human knowledge available to every person in the world.«[95]
- *Ziel:* »Das Ziel der Wikipedia ist der Aufbau einer Enzyklopädie durch freiwillige und ehrenamtliche Autoren. Der Name Wikipedia setzt sich zusammen aus *Wiki* (entstanden aus *wiki*, dem hawaiischen Wort für ›schnell‹), und *encyclopedia*, dem englischen Wort für ›Enzyklopädie‹. Ein Wiki ist ein Webangebot, dessen Seiten jeder leicht und ohne technische Vorkenntnisse direkt im Webbrowser bearbeiten kann.«[96]
- *Initiativen:* „Die im März 2001 gegründete Wikipedia in deutscher Sprache ist eine von vielen Wikipedia-Ausgaben. Mit 2 565 311 Artikeln ist sie die viertgrößte Wikipedia. Die größte ist die englischsprachige Wikipedia (mit rund 6,1 Millionen Artikeln etwa 2,5-mal so groß). Auf Wikipedia:-Sprachen findet sich eine Liste aller Sprachen der Wikipedia.
- Anders als herkömmliche Enzyklopädien ist die Wikipedia frei. Es gibt sie nicht nur kostenlos im Internet, sondern jeder darf sie unter Angabe der Autoren und der freien Lizenz frei kopieren und verwenden, solange er die Herkunft angibt. Dafür sorgen die Creative-Commons-Lizenz und die GNU-Lizenz für freie Dokumentation, unter der die Autoren ihre Texte veröffentlichen.[97]

4. CASE/TED

- *Commitment:* »Spread Ideas That Matter«
- *Ziel:* »Our goal is to inform and educate global audiences in an accessible way. Scientists, researchers, technologists, business leaders, artists, designers and other world experts take the TED stage to present ›Ideas Worth Spreading‹: valuable new knowledge and innovative research in their fields.«[98]

Kapitel 9
Das Meaningful Marketing Manifesto

Meaningful Marketing und 7Cs in der Anwendung

In einem Loft (»boost.loft«) am Paul-Lincke-Ufer, Kreuzberg, im September 2014 stehe ich vor 50 Leuten und stelle ihnen vor, was sieben Jahre später eine der größten, aktivsten und im Sinne der sozialen Verantwortung, Nachhaltigkeit und Diversität eine der einflussreichsten Marken-Communities der Welt werden sollte. Damals hieß es noch nicht adidas Runners, sondern boost.berlin. Das Konzept entwickelten wir gemeinsam mit der Agentur *act.3*, und das Loft war entstanden als ein physischer Ort der Begegnung und des Austausches – von Läufern für Läufer. Unten vor der Tür am Ufer des Kanals stand der boost.bus in der zweiten Reihe, und act.3 hatte diesen Bus zu einer rollenden Runners Lounge in einem umgebauten 80er-Linienbus konzipiert, komplett in schwarz gehalten, sodass man eine mobile Base innerhalb der Bezirke von Berlin hatte bzw. diese über den Bus miteinander verbinden konnte. An den Seiten und hinten auf dem Bus brachten wir einfache boost.berlin-Schriftzüge an. Wir verzichteten gänzlich auf adidas-Logos am Bus, und doch stellte sich später heraus, dass dieser Bus eine der reichweitenstärksten Promotionsplattformen für die Marke werden sollte. Gerade weil er überhaupt kein Promo-Tool sein wollte, weil er nicht nach Aufmerksamkeit für die Marke adidas schrie, wenn er langsam durch die Straßen fuhr, war er so interessant für ein Publikum, das es gewohnt war, dass ein dickes Logo auf solch außergewöhnlichen Fahrzeugen auf den Betreiber rückschließen ließ. Wir machten mit dem Bus genau das Gegenteil: Es gab den eingeweihten Kreis an Leuten, die wussten, was es damit auf sich hat und die auf diese Weise durch die bloße Existenz des Busses in ihrem sozialen Umfeld aufgewertet wurden, als Teil der Community, die aus Insidern bestand.

Auch im boost.loft gab es nur sehr dezentes adidas-Branding, stattdessen aus alten Europaletten umgebaute Holzmöbel, schwere, gebrauchte Perserteppiche und eine kleine Küche. Schon damals waren wir auf einen nachhaltigen Betrieb ausgerichtet und versuchten, so wenig neues Material wie nötig zu verwenden und so viel wie möglich zum Beispiel aus dem Agenturlager wiederzuverwerten.

All dieser Aufwand für nur 50 Leute? Und warum Berlin? Welche Ambitionen sollte eine Weltmarke wie adidas im Aufbau einer so kleinen »Running Community« im Herzen Berlins haben?

Berlin ist neben Fußball und Originals auch für Running schon immer ein Schlüsselmarkt im Wettbewerb gewesen. Als langjähriger Sponsoring-Partner des SCC, dem Sportclub Charlottenburg, und Veranstalter der wichtigsten Laufveranstaltungen Berlins hatte adidas bereits viel in diese Sparte investiert, z. B. in den Berliner Marathon, der nicht nur zu einem der sechs großen Majors im internationalen Marathon-Kalender gehörte, sondern auch als der schnellste Marathon der Welt galt, weswegen er in aller Regelmäßigkeit für Weltrekorde sorgte. Auch der Halbmarathon sowie weitere Laufveranstaltungen des SCC wie z. B. der Avon-Frauenlauf wurden schon damals von adidas gesponsert. Im Jahre 2016 ergab sich die Gelegenheit, einen Laufwettbewerb über fünf bzw. zehn Kilometer durch die Innenstadt Berlins, der ungewöhnlicherweise an einem Samstagabend stattfand, als Namensgeber zu übernehmen, da der vorherige Sponsor abgesprungen war. Es sollte der »adidas Runners City Night«-Wettbewerb werden, doch dazu später mehr.

Berlin ist eine Stadt, die wie für Läufer gemacht scheint. Mit ihren großzügigen, weitläufigen Parks und Erholungsanlagen gehört Berlin zu den grünsten Städten Europas. Die Stadt ist durchgehend flach und durchzogen von wunderschönen Fluss- und Kanalläufen, an deren Ufern sich laufbegeisterte Menschen durch naturnahe und dennoch innerstädtische Szenarien bewegen können. Daher verwundert es nicht, dass Berlin für jede Sportmarke der Welt ein Epizentrum darstellt.

Kultureller Wendepunkt: The rise of urban running

Adidas erkannte in der Entstehung des »Urban Running« einen alles verändernden, nächsten Schritt in der Evolution des klassischen Laufsports. Das Laufen erhielt gerade im urbanen Raum der Großstädte, allen voran NYC, London, Paris und Berlin zunehmend Zuspruch. Laufen war jedem möglich und ohne größere Voraussetzungen die einfachste Form, fit zu bleiben, zu jeder Tages- und Nachtzeit, an jedem Ort. Man benötigt keine teure Gym-Membership und kein zusätzliches Equipment – Schuhe an und los.

Ähnlich wie Basketball sich über die Streetball-Kultur mit der urbanen Straßen- und Hip-Hop-Kultur zu etwas Eigenem entwickelte, kamen im Urban Running ähnliche Dynamiken zusammen. Der Laufsport wurde ein Teil der »Urban Culture« und durch diese komplett neu interpretiert. Die unterschiedlichsten Bereiche nahmen Einfluss und prägten die neue Running-Kultur in allen Facetten (Mode, Musik, Kunst, Food). Daraus entstand ein völlig eigener, unkonventioneller Look & Feel. Man lief in den für urbane Sportarten gängigen knielangen Basketball Shorts und Hoodies, anstatt in den klassischen knappen Running Shorts und engen Tank Tops. In Rucksäcken oder sogar in begleitenden Fahrrädern wurden Lautsprecher/Boomboxen eingebaut, um die Läufer mit dem passenden DJ Mix & Sound während des Laufens zu versorgen. Kreativer Ausdruck, auch durch die Kleidung, wurde immer wichtiger, und die funktionalen Running-Produkte der klassischen Sportmarken waren einfach nicht »dope« genug, daher nutzte die Community vermehrt Street Fashion fürs Laufen.

Durch Urban Running gewann das klassische Laufen an Frische und Relevanz innerhalb der Jugendkultur. Es wurde zum kulturellen Phänomen und verbindenden Element einer neuen Sportbewegung, in Ihrem Ausmaß vergleichbar mit Streetball, Skateboarding oder Fixie-Bikest.

DIE ENTSTEHUNG DER RUNNING CREW CULTURE
UND DER BRIDGE THE GAP MOVEMENT

Die Arbeit mit dem Community-Projekt adidas Runners war in verschiedener Hinsicht Neuland für die Marke. Es ist nicht so, dass wir von Anfang an eine globale Running Community aufbauen, sondern in erster Linie eine Antwort auf die frühe Entwicklung der »Crew Culture« finden wollten, die eine neue Form der urbanen Running-Szene hervorbrachte.

Der Laufsport veränderte sich in den Jahren nach der Jahrtausendwende. Aus einem Einzelsport wurde ein Teamsport, der recht schnell weltweit für eine völlig neue Form der urbanen Laufkultur mit der Entstehung von Lauf-Communities sorgen sollte.

Im Juni 2004 fing alles an, als ein Mann namens Mike Saes, damals ein fester Bestandteil der New-York-City-Partyszene, gerade sein Mittagessen in Brooklyn beendet hatte. Viel zu spät, um seinen Sohn von der Schule abzuholen, versuchte er, ein Taxi zu bekommen. Er sollte keines finden, also entschloss er sich zu rennen. In seiner Straßenkleidung lief er die ungefähr drei Meilen über die Williamsburg Bridge zu einem Kindergarten im Finanzviertel. »Als ich über Willie B ging, dachte ich: Oh Mann, das ist Dope.«[99]

Während des langen, heißen Sommers, der folgte, begann der legendäre Graffitti-Künstler Mike Saes regelmäßig zu laufen, und verband seinen neuen Trainingsstil mit seiner Party-Persönlichkeit. Er überredete Freunde wie den Designer und professionellen Szenenmacher Aaron Bondaroff und die Fotografen Kai Regan und David Perez, bekannt als Shadi, sich nachts zu treffen, um durch die Straßen zu laufen. Routen wurden spontan geplant, doch immer ging es über mindestens eine der zahlreichen Brücken in NYC, wo sie oft eine kleine Pause einlegten, um Fotos zu machen oder sogar einen Snack zu sich zu nehmen. Aus diesem Kleinod der New Yorker Szene entstand die weltweit erste bekannte Running Crew, die NYC Bridge Runners.

Drei Jahre später in London: Musiker, Poet und DJ Charlie Dark wusste, dass etwas schieflief in seinem Leben. Er hatte kürzlich einen Freund aus der Musikszene verloren, und ihm wurde klar, dass auch er seinen Lebensstil ändern musste, um nicht auch an den Konsequenzen ungesunder Großstadt-Gewohnheiten zu scheitern wie sein Freund. Er begann, allein im Dunkeln laufen zu gehen und bemerkte, welchen Einfluss es auf sein Wohlbefinden, seine Psyche und seinen Körper hatte. Schnell überzeugte er Freunde davon, mit ihm laufen zu gehen und die Run Dem Crew von London war geboren. Als Charlie dann von den Bridge Runners erfuhr, erkannte er, dass er in Mike Saes einen Gleichgesinnten fand, und nahm Kontakt zu ihm auf, um diese »Lücke über den Atlantik« zu schließen. Das war der Beginn des einzigartigen, weltweiten Running Crew Networks »Bridge the Gap«, das durch Mike Saes und Charlie Dark begründet wurde. Bridge Runners und Run Dem Crew surften auf einer Welle positiver Energie und entwickelten sich zu großen, vielfältigen Kollektiven aus Kreativen.

Eines Nachts in New York kam Mike, Charlie und einigen Mitgliedern der Community die Idee, dass doch jede Stadt der Welt eine ikonische Brücke hat. Charlie erwähnte die Referenz der Oldschool-Hip-Hop-Szene und schlug ein Bridge-Wars-Projekt vor, bei dem Crews versuchen würden, die Brücke einer anderen Stadt für sich auszuwählen. Mike dachte diese Wettbewerbsidee ein Stück weiter und ersann eine internationale Plattform, die Menschen zusammenbringen würde. »Bridge the Gap« war geboren. Es war der perfekte Spitzname, der den Ursprüngen der Kultur huldigte und den Ton für die Zukunft vorgab.

Charlie wandte sich an den Paris Run Club und seinen kreativen Leader, Jay Smith, der sieben Jahre später ein Teil der adidas-Runners-Familie werden sollte, an das Amsterdamer Patta-Running-Team und NBRO aus Kopenhagen und lud sie ein, im März 2012 zum Halbmarathon nach Berlin zu kommen. »Bridge The Gap war ein echter Meilenstein, besonders wenn man bedenkt, wie sich die Laufszene seitdem entwickelt hat«, sagte Charlie. Persönliche Bestzeiten (PBs) wurden erreicht, internationale Freundschaften geschlossen und dank der trinkfesten NBRO wurde das Crew-Gebot »Run, Party, Repeat« geschrieben.

Nun war adidas also bestrebt, ein integraler Teil (Partner) dieser globalen Bewegung zu werden. Die Fragen, die wir uns daher stellten, waren:

- Welche (glaubwürdige) Rolle von adidas im Kontext von Urban Running galt es zu stärken und weiterzuentwickeln?
- Welchen angemessenen Beitrag würden wir mit adidas in der *Berliner* Sportkultur leisten können, um etwas Positives zu ermöglichen und die neue Running Culture weiter voranzubringen? Etwas, das fehlen würde, wenn es nicht mehr da wäre.

Es ging somit in erster Linie darum, die Marke adidas innerhalb der sich rapide entwickelnden Szene des Urban Running weiterhin glaubhaft zu vermitteln, Wurzeln zu bilden, um darüber Beziehungen auf- und auszubauen. Sowas gelingt nicht über reine Markenpräsenz oder Logo-Sponsoring, sondern nur über die authentische Vermittlung von Markenwerten. Es geht darum, sich als Unternehmen für eine Sache glaubhaft zu investieren und die Marke und ihre Werte auf diese Weise erlebbar und zugänglich zu machen. Wie konnten wir also einen echten Wertbeitrag für die Laufszene in Berlin etablieren, den es so noch nicht gab, der aus dem Kern der Marke adidas kam und konkrete Bedürfnisse der kulturell aufgeladenen Running Community decken konnte?

Dieser Kern der Marke adidas liegt in dem einfachen Glaubenssatz, aus dem alles in der Welt der Drei Streifen ableitbar ist: »Through sport we have the power to change lives.«

Diesen Glaubenssatz wollten wir zum Leben erwecken, denn uns war klar, dass Werbung und Produkte alleine diesem Anspruch, Leben durch Sport verändern zu wollen, nicht gerecht werden könnten.

Auf der einen Seite waren wir uns unsicher, ob in der kapitalismuskritischen Umgebung von Berlin im Jahr 2014 eine wertebasierte Community, die uns den Aufbau belastbarer Beziehungen zu unserem Publikum auf Augenhöhe ermöglichen sollte, mit dem Markennamen adidas im Titel nicht eher abschreckend wirkte. Auf der anderen wollten wir uns auch erst mal um die Formulierung einer gemeinsamen Wertebasis zwischen den Läufern und uns konzentrieren. Aus diesem Grund nannten wir den Markennamen erstmal nicht im Namen unseres Projektes.

Mit einem gemeinsamen Wertefundament war es uns möglich, zu den Läufern eine Beziehung aufzubauen. Die Marke adidas wurde bewusst nicht direkt thematisiert, gewann aber durch den Bezug zur Boost-Technologie (eine spezielle Dämpfungsinnovation für Laufsohlen von adidas) positive Beachtung und Marktanteile. Der engere Kreis der Insider wusste, dass es sich um ein adidas-Projekt handelte, und trat bereits als positiver Markenverstärker auf.

Mein erster Job bestand nun in den Wochen vor diesem besagten Freitagabend im Boost Loft darin, mit dem Agenturteam von act.3 das Konzept für diese Running-Community zu entwickeln. Parallel dazu erstellte Nico mit seinem Team das Konzept für die RUNBASE (wie schon an anderer Stelle in diesem Buch erwähnt). Die Insights aus beiden Projekten und aus der Zusammenarbeit mit den jeweiligen Vertretern ihres Publikums konnten perfekt ineinandergreifen – und Nico und ich konnten unsere Theorie von Meaningful Marketing weiterentwickeln und gleichzeitig testen.

Das Projekt war komplett offen in der Gestaltung angelegt und wir planten erst einmal für drei Monate. Uns war klar, dass wir für adidas zuerst eine authentische Botschaft formulieren mussten, also unser »Warum«, um zu erklären, aus welcher Motivation heraus wir uns als Marke überhaupt in diesen Bereich investierten. Was war unser Meaning?

Wir traten mit authentischen Botschaftern aus der Running-Szene in Kontakt und tauschten uns aus. Es klickte, wir konnten uns auf eine gemeinsame Zusammenarbeit verständigen und rekrutierten aus diesem Pool auch schon die erste Generation an »Boost Berlin Captains«. Verbunden waren wir mit ihnen durch die gemeinsam geteilten Werte, die in unserem Glaubenssatz »through sport we have the power to change lives« entsprach. Die Glaubwürdigkeit der Community-Captains war entscheidend, um der Running-Szene schon in einer gewissen Skala unseren Auftrag transportieren zu können. Sie ermöglichten Beziehungen, auf denen wir weiter aufbauen wollten. Wir fanden für die Stadtteile Kreuzberg, Friedrichshain, Mitte, Charlottenburg, Prenzlauer Berg jeweils einen Captain und statteten sie mit unseren Premiumprodukten aus, darunter natürlich Laufschuhe mit Boosttechnologie (die übrigens bis heute zu den führenden Innovationen im globalen Running-Segment gehört).

Die fünf Community-Captains wählten wir nach Kriterien aus, die für die Marke relevant waren. Dabei spielten Liebe zum Laufen, Expertise, ein offenes Mindset, Community-Spirit, eine einladende Ausstrahlung und der gewisse Brand-Fit zu den Drei Streifen eine deutlich größere Rolle als z. B. die Anzahl der Follower auf sozialen Kanälen oder Medienpräsenz. Das war ein entscheidender Faktor für den Erfolg des gesamten Projekts: Die Qualität der Beziehungen ging über eine Quantität der Kontakte.

Das bereits ein paar Monate zuvor gelaunchte Projekt »Boost Battle Run Paris« diente uns als Vorbild, denn es verzeichnete in kürzester Zeit große

Erfolge, und wir wollten Teile dieses Erfolgsrezepts für Berlin übernehmen. In Paris gab es für zehn zentrale Districts jeweils ein Captain-Team, das die lokale Community betreute und diesen Ansatz wollten wir entsprechend adaptieren. Zum Start baten wir nun diese fünf Captains, jeweils zehn Leute einzuladen: Freunde oder Bekannte, die als Athlet*innen in Frage kamen und als Gleichgesinnte auch die Leidenschaft für das Laufen teilten.

Das waren nun diese 50 Leute, vor denen wir an diesem Freitagabend im Oktober 2014 standen. Es war uns damals nicht klar, dass das, was hier gerade kultiviert wurde, später in der globalen adidas-Strategie unter der Säule »Open Source« bekannt werden sollte: offener Austausch und kollaborative Entwicklung mit der Community auf Augenhöhe. Das gemeinsame Bedürfnis: Running in Berlin. Wie sieht dies aus? Wie gestaltet es sich? Was braucht es, was fehlt?

Unser Credo damals war: Keine Marke der Welt kann sich eine Community bauen

Was wir jedoch tun können, ist, den richtigen Leuten eine Plattform zur Verfügung stellen und die Community sich selbst entwickeln lassen. Dieses Mindset bewahrte uns davor, ähnliche Fehler wie unsere Wettbewerber zu machen, die ihre »Communities« zu stark auf die eigenen Brand-Benefits und meist an der eigenen Produktkampagne ausrichteten. Diese Schwerpunktsetzung ergibt sich natürlich aus dem hohen Investment bei einer derart aufgesetzten Community-Strategie. Der Unterschied liegt darin, dass man hier kurzfristig auf den Verkauf von Produkten abzielt und den Fokus nicht auf den langfristigen Aufbau von Beziehungen legt.

Aber Community funktioniert völlig anders, als Marketing es seinerzeit verstanden hat. Community basiert auf einer gemeinsamen Basis, einem Wertefundament, gemeinsamen Glaubenssätzen und einer gemeinsamen Mission.

Hatten wir diese Basis bereits, als wir mit unseren fünf Captains starteten? Nein, definitiv nicht. Wir brachten allerdings die Bereitschaft mit, uns gegenseitig zuzuhören und voneinander zu lernen. Das priorisierten wir dementsprechend und verstanden unser Markeninteresse (Brand Love) als Ergebnis dieses Prozesses. Wir richteten uns von Anfang an der Frage aus: »Was ist das Beste für die Community, um die gemeinsame Idee zu realisieren und gleichzeitig das Beste für die Marke zu ermöglichen?«

Damit konnten wir die ursprüngliche Idee der Marke adidas, die Unternehmensgründer Adi Dassler in den 50er Jahren pflanzte, in die Gegenwart übertragen: »Nur das Beste für den Athleten.«

Unser erstes C wie Character war am Entstehen. Unser Why wurde aus der Taufe gehoben, und wir hatten noch nicht den blassesten Schimmer, wohin es uns führen sollte. Daher moderierten wir das ganze Projekt als ein dreimonatiges Experiment an und reduzierten den Teilnehmerkreis auf eben jene 50 Personen. Von und mit ihnen wollten wir lernen, wie wir dem Anspruch »Nur das Beste für die Community« gerecht werden konnten.

Was wir bisher über Lauf-Communities wussten und warum es für die Marke Adidas so wichtig werden sollte

2013 wurde das Crew-Game zuerst von Nike aufgegriffen: Mit der eigenen »We Own the Night«-Community entwickelte Nike ihre Antwort auf den globalen Running-Crew-Trend, stellte das Projekt aber auch aufgrund innerer Zwistigkeiten ein Jahr später wieder ein und änderte seine Strategie dahingehend, Crews nur noch auszustatten, statt eine eigene Community aufzubauen. Auf diese Weise gelang es dem Swoosh bei allen teilnehmenden Crews des Bridge The Gap Movements auf der Brust zu landen – man arbeitete sich auf Basis dieser kulturellen Plattform von Team zu Team durch und hatte begeisterte Abnehmer für die kostenlosen Produkte.

Ein Jahr später waren wir es mit boost.paris und boost.berlin, die versuchten, Zugang zu dieser sehr geschlossenen und anspruchsvollen Szene zu finden. Wir hatten auf Basis dieser Evolution der Crew-Kultur bereits einige Ansatzpunkte, mit denen wir anfangen konnten, das Projekt auszugestalten. Hinzu kamen all die Insights aus Nicos RUNBASE-Projekt. Wir betrachteten also das Bedürfnis unserer Berliner Szene, führten Interviews, erforschten die Kultur und hatten eine erste Grundlage:

- Eine physische Homebase (boost.loft, wurde später zu RUNBASE Berlin, ein Konzept, das ebenfalls weltweit übernommen wurde)
- Eine mobile Läufer-Lounge, um auch die Weite Berlins ausnutzen zu können und dennoch vor Ort alles zu haben, was es braucht:
  - Abstellort für Taschen
  - Laufschuhe zum kostenlosen Ausleihen (und Testen, denn viele kannten Boost-Schuhe noch nicht)
  - Kühle Getränke
  - Medizinisches Setup für Notfälle
  - Musik
- Die Möglichkeit, alle wichtigen adidas-Running-Produkte kostenlos testen zu können
- Mitspracherecht bei allen wichtigen Entscheidungen

Diese ersten drei Monate boost.berlin sollten ein voller Erfolg werden. Bevor wir auch nur die erste Fahrt mit dem boost.berlin-Bus fuhren, tauchten schon die ersten Bilder bei Instagram auf mit der Frage, was das denn für ein toller Bus sei und was es damit auf sich habe. Später sollten wir bei unseren regelmäßigen Community Surveys herausfinden, dass alleine der Bus in der Stadt eine der wichtigsten Kontaktpunkte für neue Läufer war, die erst durch den Bus auf boost.berlin aufmerksam wurden und ein Teil dieser Community sein wollten (Pull).

Im Folgejahr, 2015, wuchs die Community Monat um Monat, ohne dass wir eine einzige Werbung geschaltet, Pressemitteilung veröffentlicht oder Geld für Mitgliederakquise ausgegeben hätten. Die Leute waren begeistert von unserem Angebot, den Läufen, der Musik, der Post-Run-Partys im boost.loft, den Ausflügen ins Grüne mit dem Bus. Wir mussten die ersten sechs Monate viele Anfragen parken, weil wir die Gruppe sorgsam und behutsam aufbauen wollten. Daher haben wir nur ganz vorsichtig und schrittweise unser Angebot für die Stadt geöffnet und damit natürlich auch einen Sogeffekt erzeugen können. Denn üblicherweise ist es das Berliner Publikum gewohnt, von Marken umworben zu werden (Push) – und nun war es irgendwie andersherum.

Das Projekt war nun bei adidas etabliert, und aus dem Testballon wurde ein Proof of Concept. Wir legten nach denselben Prinzipien die Grundlagen für den Aufbau von Running-Communities in anderen Städten. boost.hamburg, boost.frankfurt und boost.munich wurden gegründet und ähnlich erfolgreich entwickelt wie in Berlin. Ende 2015 wurde uns klar, dass der Aufbau dieser Marken-Community funktionierte.

Mit Katharina Hoffmann hatten wir nun auch erstmals einen Captain an Bord, die direkt aus dieser Crew Culture kam. Sie war Mitbegründerin der Berliner Laufcrew »Run Pack Berlin«, einer Crew, die aus dem »We Own the Night«-Projekt hervorgegangen war. Sie hatte alles, was es brauchte, um als Leiterin des Berliner Community-Standorts einen entscheidenden Wandel zu begleiten: Weg von boost.berlin und seinen (inzwischen sechs) Stadtteilteams, hin zu einer einzigen City-Community, die stadtweit agiert. Weg von Stadt-teil-Hosts, hin zu einem kleinen, aber im Laufkontext absolut authentischen und ausgebildeten Team aus Captains und Coaches. Weg von boost.berlin, hin zu den adidas Runners Berlin.

Und ja, dieser Wandel war den inzwischen weit über 1 000 Mitgliedern der Community überhaupt nicht leichtgefallen. Ich erinnere mich noch an die Widerstände der Teilnehmer eines Präsentationsabends, bei dem wir der Community das neue Konzept vorstellten. Es war im Dezember 2015, und ich legte wochenlang zusätzliche Nachtschichten ein, um in den entsprechenden Facebook-Gruppen zu vermitteln, warum wir uns jetzt verändern wollten:

1. Wir waren inzwischen selbstbewusst genug zu erkennen, dass wir uns den Respekt verdient hatten, auch mit unserem Brand-Namen zu agieren. Wir wollten die Community nicht von einer Technologie (Boost) abhängig machen, die ggfs. dem nächsten Innovationszyklus zum Opfer fiel.
2. Um die Standards der Marke bei ihrer Rolle in der Community ange-messen zur Wirkung zu bringen, galt es, über den »Kuschelfaktor« des gemeinsamen Laufens hinaus auch den Sport, die Performance und somit natürlich auch unsere Produkte besser zur Geltung zu bringen. Deshalb ersetzten wir die zerklüfteten, sehr kleinen und mit hohem Betreuungs-

aufwand verbundenen Stadtteilteams durch ein ganzheitlich agierendes Coaching-Team. Neben den kulturellen Aspekten (Treffpunkt, Partys, Filmabende, Gesprächsrunden, Playlist etc.) spielte nun auch die Qualität unseres Trainingsangebots eine größere Rolle. Es wird nach wie vor und bis heute komplett und weltweit kostenlos angeboten.

3. Aus diesem Grund tauschten wir auch das boost.loft gegen die größere und bis heute existierende RUNBASE aus (heute: Sportsbase), eine große Anlage in Kreuzberg, die durch Innen- und Außenbereiche, komplette Gastroausstattung, Physio-Räume, Büros, Training-Assessment-Center, zwei Gyms und Außentrainingsbereich besticht.

4. Zu guter Letzt hatten wir eine Vielzahl neuer Erkenntnisse sammeln können, die wir wie folgt konzentrierten, um für unsere Best Practice Case Study das Fundament zu schaffen: die adidas Runners, wie sie nach der Umwandlung in Berlin als konzeptionelles Fundament bis heute weltweit ausgerollt wurden.

adidas Runners Best Practice Case Study

Im Folgenden erläutern wir, wie die adidas Runners entlang der 7Cs entstanden sind, aber auch, wie das 7C-Modell in dem adidas-Runners-Projekt mitentwickelt wurde. Sie werden unschwer erkennen, dass es an manchen Stellen nicht eins zu eins den im vorherigen Abschnitt beschriebenen Vorgehensweisen und Definitionen entspricht, was daran liegt, dass zentrale Erkenntnisse und Entwicklungen am 7C-Modell im Laufe der Zeit entstanden sind, während sich die adidas Runners Community zu einem internationalen Best Practice im beziehungsbasierten Marketing und im Brand-Community-Kontext entwickeln konnte.

Am Anfang stand der Projektauftrag: adidas hat erkannt, dass sich der Laufmarkt stark verändert. Es war die Geburtsstunde einer neuen Form der urbanen Running-Szene, und es gab erste Entwicklunsschritte in der »Crew Running Culture«. Darauf wollte adidas eine Antwort finden, um diese Menschen anzusprechen und mit ihrer Marke zu verbinden. Wie kann adidas die beliebteste Marke bzw. relevanteste in diesem neuen wachsenden Markt werden?

Es begann mit zentralen Fragen, die sich viele Marken stellen, besonders, wenn sie sich in einem hart umkämpften Markt mit starkem Wettbewerb bewegen.

- Wie können wir unsere Alleinstellung ausprägen?
- Wie können wir uns abgrenzen?
- Wie können wir unsere Einzigartigkeit überhaupt identifizieren?
- Wie können wir das Vertrauen der Kunden in uns als Marke für Running stärken?

Die Aufgabe ist, die Distanz zum Wettbewerb zu überbrücken (in der Rolle der Challenger-Brand) oder den Vorsprung auszubauen (in der Rolle des Marktführers). Doch wenn Sie das Buch bis hierhin aufmerksam gelesen haben, wissen Sie längst, dass wir für Meaningful Marketing einen Schritt zurückgehen wollen – und auch die Fragestellung zunächst eine andere ist. Sie lautet »Warum?« statt »Wie?«:

- Warum gibt es uns?
- Warum sollten sich die Menschen, in diesem Fall die Runner, für uns interessieren/entscheiden?

Doch damit sind wir schon mittendrin in der Arbeit mit den 7Cs. Lasst uns das Modell Schritt für Schritt durcharbeiten, wie in den vorangegangenen Kapiteln beschrieben.

Development-Team & Accountability Team

Zunächst haben wir intern die beiden Teams zusammengestellt. In beiden Teams waren adidas-Vertreter aus der Marketingabteilung und Key-City-Funktion sowie unabhängige Experten und Kenner der neu entstehenden Laufszene, sowie Vertreter aus Kunst, Kultur, Ernährungs- und Sportwissenschaftler sowie Nico und ich.

Die wichtigsten Erkenntnisse des ersten Jahres können folgendermaßen zusammengefasst werden:

Nach einem vollen Jahr boost.berlin und mehreren Monaten in allen anderen Städten hatten wir ein hervorragendes Verständnis davon, worum es der Running Community wirklich ging. Aus der vorangegangenen Recherche und in vielen Gesprächen mit Mitgliedern dieser neuen, vor allem in großen Metropolen entstehenden Bewegung haben wir erfahren, dass es um mehr geht als nur um Fitness oder persönliche Rekorde. Es geht um ein Freiheitsgefühl, ein Ausbrechen aus dem Alltag und vor allem auch um die Zeit vor und nach dem Lauf, in der man gemeinsam isst, trinkt, feiert und die Gemeinschaft genießt.

Aus all diesen Forschungsprojekten haben wir fünf zentrale Bedürfnismotive identifizieren können, aus denen wir dann den Wertbeitrag der adidas Runners Community formulierten:

1. Ein positives Verhältnis zu sich selbst (Körpergefühl, Motivation, Selbstbewusstsein, Gesundheit, Fitness).
2. Optimierte Leistungsfähigkeit (für Wettbewerbe/Rennen, aber auch für die Arbeit, das Studium und die Familie).
3. Das Entdecken neuer Orte (laufend die Heimatstadt, aber auch andere Städte zu erschließen).
4. Andere Menschen kennenzulernen (gleichgesinnte Sportler, mögliche neue Freunde und potenzielle Partner).
5. Einen positiven Beitrag für die Welt zu leisten (Naturschutz, soziale Verantwortung, Inklusion).

Erstes C wie Character

Through Sports We Have The Power To Change Lives.

Wir erinnern uns, es geht um Werte, Glaubenssätze und die Erfolgsdefinition. In unserem Fall handelte es sich bei unserem Anwendungsobjekt nicht um die Gründung eines Unternehmens oder einer Marke, sondern um ein konkretes Projekt innerhalb eines bestehenden Unternehmens. Deswegen fangen wir bei der Character-Definition mit dem Kern dieser Marke an. Wir begannen also bei den Werten und dem obigen Glaubenssatz von adidas.

Darüber haben wir gemeinsam Werte für die zukünftige Lauf-Aktivierung zusammengetragen und Glaubenssätze formuliert, die uns alle vereinen (siehe Tabelle). Als Ergebnis haben wir eine Liste mit den Werten erstellt. Im Rahmen der Diskussion um die Werte und Wünsche dieser neuen Laufbewegung ist uns allen schnell klar geworden, dass »Community« eine entscheidende Rolle für den Erfolg dieses Projekts haben wird.

Character	adidas	adidas Runners
Values	• Passion • Performance • Integrity • Diversity	• Curiosity • Boldness • Passion • Accountability • Integrity • Respect • Inclusion
Mindset	• Creativity • Collaboration • Confidence	• Creative • Empowering • Authentic
Belief	Through sports we have the power to change lives.	Through community we have the power to change the world.

Damit konnte es weitergehen, denn: »Character identifies Challenges.«

Zweites C wie Challenge

Im nächsten Schritt legen wir die gemeinsame Schlüsselherausforderung frei, wir identifizieren das Problem, für dessen Lösung wir antreten. Was steht zwischen uns und einer Zukunft, wie wir sie uns wünschen?

Wieder kombinieren wir die Vision, die adidas von einer besseren Welt hat, mit der der neuen Running Community und bestimmen so die Widerstände, die wir zu überwinden versuchen – die zu groß für den einzelnen sind, aber gemeinsam bezwingbar erscheinen.

Als Ergebnis des zweiten Workshops haben wir folgende adidas-Challenges notiert:

1. Digitale und ökonomische Transformation
2. Klimawandel

Dazu kamen noch folgende Kernthemen, die uns alle für das Projekt der Runners Community vereinten:

1. Inequality & discrimination
2. Increasing mental & physical health issues
3. Decreasing preparedness & motivation to change (change fatigue)

Im letzten Teil des Workshops widmet sich die Gruppe noch einmal einer gemeinsamen Übung, die sie zu einem gemeinsamen Satz führt, welche gemeinhin auch als »Vision Statement« verstanden wird.

Unsere Vision ist: Durch die Community verändern wir die Welt. Wir verbinden Millionen von Sportlern auf der ganzen Welt, um die persönliche Entwicklung zu fördern, die geistige und körperliche Gesundheit zu verbessern und Veränderungen in Bezug auf Vielfalt und Inklusion, Nachhaltigkeit und soziale Verantwortung zu etablieren.

Challenges	
adidas	**adidas Runners**
• Digital & economical • Transformation • Climate change	• Inequality & discrimination • Increasing mental & physical health issues • Decreasing preparedness & motivation to change (change fatigue)

Das nächste C konnte erarbeitet werden, denn: »Challenges define Commitment.«

Drittes C wie Commitment

Nun geht es um die Entwicklung und Erklärung unserer gemeinsamen Mission, unseres Versprechens. Dieser Schritt hat eine Schlüsselfunktion und vereint das Team, die gesamte Belegschaft, alle Partner, Kunden, die Community und die Öffentlichkeit hinter der gemeinsamen Verpflichtung zur Investition in eine bessere Zukunft. Wir sind bei folgendem Mission Statement gelandet, das wir im Zuge des zweiten Teils des Commitment-Workshops auch getestet haben.

Mission: Wir sind entschlossen, unsere Community zu einem gesunden und erfüllten Leben in inniger Verbundenheit zu führen. Gemeinsam gestalten wir eine vielfältige integrative Kultur auf der ganzen Welt, um eine faire, nachhaltige und gemeinsame Zukunft zu schaffen

Wir haben die Vision in einzelne Aussagen heruntergebrochen und mit der Mission übereinandergelegt – it's a match!

We want to connect 1 million athletes around the world to inspire personal development,	We are committed to guide our community to live a healthier, more fulfilled and connected life.
improve mental and physical health and drive change in:	
1. Diversity & inclusion 2. Sustainability 3. Social responsibility	Together we shape a more diverse inclusive culture around the world to help establish a fair, sustainable and shared future.

Das Motto »Empower people, improve health, inspire change!« formuliert unsere Mission dem eigenen Anspruch gerecht und ist sowohl kurz und prägnant als auch nachhaltig, einladend, wertschöpfend.

Commitment

adidas	**adidas Runners**
• Foster diversity & inclusion • Implement climate-neutral operation by 2050 • Serve communities	• Build belonging & equity

Belief

• Empower people
• Improve health
• Inspire change

Da Commitments nicht ohne Kompetenzen erreicht werden können, geht es weiter: »Commitment requires competences.«

Viertes C wie Competences

Commitment bildet das Herz der Wertschöpfung, Kompetenz versteht sich als Rahmenwerk für Wertschöpfungsprozesse.

Was ist notwendig um unsere Mission erfolgreich zu bestreiten? Welche Ressourcen haben wir bereits als Teil des Ecosystems adidas und welche müssen wir noch hinzugewinnen?

Was wir schon hatten, waren beispielsweise die Produkte, die ein Runner braucht, um gesund und schnell trainieren zu können, wir konnten aber auch durch adidas auf bereits bestehende Partnerschaften auf die Expertise von EXOS und Runtastic zurückgreifen, um ein ganzheitliches Trainingskonzept zu entwickeln und hatten Zugang zu professionellen Athleten, die uns Feedback geben und Ansätze testen konnten.

Bei den adidas Runners war ein entscheidender Diskussionspunkt der Aufbau physischer Treffpunkte. Dabei handelt es sich vor allem in den angestrebten Key Cities um eine nicht unerhebliche Investition. Aber in der Diskussion mit allen Beteiligten und im Hinblick auf die angestrebte Glaubwürdigkeit und den Vertrauensgewinn war es wichtig zur Bildung einer Beziehung auf Augenhöhe und für den regelmäßigen Erfahrungsaustausch, echte Begegnungen im realen Leben zu ermöglichen. Dazu gehört neben der Location auch ein kleines Team von Ansprechpartnern vor Ort, die für das Projekt »leben« (und arbeiten).

Die vollständige Liste der definierten Ressourcen haben wir in einer Kalkulation in die notwendige Investition übersetzt und den Entscheidern präsentiert.

In der nächsten Phase geht es darum, unsere Ziele für die Gesellschaft und den Planeten, also für eine bessere Welt, mit den wirtschaftlichen Zielen des Unternehmens in Einklang zu bringen. In anderen Worten: Die Frage nach dem ROI steht im Raum und Ihr müsst in der Lage sein, Eure Ziele klar zu definieren, sodass auch die Zukunft des Unternehmens gesichert ist – denn nur so kann auch die gemeinsame Mission weitergeführt werden.

Wir bauten nun über die Jahre ein weltweites Netzwerk an Standorten auf, mit über 60 Städten in 50 Ländern und allen Kontinenten. In jeder Stadt gibt es mindestens zwei Captains und einen Coach, in den meisten Städten sogar Coaches für jeden der Key Pillars: Mindset, Movement, Nutrition Recovery und Gear. Über eine eigens entwickelte Online-Akademie werden alle Captains und Coaches weltweit in verschiedenen Sprachen auf Basis der neuesten wissenschaftlichen Erkenntnissen und Trainingslehren in enger Zusammenarbeit mit unseren Global Head Coaches und dem adidas-Partner EXOS aus- und weitergebildet. Wir entwickelten konkrete Trainingsprogramme, die weltweit angeboten und umgesetzt werden, für Beginner, Fortgeschrittene oder solche, die einen Marathon unter drei Stunden schaffen wollten oder die zehn Kilometer unter 40 Minuten. Jede City bekam ihre eigene Facebook-Gruppe, in der die lokalen Captains und Coaches ihre Community betreuen, im Dialog bleiben und von ihnen lernen. Natürlich wurden ebenfalls überall dort adidas-Produkte eingesetzt, wo sie die Menschen in ihrer Entwicklung unterstützten. Unser gesamtes Wertschöpfungssystem war nun weltweit sehr gut aufgestellt.

Competences	
adidas	**adidas Runners**
• Technology (Boost, 4D, Lightstrike, Energyrods) • Expertise (exos, Runtastic) • Ecosystem (Products, Partners, Athletes, Key Cities, Bases, Retail, Artists, Influencers, Media) • Design • Products & services	• Community framework • Holistic functional Training Approach (Coaching, Mentoring, Knowledge, Guidance) • Local representation

Das führte uns zum nächsten C: »Competences enables Contribution.«

Fünftes C wie Contribution

Unser Wertbeitrag, den wir mit der adidas Runners Community schaffen konnten, lag genau darin, die Bedürfnisse zu erfüllen und den Leuten, die sich unserer Community anschließen wollten, durch den Sport zu einem besseren Leben zu verhelfen.

1. Ein positives Verhältnis zu sich selbst (Körpergefühl, Motivation, Selbstbewusstsein, Gesundheit, Fitness).
2. Optimierte Leistungsfähigkeit (für Wettbewerbe/Rennen, aber auch für die Arbeit, das Studium und die Familie).

Für diese beiden Bedürfnisse zeigte sich unsere holistische Herangehensweise zum Training als besonders wirksam. Die im RUNBASE-Abschnitt verdeutlichte, ganzheitliche Betrachtungsweise führte vor allem zu mentaler Stärke und ganzheitlicher Erholung.

3. Das Entdecken neuer Orte (laufend die Heimatstadt, aber auch andere Städte erschließen).
4. Andere Menschen kennenlernen (gleichgesinnte Sportler, mögliche neue Freunde und potenzielle Partner).

Durch unsere 65 adidas Runners Cities entstand tatsächlich eine Gemeinschaft, die es ohne adidas nie gegeben hätte. Das ist bisher keiner Marke auf internationalem Niveau so konsistent gelungen. Während Sie diese Zeilen lesen, fragt irgendwo auf der Welt jemand in einer Facebook-Gruppe nach Zugang und bekommt ihn in wenigen Stunden. Eine Läuferin aus Mexico City reist zum Beispiel nach Manila, weil sie dort Urlaub machen möchte. Sie kennt dort niemanden und tritt der lokalen Facebook-Gruppe bei, schreibt einen Beitrag »Hey, I am Maria from Mexico, and member of adidas Runners Mexico City. I am new in Manila, and would love to get to know the city and the local adidas Runners community – how can I join you for a run to discover the city best?« Es wird keine zwei Stunden dauern, bis sie eine Antwort bekommt, und nur wenige Tage später erhält sie Zugang zu der Stadt, als wäre sie mit Hunderten von Locals befreundet. Sie wird auf Partys eingeladen, die nur Locals kennen, bekommt eine Sightseeingtour, die kein Tourismusguide möglich machen könnte, und lernt Menschen kennen, die sie sonst niemals getroffen hätte – alles Dank der Plattform/Community, die die Marke adidas ins Leben gerufen hatte.

5. Einen positiven Beitrag für die Welt leisten (Naturschutz, soziale Verantwortung, Inklusion).

Außer zu den Run-for-the-Oceans-Projekten, die Jahr für Jahr umgesetzt werden, ist jede adidas-Runners-Stadt aufgerufen, eigene lokale Projekte aus den Bereichen Nachhaltigkeit, Inklusion und soziale Verantwortung umzusetzen, die den Mitgliedern vor Ort am Herzen liegen und die gemeinsamen Werte widerspiegeln.

Sie sehen, wir haben unser Commitment »To Change Lives Through Sports« ernst genommen und es mit viel Liebe und Bedeutung erfüllt. Ein paar konkrete Beispiele:

- *adidas beyond:* Ein Projekt, das sich die Mitglieder der New Yorker adidas Runners Community überlegt haben. adidas-Runners-Mitglieder agieren hier als Coaches und Mentoren für Kinder und Jugendliche aus sozialen Brennpunkten und helfen ihnen durch den Zugang zu Trainingsmöglichkeiten, kostenlosen Produkten, die adidas bereitstellt, wieder zu größerer Teilhabe im Leben und in der Gesellschaft.
- *adidas-Run-Buddies-Programm:* Ein Projekt aus Berlin, das unter der Leitung von Katharina Hoffmann in Zusammenarbeit mit der Berliner Community entstanden ist. Während die ersten großen Wellen Geflüchteter aus dem Bürgerkriegsland Syrien in Deutschland, insbesondere Berlin, eintrafen, halfen Mitglieder der adidas Runners einzelnen Geflüchteten, die sich für das Laufen begeistern konnten, über Patenschaften. Neben Integration und Anschluss an die Gesellschaft unterstützten sie sie bei Amtsgängen und administrativen Aufgaben. Die Zugehörigkeit zu einer Gemeinschaft half vielen nach all den traumatischen Erlebnissen der Flucht, wieder ein bisschen Frieden, Liebe und Zugehörigkeit zu finden.

- Beach Clean Ups: Die lokalen Communities in Indien haben das Reinigen der Strände von Plastik zu einem Bestandteil des Trainingsprogramms gemacht und somit Nachhaltigkeitsverantwortung in unserem Sinne vorgelebt.

Contribution	
adidas	**adidas Runners**
• High-quality lifestyle, performance products & services • Waste reduction through use of recycled materials • Health-life-ecosystem	• Free sports offering in 64 cities around the world (access to sports) • Free training & development programs (online/offline) • Platform for self-expression & -development • Platform for growth

So wurden die Grundlagen für das nächste C geschaffen: »Contribution inspires Culture.«

Sechstes C wie Culture

Während weltweit bis heute die Running-Crew-Kultur wächst und das Laufen in den Städten als Crews oder Kollektive mehr und mehr Zulauf bekommt, war es uns von Beginn an sehr wichtig, die Plattform adidas Runners nicht als Konkurrenz zu den Crews zu positionieren. Die Crews und die Anhänger*innen der neuen Laufkultur sind unser Publikum. Wir sehen uns als Bereicherung und Netzwerk, das auch einzelne Crews unterstützt und für die Erreichung eines gemeinsamen Ziels über Werte verbindet. Hier unser Manifest, unser Bekenntnis:

> We are not a running crew! We are an international community of runners, a movement of creators, spanning all skill levels and backgrounds united in the ambition to become better athletes through the power of sports, friendship and commitment!

Darüber hinaus bedeutet Kultur für uns auch, dass wir bis heute weltweit kein einziges Mitglied über Paid Media oder anderweitig kostenpflichtig rekrutiert haben – die gesamte Community, inzwischen über eine Million Mitglieder weltweit, ist ausnahmslos organisch gewachsen.

Um den Beitrag, den wir mit adidas Runners und der Community in der Kultur einer Stadt leisten können, zu veranschaulichen, kehren wir zurück in unsere Heimatstadt, wo alles begann. 2016, als aus boost.berlin die adidas Runners Berlin wurden, hatten wir die Chance, das Namenssponsoring des Vattenfall-City-Nacht-Laufs zu übernehmen. Das war die perfekte Gelegenheit, unseren ersten eigenen offiziellen Wettkampf zu gestalten und den weltweiten Laufkalender um die adidas Runners City Night zu bereichern. Doch wir wollten nicht nur einen Lauf sponsern, wir wollten Kultur schaffen und haben auch hier wieder unsere Mitglieder befragt, welchen Beitrag wir leisten können. Was wünschen sie sich für die Lauf-Community in ihrer Heimat? Im Ergebnis waren es kostenlose Fitness-Parks, die wir in der Stadt anlegen wollten, für Berlin, für alle Menschen in Berlin und für immer kostenlos. Zusammen mit Erich Marm-Mürre, einem unserer Member in Berlin, der inzwischen ein Freund geworden war und für die Stadt Berlin arbeitete, machten wir uns auf den Weg und besuchten jedes einzelne Grünflächenamt der Stadt, um auszuhandeln, wo wir unsere Fitnessparks umsetzen konnten. Dieser Weg sollte kein leichter sein …

Einige Wochen und viele graue Haare später hatten wir tatsächlich insgesamt acht mögliche Orte für den Bau solcher Fitnessparks angeboten bekommen und machten daraus einen besonderen Wettbewerb für unsere Community und alle anderen Teilnehmer*innen des ersten adidas Runners City Runs.

Hochsommer. Ende Juli 2016. Samstagabend. Alle rund 10 000 teilnehmenden Läufer*innen konnten sich bei der Anmeldung für einen von acht möglichen Standorten der Fitnessparks melden. Jeder Standort war in einem anderen Stadtteil, und jeder Stadtteil wurde mit einem farbigen Bändchen angezeigt, so dass jede/-r Teilnehmer*in durch diese Farbe anzeigen konnte, für welchen Stadtteil sie/er angetreten ist. Der Wettbewerb funktionierte so: Die drei Standorte, für die die meisten Kilometer von Teilnehmer*innen des Rennens tatsächlich absolviert wurden, würden wir umsetzen und bauen. Und auf diese Weise der Stadt Berlin und den Menschen etwas zurückgeben. Bis heute sind inzwischen sieben Standorte in der ganzen Stadt auf diese Weise gebaut worden und bekannt als »adidas Runners Playgrounds«. Gebaut haben wir diese Anlagen in Zusammenarbeit mit dem Rolls Royce der Outdoor-Sportanlagen-Hersteller, Turnbar, einer deutschen Firma, die ein exzellentes Qualitätsprodukt entwickelt. Uns ging es auch hier um nachhaltige Wertschöpfung und nicht um den schnellen Applaus.

Ein wichtiger Faktor, der für uns Kultur ausmacht, sind die verbindenden Themen und Werte, zum Beispiel Weltoffenheit: Unsere LGBTQIA+-Community innerhalb der adidas Runners hat einen großen Beitrag geleistet, dass sich Menschen unabhängig von ihrer sexuellen Präferenz bei uns sicher und wohl fühlen. Viele unserer Captains und Coaches (darunter auch ich selbst) fühlen sich der People of Color Community zugehörig, weswegen wir innerhalb der adidas Runners mit einem eigenen, international angelegten adidas Runners Diversity Advisory Council besonders die Bedürfnisse jener Menschen in den Vordergrund stellen, die durch den über Jahrhunderte etablierten strukturellen Rassismus bis heute weltweit benachteiligt werden. Gemeinsam wurden auf Basis der Adidas Runners-Plattform lokale Initiativen ins Leben gerufen und global vernetzt.

Culture	
adidas	**adidas Runners**
• Street culture • Urban culture • Pop culture	• Running culture (Coaching, Self-optimisation) • Art, Design, Music, Films • Social & environmental Responsibility
• Healthy living • Sports (LOHAS) • Sustainable culture	• Activism & change

Mit diesen Überlegungen konnte es weitergehen: »Culture drives Change.«

Siebtes C wie Change

Change strengthens Character – and here we close the loop.

Die adidas Runners gibt es inzwischen seit fünf Jahren, in 65 Städten, 50 Ländern in elf Sprachen, überall auf der Welt – wir haben unser Ziel von einer Million aktiven Mitgliedern erreicht – und nicht nur die Zahlen, sondern vor allem das Feedback unserer Runners gibt uns und unserem Modell recht.

Besonders im letzten Jahr, 2020, das uns alle mit Covid-19 vor nie gekannte Herausforderungen stellte, hat sich die intensive Investition in Beziehungen mit einem gemeinsamen größeren Ziel gelohnt. Die Gemeinschaft ist daran nicht zerbrochen, sondern weiter gewachsen. Der Character wurde gestärkt, und wir freuen uns zu sehen, wie es sich weiterentwickeln wird!

Meaning bietet eine Win-Win-Situation

Abschließend drei Schlüsselergebnisse, die zusammenfassen, warum die adidas Runners nicht nur für die Menschen weltweit eine Bereicherung darstellen, sondern auch für die Marke adidas und ihre Shareholder:

1. Eine feste Basis von aktiven Mitgliedern in mittlerer fünfstelliger Höhe erzeugte in nur 18 Monaten durch adidas-Runners-spezifische Beiträge (die von den Mitgliedern veröffentlicht wurden) auf Instagram eine Reichweite von über einer Milliarde Kontakten und über 200 Millionen Unique Usern.
2. Mitglieder der adidas Runners Community kaufen im Vergleich zu anderen Kunden auf adidas.com deutlich mehr und häufiger ein, auch weit über Laufprodukte hinaus.
3. Das Community Projekt hat einen klar messbaren, positiven Einfluss auf die weltweite Wahrnehmung und Reputation der Marke adidas entwickelt.

Weitere positive Entwicklungen und Veränderungen, die durch das adidas-Runners-Projekt entstanden sind:

4. Liebe: Eine nennenswerte Zahl an Paaren hat sich über die adidas Runners kennengelernt, teilweise auch geheiratet und Familien gegründet. In einem

Fall landeten die Logos der adidas Runners sogar auf dem Hochzeitskleid der Braut.

5. Gesundheit & Selbstvertrauen: Viele Menschen haben über die adidas Runners mit dem Laufen begonnen, besonders unsere speziellen Programme für Frauen haben immer wieder nachhaltig Leben verändert. Unter anderem konnten wir Menschen, die aufgrund einer schweren Asthmaerkrankung keinen einzigen Kilometer am Stück laufen konnten, mit unserer Community und unseren Trainingsprogrammen zu ihrem ersten Marathon begleiten.

6. Zugehörigkeit & Gemeinschaft: Einige (wie ich selbst übrigens auch) haben sich das adidas-Runners-Logo auf die Haut tätowiert. Wir geben unzähligen Menschen Unterstützung in Momenten der größten persönlichen Herausforderungen, so zum Beispiel auch vielen Krankenpfleger*innen und medizinischem Personal, die durch die Covid-Pandemie ungeheuren Belastungen ausgesetzt waren.

Am Ende haben wir unser Versprechen eingelöst und durch den Sport Leben verändert. Hunderttausende Leben in wenigen Jahren. Und wir sind überzeugt davon, dass das nur der Anfang war. Der Erfolg der adidas Runners geht weiter und wird in den kommenden Jahren seine volle Wirkung entfalten. Nach dem Bauplan der 7Cs, den wir hier vorgestellt haben, steht diese Community für den Einstieg in eine neue Welt des Marketings. Eine Welt, in der Marketing einen echten positiven Beitrag im Leben der Menschen entfalten kann.

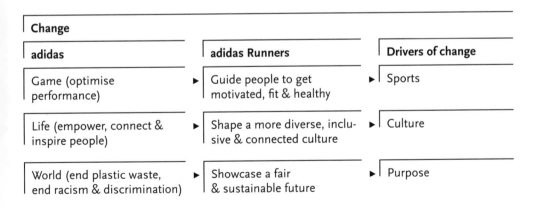

Change		
adidas	**adidas Runners**	**Drivers of change**
Game (optimise performance)	▶ Guide people to get motivated, fit & healthy	▶ Sports
Life (empower, connect & inspire people)	▶ Shape a more diverse, inclusive & connected culture	▶ Culture
World (end plastic waste, end racism & discrimination)	▶ Showcase a fair & sustainable future	▶ Purpose

Wir wollen eine neue Haltung in der Gesellschaft formen. Wir wissen um den Einfluss von Marketing auf die Gesellschaft, gerade in Zeiten, in denen die weltweit in Rechts- und Linkslager aufgespaltene Politik ihrer Rolle als gesellschaftsentwickelnde Instanz nicht mehr nachkommt. Marketing prägt Kultur, und wir wollen Marketing prägen, um das manipulative Narrativ zu verändern, denn wir glauben: Meaning is the new Marketing.

Die neue Haltung (»Meaning«) zeichnet sich aus durch

1. die *Offenheit*, sich der Suche nach seiner eigenen Wahrheit zu stellen und diese konsequent weiterzuentwickeln sowie die kontinuierliche Bereitschaft zu lernen und zu wachsen
2. die *Disziplin*, sich seiner Werte bewusst zu sein und sein gesamtes Handeln konsequent auf diesen Wertekodex auszurichten
3. den *Mut*, etwas verändern zu wollen, den Status quo herauszufordern und sich für neue Ideale und ein wertebasiertes Verhalten einzusetzen
4. den *Respekt* für das Leben – das eigene Leben, das Leben der anderen, unabhängig von Rasse, sexueller Orientierung, Gender, Religion oder Nationalität, das Leben der Tiere und der Natur
5. die *Empathie* im Sinne des Menschen/Menschseins/Lebens handeln und nicht im Sinne der Materie, aber auch die Bedürfnisse der Menschen in den Mittelpunkt des eigenen Handelns zu stellen

Erste Gedanken zu unserem Manifest finden sie unter www.meaninigisthenewmarketing.com/manifest. Wir laden Sie ein, mit uns gemeinsam dieses Manifest zu schärfen und weiterzuentwickeln, bis wir es als tatsächliche Petition anlegen und somit den Unternehmen eine Grundlage geben können, sich dieser neuen Marketingwelt zu öffnen und zu ethisch verantwortlichem Handeln zu verpflichten.

Danksagung

Wir haben auf unserem Weg einige Menschen kennengelernt, die ihren Teil dazu beigetragen haben, dass wir unsere Wirklichkeit auf den Prüfstand stellten und zu neuen Ergebnissen gelangten. Menschen, die uns auf unserem Weg inspiriert, geholfen oder anderweitig unterstützt haben. Wir sind Euch aus tiefstem Herzen dankbar. Schön, dass es euch gibt.

Gemeinsam danken wir zuerst Julia Zellner, für ihre unglaublich starke, geduldige, kreative, zuverlässige und äußerst kluge Unterstützung bei der Entwicklung des tatsächlichen Buchs. Danke, Julia, ohne dich gäbe es dieses Buch nicht.

Dann möchten wir natürlich allen danken, die einen Beitrag dazu geleistet haben, ein so wundervolles Projekt wie die adidas Runners aus Paris und Berlin international zu einer globalen Brand Community weiterzuentwickeln. Dabei konnte etwas Wertvolles für das Leben von hunderttausenden Menschen entstehen. Danke dafür an alle Captains und Coaches der adidas Runners weltweit. Darüber hinaus: Eric Liedtke, Caio Amato, Andre Maestrini, Jennifer Thomas, Eduardo Rodrigues, Andre Pinard, Marie Celine MC Pienoir, Daniela Tomac, Angelica Almas, Winand Krawinkel, Alberto Unicini Manganelli, Martin Schindler, Björn Jäger, Marc Oltmann, Sabine Dietl, James Carnes, Matthijs Mathlener, Bianca Plag, Oliver Brüggen, Arthur Hoeld, Claus Peter Meyer, Jocelyn Robiot, Anke Breitinger, Timm Dannenberg, Christian Baertels, Nick Maas, Minna Philipsson, Marius Jung, James Foster, Valerie Tahar, Alex Schmidt, Stefan Reichhart, Philipp Stech, Dina Mönster, Florian Reichelsdorfer, Cornelia Löw, Yves Zeh, Christian Neureuther, Spencer Nel, Danny Lopez, Marco Placci, Verena Volkmann, Adrian Carney, Jasper Jones, Matti Schmid, Marc Makowski, Ernesto Bruce, Stefan Knoblich, Stefan Reichhart, Julia Peters, Sophia Schloer, Lucas Matthies, Lisa Müller, Nicolas Favre, Sam Frost, Marc-Andre Charron, Wendelin Huebner, Billy Kneer, Oliver Fies, Tobias Singer, Sam Handy, Tom Heise, Daniel Bulteel, Jeanette Pfeiffer, Leander Uijttewaal und die gesamte act.3 Crew, Jessie Zappo, Daria Niknamian, Shaylin Shah, Rebecca Gough, Vicky Krook, Rafael Ruiz Garcia, David Perry, Adam Francique, Kwasi Kessi, Christian Straka, Leigh Gerson, David Schenirer, Ayesha Martin, Frederic Detjens, Dilim On, Jean Philippe Adabra, Rebecca, Stephanie Peters, Jim Jennings, Marie Gras, Scott Zalaznik, Timothy Nickloff, Fab Ottawa, Alicia Piper, Diego Rebiero Noaves, Franzi Lange, Livia von der Heide, Patrick Jacobson, Stefanie Lang, Jojo Auernheimer, Scott Dunlap, Mario Aichlseder und die gesamte

Runtastic Crew, die EXOS Crew, u. a. Kerry Bradley und John Christie, Mareike Dottschadis, Jens Nink, Anna und Lisa Hahner, Philipp Flieger, Katharina und Florian Hoffmann, Jay Smith, Nils Arend, Kolja Orzeszko, Saskia Wichert, Faye Schroeder, Sandra Fiehn, Maria Giesecke, Barbara Birke, Robert Mücke, Ana Bravo, Julius v. Kranefuß, Irene Scholz.

Danke an Stephanie Walter und Patrik Ludwig für Euer Vertrauen und das Teilen des Feuers. Danke an Patrick Jacobshagen für die weitsichtige, rechtliche Beratung.

Yousefs Dank: Aus vollem Herzen möchte ich meiner Frau Gabriella danken, die mir in dieser sehr intensiven Zeit während der Entwicklung dieses Buches nicht nur zur Seite stand, sondern mir auch noch gezeigt hat, wie ich dabei nicht den Verstand verliere. Deine Liebe ist der größte Wert in meinem Leben.

Dann möchte ich meinem Sohn Yoko danken, der mir jede Woche aufs Neue verdeutlicht, wofür es sich zu kämpfen lohnt. Für deine Generation bauen wir an einer neuen Zukunftsidee, du bist der Grund warum ich jeden Tag aus meiner Komfortzone fließe wie die Donau durch Europa. Du bist vermutlich mein bester Coach.

Meiner bunten Patchwork-Familie – meinen Schwestern Rhada und Radier, Paps, Irmi, Sandra, Paule, Tawi, Lu und Benjamin – gebührt ebenfalls größter Dank, für eure Geduld mit mir, eure Unterstützung, Positivität, Motivation und Euren Humor.

Ich möchte meiner Schwester Lina danken, mit der das alles überhaupt erst begann. In jedem Wort, das ich spreche, schreibe oder denke, wohnt dein Geist und erfüllt mein Herz. Du hast einen großartigen Job gemacht, auf mich aufzupassen und wo auch immer du jetzt verweilst: Danke für alles, was du für mich getan hast. Ich hoffe, der Frieden in dem du ruhst, ist ein Ozean der Liebe, große Schwester.

Dann möchte ich den Mentoren in meinem Leben danken – jenen, die mich in meinem Verständnis von Marketing oder Leadership geprägt haben, die mir überhaupt die Chance ermöglicht haben, mich professionell zu entwickeln. Zuallererst ist das mein Vater Ahmad Hammoudah – danke, dass du mir gezeigt hast, was Ethik bedeutet und wie man Geschäfte macht, fair und wert-schöpfend für alle Beteiligten. Danke Paps. Dann ohne Reihenfolge: Chris Garland, Daniela Tomac, Klemens Dreesbach, Jennifer Thomas, Dr. Carl Mahlmann, Caio Amato, Jürgen Hopfgartner, Holger Letzel, Sven Zimmermann, Thomas Praus und Tommi Merz. Danke, dass ihr an mich geglaubt habt (und das hoffentlich immer noch tut).

Dann möchte ich meinen Freunden danken, die mit ihrem geistigen und spirituellen Input geholfen haben zu differenzieren, an welchen Stellen unsere Ideen Sinn ergaben und wo nicht. Ihr habt uns mit Mut und Sicherheit ausgestattet, besonders in Zeiten, in denen es schwierig wurde. Danke, lieber Malte Schruth und Tyron Ricketts, Pouria Taheri und Andreas Jakobi, Christian Schwarz und Ansgar Liem, Safak Yilmaz und Alex Gorny, Omar Asmar und Alex Smetana, Paul Wuttke und Stefan Heinen.

Zu guter Letzt möchte ich dir danken, mein lieber Nico. Ich danke dir so sehr dafür, dass du mir den Mut gegeben hast, dieses Buch mit dir zu schreiben. Und ich danke dir, dass du das trotz aller Widerstände, aller Herausforderungen, Pandemien und Jobwechsel, trotz Umzügen und dem alltäglichen Wahnsinn als Eltern, Geschwister, Freunde mit mir dieses Projekt durchgezogen hast.

Nicos Dank: Ich möchte Chantal Danke sagen, der Liebe meines Lebens und Mutter unserer Kinder Anouk-Youme und Kimani Prana – ihr seid mein Licht.

Chantal, die Achtsamkeit und Freude mit der du durchs Leben tanzt ist mir tägliche Lehre und Quelle zugleich. Ich liebe Dich. Wir wandeln behutsam auf den Träumen unserer Kinder und »bringen einander nach Hause« (Ram Dass).

Meiner Mutter Susan und meinem Vater Klaus möchte ich Danke sagen – ich stehe auf euren Schultern und danke euch für eure Liebe.

Danke an meine Geschwister Marie, Noel, Yves – la famille! – meinen Schwiegervater Sebastien – du bist eine Stütze unserer Familie. Wir lieben Dich!

Seelenschwester Imke Polzer, Miri Lamberth, tadiROCK und Seelenbruder Chima Onyele, Alexis Dornier und Erdem Aglar. Wir »sehen« uns und das ist in Liebe spiegeln.

Bei folgenden Künstlern und kreativen Feuerlegern möchte ich mich mit Auszügen aus *Mein Stamm* (Autor unbekannt) bedanken: Phillip Gaedicke, James Sebastiano Jr., Dilim Onyia, Jean-Philippe Adabra und Rebekka, Malte Schruth, Markus Stolz, Aloe Blacc und Maya Jupiter, Simon Sinek, Fetsum Sebhat, Olafur Arnalds, Nadav Mor, Ulrike Schablin, Michael »Curse« Kurth, Lisa Müller, Alexandra Liakou, Mareike Dottschadis, Tina Reimann.

»Die Leute meines Stammes sind leicht zu erkennen: Sie gehen aufrecht, haben Funken in den Augen und ein Schmunzeln auf den Lippen. Sie sind weder heilig noch erleuchtet. Sie sind durch ihre eigene Hölle gegangen, haben ihre Schatten und Dämonen angeschaut, angenommen und offenbart. [...] Weil sie nichts mehr verbergen wollen, sind sie offen und klar. Weil sie nicht mehr verdrängen müssen, sind sie voller Energie, Neugierde und Begeisterung. Das Feuer brennt in ihrem Bauch! [...] Sie halten nichts für gegeben und selbstverständlich, sondern prüfen nach, machen ihre eigenen Erfahrungen und folgen ihrer Intuition. [...] Leute meines Stammes gehen oft nach innen, um sich zu sammeln, Kontakt mit den eigenen Wurzeln aufzunehmen, sich wiederzufinden, falls sie sich durch den Rausch des Lebens verloren haben. Und dann kehren sie gerne zu ihrem Stamm zurück [...].«

Ich danke meinem Stamm und ihren Lehrern.

MADE: Leidenschaft ist ein Gefühl, das entsteht, wenn man sich mit etwas beschäftigt, das man liebt ... dies hat uns MADE erleben lassen. MADE ist der Beweis dafür, dass alles möglich ist, wenn eine kleine Gruppe von Menschen wirklich an eine Idee glaubt.

Mit einem Lächeln und Tränen in den Augen sage ich Danke an ... tadiROCK, Luise Biesalski, Linn Kuhlmann, Philipp Gaedicke, Alexis Dornier, Nadav Mor, Dirk Henkelmann, Philip Borchardt, Alain Dufosse, Christian Seel, Christina Bertram, Claudia Lepke. Joachim Sauter – das Teilen deiner Neugierde wird für immer ein inspirierender Impuls in meinem Leben sein. Thorsten König – danke, dass du auf meinem Weg immer unterstützend neben mir stehst.

Danke an folgende Manager für euer Vertrauen einem Träumer die Chance zu geben, seine Vision zu realisieren: Tim Renner (ehem. Universal Music), Edgar Keppeler und Dominik Böttcher (ehem. Fila Deutschland), Eric Liedtke, Winand Krawinkel und Björn Jäger (adidas).

Yousef Hammoudah: Dein unermüdliches Vorlegen und dein Glaube an den nächsten Schritt ist der Spirit, der eine Delle ins Universum drückt. Danke, dass du mich nicht losgelassen hast, sondern mir geholfen hast zuzulassen. Es ist nicht das Ziel, es ist der Weg.

Irgendwann stehen wir vor der Wirklichkeit und sie fragt uns wer wir sind.

Anmerkungen

1 O. Scharmer (2019), Essentials der Theorie U: Grundprinzipien und Anwendungen
2 M. Wheatley (2002): Turning to one another
3 R. Alpert (Ram Dass) (1970): Be Here Now
4 S. Sieden (2011), »A Fuller View – Buckminster Fuller's Vision of Hope and Abundance for all«
5 https://www.dak.de/dak/download/report-2372398.pdf
6 https://www.imabe.org/index.php?id=195
7 https://www.bcbs.com/sites/default/files/file-attachments/health-of-america-report/HOA-Moodys-Millennial-10–30.pdf
8 https://www.ncbi.nlm.nih.gov/pmc/articles/PMC3137804/
9 https://www.reuters.com/article/us-health-mental-global-idUSKCN1MJ2QN
10 https://www.ncbi.nlm.nih.gov/pmc/articles/PMC7364393/
11 E. Bernays: Propaganda. Die Kunst der Public Relations.
12 Ebd.
13 https://de.wikipedia.org/wiki/Edward_Bernays#Einfluss_auf_Joseph_Goebbels, https://www.heise.de/forum/heise-online/News-Kommentare/Geheimdienste-Direktor-wuenscht-sich-Amt-fuer-US-Propaganda/Joseph-Goebbels-hat-bei-Edward-Bernays-abgekupfert/posting-29747354/show/, https://www.spiegel.de/geschichte/pr-erfinder-bernays-a-948512.html)
14 P. Kotler: Die neue Dimension des Marketing
15 P. Kotler, Kartajaya, H. und Setiawan, I. (2016): Marketing 4.0: Moving from Traditional to Digital. Wiley & Sons
16 N. Elliott: https://www.forrester.com/report/Mix+Art+And+Science+For+Marketing+Success/-/E-RES86562#
17 Cf. N. Elliott: https://go.forrester.com/blogs/13-01-24-introducing_the_marketing_radar/
18 O. Scharmer (2019), Essentials der Theorie U: Grundprinzipien und Anwendungen
19 https://de.wikipedia.org/wiki/Milton_Friedman
20 https://t3n.de/magazin/haben-uns-brille-kreativen-aufgesetzt-vorgestellt-hobnox-221513/
21 https://iabeurope.eu/wp-content/uploads/2020/06/IAB-Europe_AdEx-Benchmark_2019_2020_FINAL_03.06.20.pdf
22 https://www.berliner-woche.de/friedrichshain/c-kultur/mtv-comeback-gescheitert-jugend-langweilt-der-musiksender_a143875
23 Yuval Noah Harari »21 Lektionen für das 21. Jahrhundert« (2018)
24 R. Berger »Das Prinzip Purpose« https://

www.rolandberger.com/de/Insights/ Publications/Das-Prinzip-Purpose.html

25 G. Lichtenstein (1987): Inside Real Estate: The Complete Guide to Buying and Selling Your Home, Co-Op, or Condominium

26 https://www.statista.com/statistics/609536/ running-shoe-brand-last-purchased/

27 S. Sinek (2009): Start With Why

28 P.-I. Villa in: https://www.zukunftsinstitut. de/artikel/selbstoptimierung-ist-die-status-zauberchiffre-interview/

29 https://www.spiegel.de/wirtschaft/unternehmen/emissionshandel-luftverschmutzung-macht-grosskonzerne-reich-a-1124172.html

30 https://www.aphorismen.de/suche?f_ autor=3494_Adam+Smith

31 M. Friedman: A Friedman doctrine – The Social Responsibility Of Business Is to Increase Its Profits (Veröffentlicht in The New York Times. 13. September 1970): https:// www.nytimes.com/1970/09/13/archives/a-friedman-doctrine-the-social-responsibility-of-business-is-to.html

32 https://www.cash.ch/news/politik/outdoor-marke-patagoinia-stellt-ihre-firmenstrategie-radikal-um-1696154

33 https://www.globalcitizen.org/de/content/ new-zealand-human-welfare-gdp/

34 https://www.grin.com/document/357895

35 https://www.tesla.com/about

36 https://www.grunge.com/254977/the-truth-about-elon-musks-relationship-with-his-father/

37 https://www.scu.edu/environmental-ethics/ environmental-activists-heroes-and-martyrs/ elon-musk.html

38 T. Irwin (1989): Aristotle's First Principles

39 https://www.cnbc.com/2018/04/18/why-elon-musk-wants-his-employees-to-use-a-strategy-called-first-principles.html

40 https://www.markenartikel-magazin.de/ _rubric/detail.php?nr=33730&rubric=marke-marketing

41 https://docs.google.com/spreadsheets/ d/1kDhbg--XvSAPSchsooPZa4ZCLaqGN_ QmPjfOnqzMAsE/edit#gid=0

42 Mahatma Gandhi (1913): The Collected Works of Mahatma Gandhi – Volume XIII

43 P. Kotler, Pfoertsch, W., Sponholz, U. (2020): H2H Marketing: The Genesis of Human-to-Human Marketing. Springer

44 Cf. W. Stangl (2021): Carl Gustav Jung, siehe: https://arbeitsblaetter.stangl-taller.at/WISSEN-SCHAFTPSYCHOLOGIE/PSYCHOLOGEN/ Jung.shtml)

45 https://science.sciencemag.org/cont-ent/317/5843/1360, Artikel in der Zeit: https:// www.zeit.de/zeit-wissen/2012/02/Mensch-Individuum-Selbstbewusstsein/komplettan-sicht

46 A. Maslow (1954): Motivation and Personality

47 S. Covey (39. Aufl. 2005): Die Sieben Wege zur Effektivität. Gabal

48 H. Jonas, Knöbl, W. (2006): Sozialtheorie. Suhrkamp Wissenschaft, S. 3

49 A. Robbins: https://www.tonyrobbins.com/ mind-meaning/empowering-beliefs/

50 https://www.capital.de/karriere/reisen-wichtiger-als-karriere

51 A. Schweizer (1923): Kulturphilosophie

52 https://www.benjerry.co.uk/values

53 https://www.mast-jaegermeister.de/unterneh-men/werte/

54 https://www.mast-jaegermeister.de/ medien/2021/01/jaegermeister-marketing-code-de.pdf

55 C. G. Jung: Aion. Beiträge zur Symbolik des Selbst. GW Band 9/2 §13

56 https://pqdtopen.proquest.com/ doc/275826255.html?FMT=ABS

57 https://www.ottoscharmer.com/sites/ default/files/evolve01_Otto%20Scharmer. pdf

58 Ebd.

59 https://slides.com/crossingborders-education/three-divides

60 https://en.wikipedia.org/wiki/1984_
(advertisement)

61 https://de.wikipedia.org/wiki/1984_
(Werbespot)

62 https://www.mast-jaegermeister.de/8740_
jaegermeister-uebernimmt-verantwortung-in-
der-krise/

63 K. Vonnegut Jr (1963): *Cat's Cradle.*

64 https://www.buecher.de/shop/geist/der-
sinn-des-lebens/dalai-lama-xiv-/products_
products/detail/prod_id/56300526/

65 S. Sinek (2021) https://www.linkedin.
com/posts/simonsinek_when-we-help-
ourselves-we-find-moments-of-activity-
6816740497185374208-DXQM

66 https://epub.uni-bayreuth.de/4287/1/
Held%20%282018%29%20Täuschung%20
von%20Konsumenten.pdf

67 S. Sinek (2011): Start With Why

68 F. R. Esch: https://www.esch-brand.com/
glossar/markensteuerrad/

69 Quelle: https://hbr.org/2007/10/the-
institutional-yes

70 https://www.benandjerry.com.au/values

71 https://eu.patagonia.com/de/de/activism/

72 https://www.marketplace.org/shows/market-
place-morning-report/marketplace-morning-
report-friday-september-9-2016/

73 https://hbr.org/2003/12/the-one-number-you-
need-to-grow

74 F. Weinert (2001): Leistungsmessung in
Schulen

75 https://wirtschaftslexikon.gabler.de/
definition/wertschoepfungskette-50465

76 https://www.amazon.de/-/en/Michael-Porter/
dp/0684841487/

77 Ebd.

78 https://www.gameplan-a.com/2021/04/shoes-
made-from-mushrooms-welcome-to-a-world-
of-innovative-materials/?section=main

79 https://www.capgemini.com/de-de/news/
studie-herz-nachhaltigkeit-gluecklich-
verbraucherpraeferenzen-veraendert/

80 https://www.corporateknights.com/channels/
leadership/top-company-profile-orsted-
sustainability-15795648/

81 P. Drucker (1954): The Practice of Management.

82 P. Drucker: The Ecological Vision (1993)

83 http://druckersociety.at/repository/201109/
Grosser_Festsaal/1530-1615/10.0.1%20Kotler.
pdf

84 https://www.processexcellencenetwork.com/
innovation/columns/peter-drucker-on-sales-
and-marketing

85 https://www.bpb.de/gesellschaft/bildung/
kulturelle-bildung/59917/kulturbegriffe?p=0

86 https://www.bpb.de/gesellschaft/bildung/
kulturelle-bildung/59917/kulturbegriffe?p=2#f
ootnodeid_15-15

87 https://de.wikipedia.org/wiki/Mooresches_
Gesetz

88 https://www.whatmatters.com/articles/ted-
talk/

89 Siehe C. Kearns: https://gbr.pepperdine.
edu/2010/08/the-positive-psychology-
approach-to-goal-management/

90 https://s1.q4cdn.com/806093406/files/doc_
downloads/2021/FY20-Annual-Report.pdf

91 Ebd.

92 Ebd.

93 https://charitea.com/ueber-uns/

94 https://lemonaid-charitea-ev.org/the-social-
in-social-business/

95 wikipedia.de

96 Ebd.

97 Ebd.

98 www.ted.com

99 https://www.nytimes.com/2013/10/20/
nyregion/for-new-york-running-crews-
exercise-mixes-with-partying.html